各種財団 に関する登記

鉱業財団、漁業財団、港湾運送事業財団、
観光施設財団、道路交通事業財団

五十嵐 徹 著

日本加除出版株式会社

はしがき

　昨年12月8日未明，入管法（出入国管理及び難民認定法）と共に漁業法が改正されました。「70年ぶりの抜本改正」（安倍首相）です。改正案は，11月15日に国会に提出され，十分な審議を経ることなく成立したといわれています。そのためでしょうか。条文の新旧対照表は，滅茶苦茶といってよいほどで対照になっていません。

　それはともかくとして，改正の柱のひとつは，漁業権の免許を地元漁協や漁業者に優先して与える規定を廃止し，「地域の水産業の発展に寄与」する企業に免許を与えることを可能にしたことです。ちなみに，12月6日には，水道事業の民営化といってもよい公共施設等運営方式（コンセッション方式）の導入を容易にする水道法の改正も行われています。

　日本の漁業の生産量は，昭和59年がピークで，平成29年には，その3分の1に減少しています。これからは，積極的に企業の参入を認め，漁業財団を活用して，資金力・生産力を向上させることが期待されます。ただし，それによって，漁業協同組合や漁民にしわ寄せが行かないように配慮すべきでしょう。

　本書は，この漁業財団のほか，主に鉱業財団，港湾運送事業財団，観光施設財団について取り上げたものです。これらは，いずれも不動産財団といわれ，工場財団を規定した工場抵当法の規定を適用又は準用しています。

　そのため解説に当たっては，頻繁に工場抵当法及び工場抵当登記規則を引用するとともに，前著「工場抵当及び工場財団に関する登記」の記述箇所を示し，「詳細については，工○：○：○参照」としています。また，財団の登記申請書並びに添付情報としての財団目録，登記管轄指定申請書及び抵当権者の承諾証明情報なども工場財団に類似していますので，その記載例は，ほとんど省略しました。さらに，2の鉱業財団で説明した事項については，3

II

　以下の財団で記述を簡単にしたり，2の財団を引用するにとどめるなどしてコンパクトにまとめました。御了承下さい。

　なお，香川保一氏編著の「新訂不動産登記書式精義上・下」については，前著に引き続き多くの御示唆をいただきました。

　また，執筆に当たっては，日本加除出版の宮崎貴之氏に細部にわたって協力していただきました。有り難うございました。

　平成31年3月

　　　　　　　　　　　　　　　　　　　　　　　　　五十嵐　徹

【本書の記述方法】

1 　見出しを4段階（一部5段階）に細分化し，その箇所には，どういうことが書いてあるかを明らかにしました。見出しは，目次であると同時に索引としても利用できます。そこで，見出しとして頻繁に出てくる用語（例えば，「財団目録」）については，原則として，事項索引には掲載しないこととしました。

2 　文章は，次の公用文及び法令に関する通達等に従いました。ただし，法令を引用する場合は，そのまま表記しました。

　　a　公用文作成の要領（昭27．4．4内閣甲第16号，昭56.10.1改訂）

　　b　公用文における漢字使用等について（平22.11.30内閣訓令第1号）

　　c　法令における漢字使用等について（平22.11.30内閣法制局総総第208号）

3 　疑問を生じそうなところ又は本文の補足説明などについては，（注）により，又はQ&Aのコーナーを設けて，説明の仕方を変え，あるいは関連する事項を説明しました。

4 　関係する通達・回答は，主として，法務省民事局のものを引用しました。

5 　索引は，ページではなく，項目ごとに区分し，利用しやすいようにしました。

6 　引用条文については，各財団の法令は，次のとおり工場財団法及び工場財団抵当規則を準用しているので，各財団の法令規定の引用を省略しました。例えば，「鉱抵法3条・工抵法〇条」と表記すべきところを単に「工抵法〇条」としています。

鉱業抵当法3条，鉱業抵当登記規則1条

漁業財団抵当法6条，漁業財団抵当登記規則1条

観光施設財団抵当法11条，観光施設財団抵当登記規則1条

港湾運送事業法26条，港湾運送事業抵当登記規則1条

道路交通事業抵当法19条，道路交通事業抵当規則1条

　　また，引用は，次のとおり表記しました。

1条, 2条→1条又は2条　　1条及び2条

　　　10条・1条, 2条→10条が準用する1条及び（又は）2条

　　　10条；1条→10条又は1条　　10条及び1条　　10条が準用する1条

7　「工場抵当及び工場財団に関する登記」は，「工０：０：０」と表記して引用しました。

8　申請書記載例及び登記記録例は，掲載を省略しました。

【凡　　例】

　本稿において引用する主な法令，通達・通知等並びに参考文献，引用文献及びその略称（ゴシック）は，次のとおりです。

〈主な法令〉
　民法
　不登法：不動産登記法
　旧不登法：不動産登記法（明治32年法律第24号）
　不登令：不動産登記令
　旧不登令：不動産登記法施行令
　不登規則：不動産登記規則
　管轄指定省令：不動産の管轄登記所等の指定に関する省令
　旧不登細則：不動産登記法施行細則
　整備法：不動産登記法及び不動産登記法の施行に伴う関係法律の整備等に関する法律
　工抵法：工場抵当法
　工抵規則：工場抵当登記規則
　旧工抵手続：工場抵当登記取扱手続（旧）
　鉱業法
　鉱業登録令
　鉱抵法：鉱業抵当法
　鉱抵規則：鉱業抵当登記規則
　漁業法
　漁抵法：漁業財団抵当法
　漁抵規則：漁業財団抵当登記規則
　港運法：港湾運送事業法

港抵規則：港湾運送事業抵当登記規則
観抵法：観光施設財団抵当法
観抵規則：観光施設財団抵当登記規則
道路運送法
道路運送法施行法
貨物自動車運送事業法
貨物利用運送事業法
自動車ターミナル法
道抵法：道路交通事業抵当法
道抵法施行令：道路交通事業抵当法施行令
道抵法施行規則：道路交通事業抵当法施行規則
道抵規則：道路交通事業抵当規則
自交法：自動車交通事業法
自抵手続：自動車交通事業財団抵当登記取扱手続
農抵規則：農業用動産抵当登記規則
鉄抵法：鉄道抵当法
軌抵法：軌道ノ抵当ニ関スル法律
地方鉄道法
運河法
企業担保法
法務省設置法
住基法：住民基本台帳法
電子情報処理組織による登記事務処理の円滑化のための措置等に関する法律
信託法
商法
会社法
担信法：担保付社債信託法

商登法：商業登記法
民訴法：民事訴訟法
民執法：民事執行法
税法：登録免許税法
租特法：租税特別措置法
登記手数料令

〈主な通達〉
不登準則：不動産登記事務取扱手続準則（平17.2.25民二456号通達）
旧不登準則：旧不動産登記事務取扱手続準則（昭52.9.3民三4473号通達）
不登法施行通達：不登法施行に伴う登記事務の取扱いについて（平17.2.25民二457号通達）
新不動産登記法の施行に伴う登記申請書等の様式について（法務省ホームページ）
不動産登記記録例について（平21.2.20民二500号通達）
財団準則：財団登記事務取扱手続準則（平17.3.2民二582号通達）
旧財団準則：財団登記事務取扱手続準則（昭41.5.17民事甲955号）

〈参考文献〉（発行日順）ゴシックは，引用文献の略称
現行登記総覧　不動産登記の書式と解説②（日本加除）
精義・新訂不動産登記書式精義上・下（テイハン1994.4・1998.4）
不動産登記総覧（新日本法規　2002.5）
杉浦直己：工場財団の登記の関係省令の整備についての解説（平成16年）
香川・香川保一：工場及び鉱業抵当法・新訂版（港出版社1965）
御園生進：財団登記申請書添付書面（日本加除・1968）
津島一雄：工場財団の登記―その設定から消滅まで―1〜9（商事法務研究506〜522，1969.12〜1970.5）

津島・津島一雄：工場抵当・財団抵当の実務（商事法務 1971）

浅野・浅野裕司：財団抵当制度の問題点─観光施設財団抵当法を中心として─（大東法学 183-201・1976.3）

平野，岩崎：平野忠昭，岩崎平八郎：鉱業抵当法，観光施設財団抵当法（第一法規 1976.6）

飛沢隆志：工場抵当・各種財団抵当の内容および効力（担保法体系第3巻 186，1985）

酒井・酒井榮治：工場抵当法（特別法コンメ）（第一法規 1988.1）

登記研究編集部：実務から見た不動産登記の要点Ⅱ第3工場財団登記（1994.8），Ⅲ第3各種財団登記（テイハン 2000.2）

杉浦直己：工場財団等の登記の関係省令の整備についての解説（平成１６年改正不動産登記法と登記実務（解説編）641，テイハン 2005.11）

坂巻・坂巻豊：Ⅲ各種の財団抵当（新担保・執行法講座第3巻・民事法研究会 2010.5）

金融法務事情編集部：法務省，企業担保・財団抵当法制の見直しに着手（金融法務事情 1763-8，2006.2.25）

小林秀年・企業担保制度の客体（東洋法学 27-2，1984.3）

小林秀年・企業における無体財産権の担保化（東洋法学 54-3，2011.3）

小林企業・小林秀年：企業担保制度とその法的構造─新財団抵当制度の立法的課題に関する検討（東洋法学 50-1／2-24，2007.3）

【詳細目次】

1　はじめに……………………………………………………………1
1：1　各種財団抵当法の制定 ………………………………… 2
1：2　財団抵当制度の客体（組成物件）……………………… 4
1：3　財団抵当制度の利点と注意点 …………………………… 5
1：3：1　財団抵当制度の特色……………………………… 5
1：3：2　財団抵当制度の利点……………………………… 7
1：4　財団抵当制度の種類……………………………………… 8
1：4：1　不動産財団………………………………………… 9
1：4：1：1　工場財団……………………………………10
1：4：1：2　鉱業財団……………………………………10
1：4：1：3　漁業財団……………………………………11
1：4：1：4　港湾運送事業財団…………………………11
1：4：1：5　観光施設財団………………………………12
1：4：2　物財団………………………………………………12
1：4：2：1　鉄道財団……………………………………13
1：4：2：2　軌道財団……………………………………14
1：4：2：3　運河財団……………………………………14
1：4：3　中間財団……………………………………………15
1：4：3：1　道路交通事業財団…………………………15
1：4：3：2　自動車交通事業財団………………………15
1：4：4　準用規定……………………………………………16

2　鉱業財団……………………………………………………………17
2：1　財団の設定 …………………………………………………17

| 2:1:1　鉱業権……………………………………………………17
| 2:1:1:1　鉱物の意義……………………………………………17
| 2:1:1:2　鉱区の意義……………………………………………18
| 2:1:1:3　鉱業の意義……………………………………………18
| 2:1:1:4　鉱業権…………………………………………………19
| 2:1:2　財団の性質……………………………………………………19
| 2:2　財団に関する登記……………………………………………………22
| 2:2:1　財団登記簿………………………………………………………23
| 2:2:2　管轄登記所………………………………………………………25
| 2:3　財団の組成物件………………………………………………………27
| 2:3:1　組成物件となるもの……………………………………………27
| 2:3:2　組成物件の要件…………………………………………………29
| 2:3:3　組成物件の処分制限……………………………………………32
| 2:3:3:1　財団に属したものの処分制限……………………………32
| 2:3:3:2　所有権の保存登記前の処分制限…………………………32
| 2:3:3:3　登記，登録の制度があるものの処分制限………………33
| 2:3:3:4　動産についての処分制限…………………………………35
| 2:3:4　所有権の保存登記後の処分制限………………………………36
| 2:3:4:1　処分制限……………………………………………………36
| 2:3:4:2　処分制限の第三者対抗要件………………………………36
| 2:3:4:3　譲渡及所有権以外の権利の目的とすることの禁止……38
| 2:3:4:4　抵当権者の同意を得た賃貸借……………………………39
| 2:3:4:5　差押え，仮差押え又は仮処分の禁止……………………40
| 2:3:4:6　財団の所有権移転と組成物件の権利移転………………40
| 2:4　財団目録及び工作物の配置図面……………………………………41
| 2:4:1　財団目録…………………………………………………………41
| 2:4:1:1　財団目録の意義……………………………………………41
| 2:4:1:2　財団目録の作成方法………………………………………42

2:4:1:3　効力 ··43
　　2:4:2　工作物の配置図面 ··43
　　2:4:3　保存期間 ···43
2:5　財団の所有権の保存登記 ···44
　2:5:1　財団の設定者 ···44
Q&A 1　共同鉱業権者の中の1人又は数人が採掘権の共有持分をもって鉱業財団を設定できるか。 ···45
　2:5:2　財団の設定範囲 ···46
　2:5:3　財団の所有権の保存登記の申請手続 ····························47
　　2:5:3:1　管轄登記所 ··47
　　2:5:3:2　申請情報の内容 ··48
　　2:5:3:3　添付情報 ···49
　2:5:4　所有権の保存登記の実行手続 ······································54
　　2:5:4:1　却下事由の審査 ··54
　　2:5:4:2　登記・登録があるものについての手続 ·····················55
Q&A 2 ··56
　　2:5:4:3　公告手続 ···57
　　2:5:4:4　申請の却下 ··58
　　2:5:4:5　却下した場合の手続 ··60
　　2:5:4:6　所有権の保存登記の時期 ····································61
　　2:5:4:7　財団登記簿への記録（記載） ·······························62
　　2:5:4:8　財団目録及び配置図面への記録 ····························63
　　2:5:4:9　財団に属した旨の登記 ·······································63
　　2:5:4:10　登記識別情報の通知（登記済証の交付） ···············64
2:6　財団目録の記録の変更登記 ···64
　2:6:1　「財団ニ属スルモノニ変更ヲ生シ」たとき（組成物件の変更） ···65
　　2:6:1:1　変更登記をすべき場合 ··65

2:6:1:2　財団目録の記録の変更更正登記の申請手続 …………66
　　　　2:6:1:2:1　申請情報の内容 ……………………………………66
　　　　2:6:1:2:2　添付情報 ……………………………………………68
　　　2:6:1:3　目録の変更更正登記の実行手続 …………………………69
　　2:6:2　「新ニ他ノモノヲ財団ニ属セシメタル」とき（組成物件の追加） ……………………………………………………………70
　　　2:6:2:1　変更登記をすべき場合 ……………………………………70
　　　2:6:2:2　追加による目録の記録の変更登記の申請手続 …………70
　　　　2:6:2:2:1　管轄登記所 …………………………………………70
　　　　2:6:2:2:2　申請情報の内容 ……………………………………71
　　　　2:6:2:2:3　添付情報 ……………………………………………72
　　　2:6:2:3　追加による変更登記の実行手続 ………………………73
　　　　2:6:2:3:1　却下事由の審査 ……………………………………73
　　　　2:6:2:3:2　変更登記の手続 ……………………………………73
　　　　2:6:2:3:3　公告手続 ……………………………………………73
　　　　2:6:2:3:4　却下したときの手続 ………………………………74
　　　　2:6:2:3:5　変更登記の実行 ……………………………………74
　　　　2:6:2:3:6　失効した登記の抹消手続 …………………………75
　　　2:6:2:4　財団の表題部の変更登記が必要な場合 ………………76
　　2:6:3　「財団ニ属セサルニ至リタル」とき（組成物件の分離）……76
　　　2:6:3:1　分離による変更登記をすべき場合 ……………………76
　　　2:6:3:2　分離による変更登記をすることができない場合 ……77
　　　2:6:3:3　分離による財団目録の変更登記の申請手続 …………77
　　　　2:6:3:3:1　申請情報の内容 ……………………………………77
　　　　2:6:3:3:2　添付情報 ……………………………………………78
　［別記様式］抵当権者の同意証明情報 ……………………………………79
　　　2:6:3:4　分離による財団目録の記録の変更登記手続 ……………81
　　　　2:6:3:4:1　却下事由の有無の審査 ……………………………81

- 2:6:3:4:2 財団目録への記録 …………………………………81
- 2:6:3:4:3 所有権の保存登記の申請があった旨及び財団に属した旨の記録の抹消登記…………………………………81
- 2:6:3:4:4 管轄指定の登記所への移送手続 …………………82
- 2:6:3:4:5 財団の表題部の変更登記をすべき場合 …………82
- 2:6:4 「財団ニ属シタルモノカ滅失シ」た場合（組成物件の滅失）…………………………………………………………82
  - 2:6:4:1 変更登記をする場合 …………………………………82
  - 2:6:4:2 組成物件の滅失と財団の消滅 ……………………83
  - 2:6:4:3 滅失による財団目録の記録の変更登記の申請手続 ………84
    - 2:6:4:3:1 申請情報の内容 ……………………………84
    - 2:6:4:3:2 添付情報 ……………………………………84
  - 2:6:4:4 滅失による変更登記の実行手続 …………………84
  - 2:6:4:5 滅失による財団の表題部の変更登記 ……………84
  - 2:6:4:6 財団の消滅の登記を申請する場合 ………………85
- 2:6:5 財団目録の記録の更正登記………………………………85
  - 2:6:5:1 更正登記をする場合 ………………………………85
  - 2:6:5:2 財団目録の記録の更正登記の申請手続 ……………86
    - 2:6:5:2:1 申請情報の内容 ……………………………86
    - 2:6:5:2:2 添付情報 ……………………………………86
  - 2:6:5:3 財団目録の記録の更正登記の手続 ………………87
- 2:6:6 財団目録の記録の変更更正登記の効力………………87
  - 2:6:6:1 分離による変更登記 ………………………………87
  - 2:6:6:2 追加による変更登記 ………………………………87
  - 2:6:6:3 更正登記 ……………………………………………87

2：7 財団の表題部の変更更正登記 …………………………88

- 2:7:1 鉱区の分割，合併若しくは分合又は増減………………89
- 2:7:2 鉱区の分割等と財団に関する所要の登記……………90

2:7:2:1　採掘権の鉱区の分割 …………………………………90
　　2:7:2:2　採掘権の鉱区の合併 …………………………………90
　　　2:7:2:2:1　同一の財団に属する採掘権の鉱区の合併 ………90
　　　2:7:2:2:2　財団に属する採掘権と属さない採掘権の鉱区の合併
　　　　　　　　………………………………………………………90
　　　2:7:2:2:3　異なる財団に属する採掘権の鉱区の合併 ………91
　　2:7:2:3　採掘権の分合 …………………………………………91
　　2:7:2:4　採掘権の鉱区の増減 …………………………………92
Q&A 3　鉱業財団の合併と鉱区の合併 ……………………………93
　2:7:3　財団の表題部の変更更正登記の申請手続 ………………94
　　2:7:3:1　申請情報の内容 ………………………………………94
　　2:7:3:2　添付情報 ………………………………………………95
　2:7:4　表題部の変更更正登記の実行 ……………………………96
　2:7:5　登記名義人の表示の変更更正登記 ………………………96
　2:8　財団の分割 …………………………………………………96
　　2:8:1　財団の分割の要件 ………………………………………97
　　2:8:2　財団の分割登記の申請手続 ……………………………98
　　　2:8:2:1　申請情報の内容 ……………………………………98
　　　2:8:2:2　添付情報 …………………………………………100
　　2:8:3　財団の分割登記の実行手続 …………………………101
　　　2:8:3:1　却下事由の有無の審査 ……………………………101
　　　2:8:3:2　分割登記の実行 ……………………………………102
　　　　2:8:3:2:1　表題部の登記 …………………………………102
　　　　2:8:3:2:2　権利部（甲区事項欄）の登記 ………………103
　　　　2:8:3:2:3　財団目録の分離 …………………………………103
　　　　2:8:3:2:4　配置図面の処理 …………………………………104
　　　　2:8:3:2:5　移送手続 …………………………………………104
　2:9　財団の合併 ………………………………………………104

2：9：1	財団の合併の要件	105
2：9：2	財団の合併登記の申請手続	106
2：9：2：1	合併登記の管轄登記所	106
2：9：2：2	申請情報の内容	107
2：9：2：3	添付情報	108
2：9：3	財団の合併登記の実行手続	109
2：9：3：1	他の登記所への通知及び他の登記所からの移送手続	109
2：9：3：1：1	他の登記所への通知	109
2：9：3：1：2	通知を受けた登記所の移送手続等	109
2：9：3：2	却下事由の審査	110
2：9：3：3	合併登記の実行手続	110
2：9：3：3：1	合併登記をする登記記録（登記用紙）	110
2：9：3：3：2	表題部の登記	110
2：9：3：3：3	権利部（甲区事項欄）の登記	111
2：9：3：3：4	他の登記記録の閉鎖	112
2：9：3：3：5	財団目録	112
2：9：3：3：6	配置図面	112
2：9：3：3：7	保存期間	112
2：10	財団の所有権の移転登記	112
2：11	財団の抵当権	113
2：11：1	財団の抵当権の効力	113
2：11：2	財団の抵当権に関する登記手続	113
2：12	財団の民事執行等	114
2：12：1	採掘権取消しの場合の抵当権の実行	114
2：12：2	採掘権放棄の場合の抵当権の実行	114
2：12：3	財団競売の場合の未設立法人の買受参加	115
2：13	財団の消滅	115

- 2:13:1 工抵法8条3項又は10条の準用による財団の消滅 …… 115
- 2:13:2 工抵法44条ノ2の準用による財団の消滅 ………… 116
- 2:13:3 採掘権の分離等による消滅 ……………………… 116
- 2:13:4 財団の消滅登記手続 …………………………… 117
  - 2:13:4:1 意義 …………………………………… 117
  - 2:13:4:2 消滅登記の要件 ……………………… 117
  - 2:13:4:3 消滅登記の申請手続 ………………… 117
    - 2:13:4:3:1 申請情報の内容 ………………… 117
    - 2:13:4:3:2 添付情報 ……………………… 118
  - 2:13:4:4 消滅登記の実行手続 ………………… 119

3 漁業財団 …………………………………………… 121

- 3:1 漁業の許可 ……………………………………… 121
  - 3:1:1 大臣又は知事の許可・認可 …………………… 121
  - 3:1:2 漁業権 …………………………………………… 123
    - 3:1:2:1 漁業権の種類 ………………………… 123
    - 3:1:2:2 海区漁場計画 ………………………… 124
    - 3:1:2:3 漁業の免許 …………………………… 125
    - 3:1:2:4 漁業権の性質 ………………………… 126
    - 3:1:2:5 免許漁業原簿 ………………………… 127
- 3:2 財団の設定 ……………………………………… 127
- 3:3 財団に関する登記 ……………………………… 128
  - 3:3:1 財団登記簿 ……………………………………… 128
  - 3:3:2 管轄登記所 ……………………………………… 128
  - 3:3:3 財団の組成物件 ………………………………… 129
  - 3:3:4 組成物件の要件 ………………………………… 131
  - 3:3:5 組成物件の処分制限 …………………………… 131

3:3:5:1	所有権の保存登記前の処分制限	131
3:3:5:2	所有権の保存登記後の処分制限	132
3:3:5:3	財団の所有権移転と組成物件の権利移転	133

3：4　財団目録　133
3：5　財団の所有権の保存登記　135
　3：5：1　財団の設定者　135
　3：5：2　財団の設定範囲　136
　3：5：3　財団の所有権の保存登記の申請手続　136
　　3：5：3：1　管轄登記所　136
　　3：5：3：2　申請情報の内容　137
　　3：5：3：3　添付情報　138
〔漁場及び工作物配置図面〕　139
　3：5：4　所有権の保存登記の実行手続　140
　　3：5：4：1　却下事由の審査　140
　　3：5：4：2　登記・登録があるものについての手続　140
　　3：5：4：3　公告手続　141
　　3：5：4：4　申請の却下　141
　　3：5：4：5　却下した場合の手続　141
　　3：5：4：6　所有権の保存登記の時期　142
　　3：5：4：7　財団登記簿への記録（記載）　142
　　3：5：4：8　財団目録及び（配置）図面への記録　143
　　　3：5：4：8：1　財団目録　143
　　　3：5：4：8：2　図面　143
　　3：5：4：9　財団に属した旨の登記　143
　　3：5：4：10　登記識別情報の通知（登記済証の交付）　144
3：6　財団目録の記録の変更登記　144
　3：6：1　組成物件の変更　144
　　3：6：1：1　変更登記をすべき場合　144

3：6：1：2　財団目録の記録の変更更正登記の申請手続 …………… 145
　　　　3：6：1：2：1　申請情報の内容 ………………………………… 145
　　　　3：6：1：2：2　添付情報 ………………………………………… 146
　　　3：6：1：3　目録の変更更正登記の実行手続 ……………………… 146
　3：6：2　組成物件の追加………………………………………………… 147
　　　3：6：2：1　変更登記をすべき場合 ………………………………… 147
　　　3：6：2：2　追加による目録の記録の変更登記の申請手続 ……… 147
　　　　3：6：2：2：1　管轄登記所 ……………………………………… 147
　　　　3：6：2：2：2　申請情報の内容 ………………………………… 147
　　　　3：6：2：2：3　添付情報 ………………………………………… 148
　　　3：6：2：3　追加による変更登記の実行手続 ……………………… 149
　　　3：6：2：4　失効した登記の抹消手続 ……………………………… 149
　　　3：6：2：5　財団の表題部の変更登記が必要な場合 ……………… 150
　3：6：3　組成物件の分離………………………………………………… 151
　　　3：6：3：1　分離による変更登記をすべき場合 …………………… 151
　　　3：6：3：2　分離による変更登記をすることができない場合 …… 151
　　　3：6：3：3　分離による財団目録の変更登記の申請手続 ………… 151
　　　　3：6：3：3：1　申請情報の内容 ………………………………… 151
　　　　3：6：3：3：2　添付情報 ………………………………………… 152
　　　3：6：3：4　分離による財団目録の記録の変更登記手続 ………… 152
　　　　3：6：3：4：1　却下事由の有無の審査 ………………………… 152
　　　　3：6：3：4：2　財団目録への記録 ……………………………… 152
　　　　3：6：3：4：3　所有権の保存登記の申請があった旨及び財団に属し
　　　　　　　　　　　た旨の記録の抹消登記………………………………… 153
　　　　3：6：3：4：4　管轄指定の登記所への移送手続 ……………… 153
　　　　3：6：3：4：5　財団の表題部の変更登記をすべき場合 ……… 154
　3：6：4　組成物件の滅失………………………………………………… 154
　　　3：6：4：1　変更登記をする場合 …………………………………… 154

3:6:4:2	組成物件の滅失等と財団の消滅	154
3:6:4:3	滅失又は消滅による財団目録の記録の変更登記の申請手続	155
3:6:4:3:1	申請情報の内容	155
3:6:4:3:2	添付情報	155
3:6:4:4	滅失又は消滅による変更登記の実行手続	155
3:6:4:5	滅失又は消滅による財団の表題部の変更登記	155
3:6:4:6	財団の消滅の登記を申請する場合	155
3:6:5	財団目録の記録の更正登記	155
3:6:5:1	更正登記をする場合	155
3:6:5:2	目録の記録の更正登記の申請手続	156
3:6:5:2:1	申請情報の内容	156
3:6:5:2:2	添付情報	156
3:6:5:3	財団目録の記録の更正登記の手続	157
3:6:6	財団目録の記録の変更更正の登記の効力	157
3:6:6:1	分離による変更登記	157
3:6:6:2	追加による変更登記	157
3:6:6:3	更正登記	157
3:7	財団の表題部の変更更正登記	157
3:7:1	財団の表題部の変更更正登記の申請手続	158
3:7:1:1	申請情報の内容	158
3:7:1:2	添付情報	158
3:7:2	表題部の変更更正登記の実行	159
3:7:3	財団の登記名義人の表示の変更更正登記	159
3:8	財団の分割	160
3:8:1	財団の分割の要件	160
3:8:2	財団の分割登記申請手続	160
3:8:2:1	申請情報の内容	160

3:8:2:2　添付情報 …………………………………… 162
　3:8:3　財団の分割登記の実行手続………………………… 162
　　3:8:3:1　却下事由の有無の審査 ………………………… 162
　　3:8:3:2　表題部の登記 ……………………………………… 162
　　3:8:3:3　権利部（甲区事項欄）の登記 ………………… 162
　　3:8:3:4　財団目録の分離 ……………………………… 163
　　3:8:3:5　（配置）図面の処理…………………………… 163
　　3:8:3:6　移送手続 ………………………………………… 163
3:9　財団の合併 …………………………………………………… 163
　3:9:1　財団の合併の要件 ……………………………………… 163
　3:9:2　財団の合併登記の申請手続………………………… 164
　　3:9:2:1　合併登記の管轄登記所 ……………………… 164
　　3:9:2:2　申請情報の内容 ………………………………… 164
　　3:9:2:3　添付情報 ………………………………………… 165
　3:9:3　財団の合併登記の実行手続………………………… 165
　　3:9:3:1　他の登記所への通知及び他の登記所からの移送手続
　　　　　　（2:9:3:1） …………………………………………… 165
　　3:9:3:2　合併登記の実行手続 ………………………… 166
　　　3:9:3:2:1　合併登記をする登記記録（登記用紙）………… 166
　　　3:9:3:2:2　表題部の登記 ……………………………… 166
　　　3:9:3:2:3　権利部（甲区事項欄）の登記 ………… 167
　　　3:9:3:2:4　他の登記記録の閉鎖 ……………………… 167
　　　3:9:3:2:5　財団目録 ……………………………………… 167
　　　3:9:3:2:6　（配置）図面…………………………………… 167
　　　3:9:3:2:7　保存期間 ……………………………………… 167
3:10　財団の所有権の移転登記 ………………………………… 168
3:11　財団の抵当権 ………………………………………………… 168
　3:11:1　財団の抵当権の効力 …………………………………… 168

| 3:11:2　財団の抵当権に関する登記手続 ……………………… 169
| 3:12　財団の民事執行等 …………………………………………… 169
| 3:13　財団の消滅 ……………………………………………………… 170
| 3:13:1　工抵法8条3項又は10条の準用による財団の消滅 …… 170
| 3:13:2　工抵法44条ノ2の準用による財団の消滅 ……………… 170
| 3:13:3　漁業権の消滅による財団の消滅 ………………………… 171
| 3:13:4　財団の消滅登記の手続 …………………………………… 171
| 3:13:4:1　意義 ………………………………………………… 171
| 3:13:4:2　消滅登記の要件 …………………………………… 172
| 3:13:4:3　消滅登記の申請手続 ……………………………… 172
| 3:13:4:3:1　申請情報の内容 …………………………… 172
| 3:13:4:3:2　添付情報 …………………………………… 173
| 3:13:4:4　消滅登記の実行手続 ……………………………… 173

4　港湾運送事業財団 ……………………………………………… 175

  4:1　財団の設定 ………………………………………………………… 175
    4:1:1　財団の性質 ……………………………………………………… 175
    4:1:2　設定者及び設定の範囲 ………………………………………… 175
  4:2　財団に関する登記 ………………………………………………… 176
    4:2:1　財団登記簿 ……………………………………………………… 176
    4:2:2　管轄登記所 ……………………………………………………… 176
  4:3　財団の組成物件 …………………………………………………… 176
    4:3:1　組成物件の要件 ………………………………………………… 177
    4:3:2　組成物件の処分制限 …………………………………………… 177
  4:4　財団目録及び工作物の配置図面 ………………………………… 177
    4:4:1　財団目録の作成 ………………………………………………… 178
    4:4:2　工作物の配置図面 ……………………………………………… 178

4：5　財団の所有権の保存登記 …………………………………… 178
　4：5：1　財団の設定者………………………………………… 178
　4：5：2　財団の設定範囲……………………………………… 178
　4：5：3　所有権の保存登記の申請手続………………………… 179
　　4：5：3：1　管轄登記所 …………………………………… 179
　　4：5：3：2　申請情報の内容 ……………………………… 179
　　4：5：3：3　添付情報 ……………………………………… 180
〔工作物配置図面〕…………………………………………………… 181
　4：5：4　所有権の保存登記の実行手続………………………… 182
　　4：5：4：1　所有権の保存登記の時期 …………………… 182
　　4：5：4：2　財団登記簿への記録（記載）………………… 182
　　4：5：4：3　財団目録及び配置図面への記録 …………… 182
　　4：5：4：4　財団に属した旨の登記 ……………………… 182
　　4：5：4：5　登記識別情報の通知（登記済証の交付）…… 183
4：6　財団目録の記録の変更登記 ………………………………… 183
　4：6：1　組成物件の変更……………………………………… 183
　4：6：2　組成物件の追加……………………………………… 184
　4：6：3　組成物件の分離……………………………………… 184
　4：6：4　組成物件の滅失……………………………………… 184
　4：6：5　財団目録の記録の更正……………………………… 185
　4：6：6　財団目録の記録の変更更正登記の効力……………… 185
4：7　財団の表題部の変更更正登記 ……………………………… 185
　4：7：1　財団の表題部事項の変更更正登記…………………… 185
　4：7：2　財団の基本物件の追加，分離の場合………………… 185
　4：7：3　財団の表題部の変更更正登記の申請手続…………… 186
　　4：7：3：1　申請情報の内容 ……………………………… 186
　　4：7：3：2　添付情報 ……………………………………… 187
　4：7：4　表題部の変更更正登記の実行………………………… 187

4：7：5　登記名義人の表示の変更（又は更正）登記…………… 187
4：8　財団の分割 ………………………………………………… 187
　4：8：1　財団の分割の要件 ………………………………… 188
　4：8：2　財団の分割登記の申請手続 …………………… 188
　　4：8：2：1　申請情報の内容 …………………………… 188
　　4：8：2：2　添付情報 ……………………………………… 189
　4：8：3　財団の分割登記の実行手続 …………………… 190
　　4：8：3：1　表題部の登記 ……………………………… 190
　　4：8：3：2　権利部（甲区事項欄）の登記 ………… 190
　　4：8：3：3　財団目録の分離 …………………………… 191
　　4：8：3：4　図面の処理 ………………………………… 191
　　4：8：3：5　移送手続 …………………………………… 191
4：9　財団の合併 ………………………………………………… 192
　4：9：1　財団の合併の要件 ………………………………… 192
　4：9：2　財団の合併登記の申請手続 …………………… 192
　　4：9：2：1　合併登記の管轄登記所 ………………… 192
　　4：9：2：2　申請情報の内容 …………………………… 193
　　4：9：2：3　添付情報 ……………………………………… 194
　4：9：3　財団の合併登記の実行手続 …………………… 194
　　4：9：3：1　他の登記所への通知及び他の登記所からの移送手続
　　　　　　　　（2：9：3：1）………………………………………… 194
　　4：9：3：2　合併登記の実行手続 …………………… 195
　　　4：9：3：2：1　合併登記をする登記記録（登記用紙）………… 195
　　　4：9：3：2：2　表題部の登記 ……………………………… 195
　　　4：9：3：2：3　権利部（甲区事項欄）の登記 …………… 196
　　　4：9：3：2：4　他の登記記録の閉鎖 …………………… 196
　　　4：9：3：2：5　財団目録 …………………………………… 197
　　　4：9：3：2：6　配置図面 …………………………………… 197

4:9:3:2:7　保存期間 ……………………………………………… 197
　4:10　財団の所有権の移転登記 ……………………………………… 197
　4:11　財団の抵当権 …………………………………………………… 198
　　4:11:1　財団の抵当権の効力 ………………………………………… 198
　　4:11:2　財団の抵当権に関する登記手続 …………………………… 198
　4:12　財団の民事執行等 ……………………………………………… 198
　4:13　財団の消滅 ……………………………………………………… 198

5　観光施設財団 …………………………………………………… 199

　5:1　財団の設定 ……………………………………………………… 199
　　5:1:1　財団の設定者 …………………………………………………… 200
　　5:1:2　観光施設 ………………………………………………………… 200
　　5:1:3　対象外施設 ……………………………………………………… 201
　5:2　財団に関する登記 ……………………………………………… 202
　　5:2:1　財団登記簿 ……………………………………………………… 202
　　5:2:2　管轄登記所 ……………………………………………………… 202
　5:3　財団の組成物件 ………………………………………………… 202
　　5:3:1　組成物件となり得るもの ……………………………………… 203
　　5:3:2　組成物件の要件 ………………………………………………… 204
　　5:3:3　組成物件の処分制限 …………………………………………… 205
　　5:3:4　財団設定の制限 ………………………………………………… 206
　5:4　財団目録及び観光施設の図面 ………………………………… 206
　　5:4:1　財団目録 ………………………………………………………… 206
　　　5:4:1:1　記録方法 ……………………………………………………… 206
　　　5:4:1:2　組成物件の記録方法 ………………………………………… 206
　　5:4:2　観光施設の図面 ………………………………………………… 208
　　5:4:3　保存期間 ………………………………………………………… 209

5：5	財団の所有権の保存登記	209
5：5：1	所有権の保存登記の申請手続	210
5:5:1:1	申請情報の内容	210
5:5:1:2	添付情報	212
〔観光施設図面〕		213
5：5：2	所有権の保存登記の実行手続	213
5：6	財団目録の記録の変更登記	213
5：6：1	組成物件の変更	214
5：6：2	組成物件の追加	214
5：6：3	組成物件の分離	215
5：6：4	組成物件の滅失等	215
5：6：5	財団目録の変更登記の手続	216
5：7	財団の表題部の変更更正登記	217
5：7：1	財団の表題部の変更更正登記	217
5:7:1:1	財団の基本物件の追加，分離の場合	217
5:7:1:2	財団の表題部の変更更正登記の申請手続	217
5:7:1:2:1	申請情報の内容	217
5:7:1:2:2	添付情報	218
5：7：2	表題部の変更更正登記の実行	219
5：7：3	登記名義人の表示の変更更正の登記	219
5：8	財団の分割	219
5：8：1	財団の分割の要件	219
5：8：2	財団の分割登記の申請手続	220
5:8:2:1	申請情報の内容	220
5:8:2:2	添付情報	222
5：8：3	財団の分割登記の実行手続	222
5:8:3:1	表題部の登記	222
5:8:3:2	権利部（甲区事項欄）の登記	223

5:8:3:3　財団目録の分離 …………………………………… 223
　　　5:8:3:4　図面の処理 ………………………………………… 224
　　　5:8:3:5　移送手続 …………………………………………… 224
5:9　財団の合併 ……………………………………………………… 224
　5:9:1　財団の合併の要件 ……………………………………… 224
　5:9:2　財団の合併登記の申請手続 …………………………… 225
　　5:9:2:1　合併登記の管轄登記所 …………………………… 225
　　5:9:2:2　申請情報の内容 …………………………………… 225
　　5:9:2:3　添付情報 …………………………………………… 226
　5:9:3　財団の合併登記の実行手続（2:9:3） ………………… 227
　　5:9:3:1　他の登記所への通知及び他の登記所からの移送手続
　　　　　　　………………………………………………………… 227
　　　5:9:3:1:1　他の登記所への通知 ………………………… 227
　　　5:9:3:1:2　通知を受けた登記所の移送手続等 ………… 227
　　5:9:3:2　却下事由の審査 …………………………………… 227
　　5:9:3:3　合併登記の実行手続 ……………………………… 227
　　　5:9:3:3:1　合併登記をする登記記録（登記用紙）…… 228
　　　5:9:3:3:2　表題部の登記 …………………………………… 228
　　　5:9:3:3:3　権利部（甲区事項欄）の登記 ……………… 228
　　　5:9:3:3:4　他の登記記録の閉鎖 ………………………… 229
　　　5:9:3:3:5　財団目録 ………………………………………… 229
　　　5:9:3:3:6　図面 ……………………………………………… 229
　　　5:9:3:3:7　保存期間 ………………………………………… 229
5:10　財団の所有権の移転登記 ………………………………… 229
5:11　財団の抵当権 ………………………………………………… 230
　5:11:1　財団の抵当権の効力 ……………………………… 230
　5:11:2　財団の抵当権に関する登記手続 ………………… 230
5:12　財団の民事執行等 …………………………………………… 230

5：13　財団の消滅 …………………………………………… 231
　5：13：1　工抵法8条3項又は10条の準用による財団の消滅登記
　　　………………………………………………………… 231
　5：13：2　工抵法44条ノ2の準用による財団の消滅登記 ………… 231
　5：13：3　財団の消滅登記手続 ……………………………… 231
　　5：13：3：1　意義 …………………………………………… 231
　　5：13：3：2　消滅登記の要件 ……………………………… 232
　　5：13：3：3　消滅登記の申請手続 ………………………… 232
　　　5：13：3：3：1　申請情報の内容 ………………………… 232
　　　5：13：3：3：2　添付情報 ………………………………… 233
　　5：13：3：4　消滅登記の実行手続 ………………………… 234

6　道路交通事業財団 ……………………………………… 235

6：1　財団の設定 …………………………………………… 235
　6：1：1　事業単位 …………………………………………… 235
　6：1：2　財団の設定者 ……………………………………… 236
　6：1：3　設定の要件 ………………………………………… 236
　6：1：4　財団の性質 ………………………………………… 237
6：2　財団に関する登記 …………………………………… 238
　6：2：1　財団登記簿 ………………………………………… 238
　6：2：2　管轄登記所 ………………………………………… 238
6：3　財団の組成物件 ……………………………………… 239
　6：3：1　組成物件の範囲 …………………………………… 239
　6：3：2　組成物件の要件 …………………………………… 240
　6：3：3　組成物件の処分制限 ……………………………… 242
　　6：3：3：1　財団に属したものの処分制限 ………………… 242
　　6：3：3：2　所有権の保存登記前の処分制限 …………… 242

6:3:3:3　当然帰属主義 ……………………………………… 243
　　　6:3:3:4　当然帰属主義適用の問題点 …………………………… 245
　　　6:3:3:5　当然帰属主義の例外 …………………………………… 247
　6:4　財団目録 ……………………………………………………………… 248
　　6:4:1　財団目録の作成方法………………………………………… 248
　　6:4:2　財団目録の効力 …………………………………………… 249
　　6:4:3　財団目録の保存期間 ………………………………………… 249
　6:5　財団の所有権の保存登記 ………………………………………… 249
　　6:5:1　財団の設定者……………………………………………… 250
　　6:5:2　財団設定の制限 …………………………………………… 250
　　6:5:3　財団の所有権の保存登記の申請手続………………………… 250
　　　6:5:3:1　管轄登記所 ……………………………………………… 250
　　　6:5:3:2　申請情報の内容 ………………………………………… 251
　　　6:5:3:3　添付情報 ………………………………………………… 252
　　6:5:4　所有権の保存登記の実行手続……………………………… 253
　6:6　財団目録の記録の変更登記 ……………………………………… 253
　　6:6:1　変更登記をすべき場合……………………………………… 254
　　6:6:2　変更登記の性質…………………………………………… 256
　　6:6:3　財団目録の記録の変更更正の登記の申請手続……………… 256
　　　6:6:3:1　申請情報の内容 ………………………………………… 256
　　　6:6:3:2　添付情報 ………………………………………………… 258
　　6:6:4　目録の変更更正登記の実行手続…………………………… 258
　　6:6:5　財団目録の記録の変更更正登記の効力 …………………… 260
　6:7　財団の表題部の変更更正登記 …………………………………… 261
　　6:7:1　事業単位の変更…………………………………………… 261
　　6:7:2　財団の表題部の変更更正登記の申請手続………………… 261
　　　6:7:2:1　申請情報の内容 ………………………………………… 262
　　　6:7:2:2　添付情報 ………………………………………………… 262

6:7:3	表題部の変更更正登記の実行……………………………… 263
6:7:4	登記名義人の表示の変更更正登記……………………………… 263

6:8　財団の分割 …………………………………………………… 263
- 6:8:1　財団の分割の要件…………………………………………… 263
- 6:8:2　財団の分割登記の申請手続………………………………… 264
  - 6:8:2:1　申請情報の内容 ………………………………………… 264
  - 6:8:2:2　添付情報 ……………………………………………… 265
- 6:8:3　財団の分割登記の実行手続………………………………… 265
  - 6:8:3:1　却下事由の有無の審査 ………………………………… 265
  - 6:8:3:2　分割登記の実行 ……………………………………… 265
    - 6:8:3:2:1　表題部の登記 ……………………………………… 266
    - 6:8:3:2:2　権利部（甲区事項欄）の登記 …………………… 266
    - 6:8:3:2:3　財団目録の分離 …………………………………… 267
    - 6:8:3:2:4　移送手続 …………………………………………… 267

6:9　財団の合併 …………………………………………………… 267
- 6:9:1　財団の合併の要件…………………………………………… 268
- 6:9:2　財団の合併登記の申請手続………………………………… 268
  - 6:9:2:1　合併登記の管轄登記所 ………………………………… 268
  - 6:9:2:2　申請情報の内容 ……………………………………… 269
  - 6:9:2:3　添付情報 ……………………………………………… 270
- 6:9:3　財団の合併登記の実行手続………………………………… 270
  - 6:9:3:1　他の登記所への通知及び他の登記所からの移送手続
    ………………………………………………………………………… 270
    - 6:9:3:1:1　他の登記所への通知 ……………………………… 270
    - 6:9:3:1:2　通知を受けた登記所の移送手続等 ……………… 271
  - 6:9:3:2　却下事由の審査 ……………………………………… 271
  - 6:9:3:3　合併登記の実行手続 ………………………………… 271
    - 6:9:3:3:1　合併登記をする登記記録（登記用紙）………… 271

		6:9:3:3:2	表題部の登記 ……………………………………………	272
		6:9:3:3:3	権利部（甲区事項欄）の登記 ……………………	272
		6:9:3:3:4	他の登記記録の閉鎖 ………………………………	272
		6:9:3:3:5	財団目録 ………………………………………………	273
		6:9:3:3:6	登記記録閉鎖の旨の通知 …………………………	273
	6：10	財団の所有権の移転登記 …………………………………………	273
	6：11	財団の抵当権 ………………………………………………………	273
	6：12	財団の民事執行等 …………………………………………………	274
	6：13	財団の消滅 …………………………………………………………	275

7　自動車交通事業財団 …………………………………………… 277

	7：1	沿革 …………………………………………………………………	277
	7：2	財団の組成物件 ……………………………………………………	278
	7：3	財団の設定 …………………………………………………………	278

*主要条文索引……………………………………………………………… 279

*判例・先例索引…………………………………………………………… 285

*事項索引…………………………………………………………………… 286

1 はじめに

① 民法における担保物権の規定は，企業資金の獲得及び金銭資本の投下を媒介する物的担保制度に関するものであり，資本主義の発達に伴ってその必要性が高まっていったにもかかわらず，その機能を十分に発揮できたとはいえなかった。そこで，この要請に応えるために民法典の改正（附従性を緩和する根抵当制度）及び特別法の制定が行われた。

後者は，抵当権の目的物の範囲の拡大を図る内容であり，その法的構造としては，従物理論の進展（例えば，工場抵当法の工場抵当権），集合物理論の進展（例えば，各種財団抵当法や企業担保法），そして動産の不動産化（例えば，農業動産信用法や自動車抵当法）という三つの方法が採られたのである。

② 我が国の企業の資金調達方法としては，「借入れ」が重要な役割を果たしており，金融機関は，不動産を担保とする融資を中心として与信してきた。しかし，バブル経済の崩壊により不動産担保にウェイトを置いた融資は頭打ちとなり，企業は，担保として提供できる資産不足から資金調達が困難になるという問題が生じてきた。

このような状況の下，平成14年に企業による新たな資金調達手法の発展に資する担保制度の見直しに関する報告書（案）（以下「報告書」という。）が公表された（工5：5参照）。そこでは，我が国もアメリカと同様に多様な資金調達手法がバランスよく発達することが強く望まれるとし，そのためのコンセプトとして，a 不動産以外の保有財産を有効活用すること，b 事業又は資産の収益性に着目すること，c 資金提供者による経営状況の監視が挙げられている。

これにより新たな資金調達手段としては，a 在庫担保・債権担保ローン，b 流動化・証券化，c プロジェクト・ファイナンスの3類型が考えられるとしている。「報告書」は，不動産担保から事業収益重視への転換の必要性を説いたものであり，その後の展開が期待されてきたが，これま

で，休止状態となっている。

1：1　各種財団抵当法の制定

① 　明治38年に工場抵当法，鉱業抵当法及び鉄道抵当法が制定された。これには，二つの理由がある。

　その1は，民法施行後，日清・日露の戦争を通じて，我が国の経済は発展して，企業の規模は拡大し，銀行取引も増加した。その結果，融資物件の対象は，土地から工場に移ったが，これに対処すべき抵当制度は，工場施設を有効な担保とするには無力であった。そこで，抵当権の対象に関する民法及び登記法の不備を改善することが求められた。

　その2は，鉄道や紡績業を中心にして，低金利で豊富な資本導入の必要性に迫られる一方，「抵当権の対象となる機械も相当の価格を附して評価すること」などの要望が出され，また，鉄道建設の資金需要と外資導入の促進問題に関連して，鉄道抵当に関する法案の起草が促進され，併せて，担保附社債に関する信託制度の採用も検討された。

② 　しかし，これらの要望に応えるためには，次のような問題があった。

　我が国の民法は，大陸法系の流れをくんでいるから，独立する物の集合体の上には1個の独立した所有権は成立しないという「一物一権の原則」がある。また，従物理論の観点から，工場に属する土地・建物に抵当権を設定した場合に工場に備え付けられた機械・器具等の動産に抵当権の効力が及ぶかという問題がある。しかも，抵当権は，個々の不動産について抵当権設定契約を行い，その設定登記を不動産1個ごとにしなければならないため，手続が著しく煩雑となり，数多くの不動産を抱える大企業には大きな負担となる。

　また，工場に属する土地又は建物に備え付けられた機械・器具等の動産に質権を設定することは，企業の生産手段を奪うことになり，その利用は困難である。すなわち，質権は，主に動産をその目的とするものであり，目的物の占有を債権者に移す必要があるため，企業を構成する機械器具等

の動産については，事実上質権を設定することができず，仮に譲渡担保の形式を採ったとしても担保権としては薄弱だからである。
③　そこで，工場に属する土地又は建物については抵当権を設定し，工場の設備である機械・器具等の動産については譲渡担保権を設定するという方法が採られることになった。

　しかし，この方法は，設定に多くの費用を必要とするだけでなく，担保権が個々に実行されることになると企業の崩壊を招くおそれがある。企業を構成する物的設備は，相互に結合しているから，担保の目的としては，これを単一体（財団）としなければならない。
④　財団を担保とする制度は，個々の物に担保を設定するよりも経済的担保価値に優れ，また，動産の担保のように引渡しという不便がないという点でも法律技術的な長所がある。もっとも，「財団」は，一物一権の原則に反するのみならず，この制度を採用するには，財団という単一物を公示する特別な方法が必要だった。
⑤　財団抵当は，企業を構成する土地・建物，機械・器具等の物的施設はもちろん，各種権利を含めて，これらを有機的単一体として把握し，各業種ごとの財団抵当法により，財団目録を作成し，財団登記簿に記録して抵当物件とする制度である。この制度は，法律技術上からも動産の引渡しをする必要がないという長所を持っている。

　企業を構成する物件は，企業の種類によって異なっているが，一般的には，不動産たる土地・建物，機械・器具・什器，商品その他の動産，賃借権，地上権，工業所有権及び債権等の財産権，そして雇用関係等の法律関係並びに金融上の信用，技術，暖簾（グッドウィル）等の利益を含んでいる。
⑥　しかし，財団抵当法における財団は，企業財産の全てをもって構成されるものではない。各種財団の組成物件の範囲をどのように定めるかは，企業を一体として担保化して，その単一性を維持しようとする要請と，担保の客体につき権利の確定を第一義とする要請とを，どうやって調和を図る

かという問題がある。この点は，我が国の現行法制の下では，ある程度抑制的にならざるを得ない。財団をめぐる法律関係，とりわけ財団抵当に関する財団の明確化と取引の安全ないし第三者の権利保護を考慮して，財団の組成物件は法定しなければならない。このことは，財団の持つ担保価値の客観性を導き出すために重要なことである。

⑦　明治38年に工場抵当法，鉱業抵当法，鉄道抵当法が制定され，それぞれ工場，鉱業，鉄道の各財団の抵当制度が創設された。これは，日露戦争を契機とする我が国の資本主義の勃興期において，企業資金の獲得に便宜を与えようとする意図で行われたものである。

⑧　その後，産業界の進展に呼応して，明治42年に「軌道ノ抵当ニ関スル法律」により軌道財団抵当制度が，大正2年に運河法により運河施設の財団抵当制度が，大正14年に漁業財団抵当制度が創設された。次いで昭和6年に自動車交通事業法により自動車運輸事業及び自動車道事業についての財団抵当制度の道が開かれ，昭和26年に港湾運送事業法によって港湾運送事業財団抵当制度が創設された。昭和27年には昭和22年に廃止された自動車交通事業法に代わって，道路運送事業及び通運事業のための財団抵当制度を認める道路交通事業抵当法が制定され，昭和43年に観光施設を担保の目的とするため観光施設財団抵当法が制定された。

1：2　財団抵当制度の客体（組成物件）

①　財団抵当は，企業を構成する土地・建物，機械・器具等の物的施設はもちろん，権利を含めて，有機的単一体として把握し，企業独自の担保価値を各種の財団抵当法により，財団目録を作成し，財団登記簿に記録し，抵当にする制度である。この制度は，経済的担保価値の観点からみて，個々の動産及び不動産の上に担保を設定するよりも優れており，法律技術上からも動産の担保のように1個ずつ引渡しをするという不便もない。

　企業の構成物件（組成物件）は，企業の種類によりそれぞれ異なっているが，一般的には不動産である土地及び建物，機械・器具・什器・商品そ

の他の動産，賃借権，地上権，工業所有権・商標権及び債権等の財産権及び雇用関係等の法律関係並びに金融上の信用，技術，のれん等の事実上の利益等を包含する。
② しかし，財団抵当法における財団は，企業財産の全てをもって構成するものではない。財団の組成物件の範囲をどのように定めるかは，財団抵当制度上重要な問題である。そこには，企業を一体として担保化して，その単一性を維持しようとする要請と，大陸法系に属する我が国の従来の法律制度を前提とする限り，担保の客体につき権利の確定を第一義とすることへの要求との調和を図るという課題がある。
③ その要請は，我が国の現行法制のもとでは，ある程度抑制せざるを得ない。財団をめぐる法律関係，とりわけ財団抵当に関するシステムの明確化と取引の安全ないし第三者の権利擁護を考慮して，担保の組成物件を法定化したのである。

1：3　財団抵当制度の利点と注意点

1：3：1　財団抵当制度の特色

① 財団の組成物件

財団は，企業経営のための土地・建物・機械・器具・材料などの物的設備及びその企業に関する免許・特許その他の特権などが結合して有機的に一体となったものである。不動産財団（1：4：1）は，企業に属する物的設備，他人の物の使用権，企業のための物権（工業所有権・鉱業権・漁業権）など法律の定める範囲内のものによって組成される（工抵法11条）。ただし，物財団（1：4：2）は，企業の全部又は一部（例えば，支線の経営）に属する物的設備の全部を包含する必要がある。

② 財団の設定

物財団及び道路交通事業財団の設定については，監督官庁の「認定」や「認可」が必要である（鉄抵法2条ノ2，道抵法2条など）。財団設定のためには，財団目録を作成（登記所に提供）し，そこに記録された物が財団に属

することになる。これに対して，物財団では，法律の規定によって財団に属すべきものは，前述の認定によって当然に財団に属するため，財団中に他人の権利の目的となる物が混入するときは，財団の統一性を乱すおそれがあるから，防止策を講ずる必要がある。

財団設定の申請があったとき，登記官は審査をし，公告をする（工抵法24条）。他人の権利又は執行の目的である物が存在することが明白であるときは，財団の設定は許されない。また，これらのものが存在しないとして財団設定が許された後は，既存の権利は消滅し，執行は効力を失う（同法13条1項，23条～33条）。

③ 財団に関する第三者の権利

物財団は，財団抵当成立の認可があった場合は，第三者の権利は消滅し，第三者は，一定条件の下に損害賠償を請求できるにとどまる（鉄抵法8条～12条）。財団は，1個の不動産（物財団では1個の物）とみなされ（工抵法14条1項，鉄抵法2条3項），抵当権の設定をはじめ，その上の権利の変動は，財団登記簿（物財団では登録簿）への登記（登録）がなければ第三者に対抗できない（民法177条，鉄抵法15条）。財団を包含する個々の物又は権利が財団に包含されている旨を第三者に対抗するためにも登記（登録）が必要である。

④ 財団の組成物件の処分

財団に包含されたものについては，個別的処分は許されず，また，第三者による個別的執行は禁止され（工抵法13条2項，49条，50条，鉄抵法4条2項など），更に，抵当権者の同意を得て財団から分離したときにのみ抵当権の効力から脱することができる（工抵法15条1項）。ただし，抵当権者は，財団からの分離に正当の事由があるときは，同意を拒否できない（同条2項）。

財団組成物の違法な処分は無効であり，第三者は，動産について即時取得の保護を受けるのみで，不動産の場合は保護がない。

⑤ 財団の単一性

財団設定後に財団に属する土地や建物に付加し，又は備え付けられたものは，当然，財団に含まれて抵当権の目的となるが，それ以外のもの（例えば，設定後に新築された工場）は含まれない（工抵法16条1項）。ただし，物財団にあっては，財団設定後に企業設備に付加されたものは，すべて財団に含まれる（鉄抵法11条）。この点で財団の単一性は，より強化されている。

⑥　財団の統一性

財団抵当権の実行については，不動産財団は，必ずしも財団を一体として競売する必要はなく，「箇箇ノモノトシテ売却ニ付スヘキ旨ヲ命スル」ことができ（工抵法46条），財団の統一体としての取扱いは比較的弱い。しかし，物財団は，抵当権の実行に関しては，原則として，財団を一体として競売に付すべきものとされ，財団の統一性は強固である。

1:3:2　財団抵当制度の利点

① 　一括担保化による担保価値の増加

財団抵当は，個々の担保物件の価値を単純加算する従来の不動産抵当に比して，企業に属する土地，建物等の不動産に，機械，器具，什器，備品，船舶，航空機，自動車，動物，植物，展示物等の動産及び地上権，賃借権その他の権利を加え，これを1個の不動産若しくは物とみなして担保化するものである。有機的な価値が加味される結果，その後に自然発生する暖簾価値も加わって担保価値が増加し，さらに収益還元価額が担保評価の際に考慮されることになる。

② 　財団の単一性維持と事業経営の継続

事業に属する財産を個々的に担保提供した場合，そのうちの重要物件について担保権の実行があると，事業の継続維持に支障を来す。しかし，事業財産を一括担保する財団抵当の場合は，抵当権実行により財団組成物件の所有権が競落人に移転しても，物件が個々に分散することはなく，財団自体が1個の不動産又は1個の物として，維持されたまま新所有者に移転され，経営の維持継続が可能となる。これは，公共ないし公益的な色彩の

強い財団の場合は，特に強調される利点である。
③　抵当権登記手続の簡素化

担保物件に対する抵当権の設定登記について，担保物件が複数の登記官庁の管轄下にある場合，個別の不動産抵当のときは，登記所ごとに担保不動産全部について1筆ずつ設定登記の手続をしなければならない。

財団抵当の場合は，財団の所有権の保存登記をしている登記所すなわち管轄登記所だけで，しかも組成物件である個々の不動産には関係なく財団登記簿それ自体に抵当権の設定登記をすれば足りる。したがって，設定登記に要する手続は軽減され，所要日時も短縮される。

④　登録免許税の軽減

財団抵当では，財団の設定すなわち所有権の保存登記を終えるまでは，かなりの労力と日時を要する。例としては，1財団につき必要な費用は，人件費と印刷代を除くと，10万円程度の実費と数箇月の期間である。しかし，いったん財団が設定されると，財団制度の利益を十分に享受できる。そのうち最も顕著なものが登録免許税の負担軽減である。抵当権の設定登記の場合の登録免許税は，債権金額に対して，1,000分の2.5であり（税法別表第一・五㈡），不動産抵当の1,000分の4（同表第一・一㈤）に比して軽減されている。

⑤　社債の物上担保

財団は，担保附社債信託法（以下「担信法」という。）による社債の物上担保として好適なものであり，これを利用することにより，社債を有利に発行することができる。

1：4　財団抵当制度の種類

財団抵当制度には，工場財団・鉱業財団・漁業財団・港湾運送事業財団・観光施設財団・鉄道財団・軌道財団・運河財団そして道路交通事業財団の9種類があり，「不動産財団」「物財団」「中間財団」に類別することができる。

もっとも，財団を「1個の不動産」あるいは「1個の物」とみなすことか

ら，「不動産財団」「物財団」としているが，「物」は，「不動産」と「動産」から構成されているから，「非交通財団」「交通財団」という名称が相当ではないかという意見もある。

　財団の組成方法には，選択主義と当然帰属主義とがある。選択主義とは，財団設定の対象とされる企業の組成物件のうちから，財団を組成するものとして，企業主が任意に選択したもののみによって財団を組成するものである。当然帰属主義とは，その財団の目的となっている企業に属する物件は，全て当然に財団の組成物件とするものである。

　このように，制度を異にする理由は，財団の目的となっている企業体の事業が，例えば，道路交通事業のように免許を必要とする公益的性格の強い事業については，組成物件全部を法律上，当然に財団に帰属させることにより，社会的利益を保持しようとするものである。これに対して，財団の目的となっている企業体の事業が公益的性格の弱いものについては，財団に帰属させる組成物件の選択を企業主の自治に委ねるのが相当であるという政策的考慮によるものであるといわれている。

1:4:1　不動産財団

　「不動産財団」とは，工場財団を主とする一群で，工場抵当法の工場財団に関する規定を準用するものであり，工場財団・鉱業財団・漁業財団・港湾運送事業財団・観光施設財団が含まれる。財団の組成に当たっては，組成物件（目的物）を任意に選択することができることから，任意選択主義あるいは個別主義といわれる。

　単体としての性格は，弱き財団（軟性財団）であり，対抗要件は登記であり，その所管監督官庁は法務省系統で，公示は，登記所に備える各種財団登記簿への登記によってする。そして財団は，その保存登記をもって成立する。

　この種の財団は，事業の性格から公共性が弱いので，強制執行の自由が認められている。また，一般にこの種の財団は，「一箇の不動産とみなす」（工抵法14条1項，観抵法8条，道抵法8条）ことから，民法・民事執行法等の不動産に関する規定が適用される。そして，財団抵当の公示方法（手続）として

は，不動産登記法が適用される。

1:4:1:1　工場財団

　工場財団の組成物件は，次のとおりである（工抵法11条）。所有者を異にする2以上の工場でも差し支えない（同法8条1項，工抵規則24条）。これに対して，このほかの不動産財団及び道路交通事業財団は，同一人（事業者）に属するものに限定している。

① 　工場の土地及び工作物
② 　機械・器具その他の附属物
③ 　地上権
④ 　賃借権
⑤ 　工業所有権
⑥ 　ダム所有権

　これらの物件は，当然に財団に所属するのではなく，全部又は一部を選択して組成物件とする。これらの物件以外のものは組成物件とすることはできない。

　なお，⑤の工業所有権とは，特許権・実用新案権・意匠権の3種及びそれらの実施権と商標権及びその使用権をいい，商号権・産地名使用権などは含まれない。これらは，現行法制のもとでは，独立して譲渡性を有するものとは認められていないからである。

1:4:1:2　鉱業財団

　鉱業財団の組成物件は，次のとおりで，採掘権者は，鉱業に関して同一の採掘権者に属するものの全部又は一部をもって組成する（鉱抵法2条）。

　鉱業権は，物権とみなされ，試掘権と採掘権の両者をいうが，試掘権のみでは財団を設定することはできない。

① 　鉱業権（注）
② 　土地及び工作物
③ 　地上権及び土地の使用権
④ 　賃貸人の承諾を得た物の賃借権

⑤　機械・器具・車両・船舶・牛馬その他の附属物及び工業所有権

(注)　「鉱業権」とは，登録を受けた一定の土地の区域（以下「鉱区」という。）において，登録を受けた鉱物及びこれと同種の鉱床中に存する他の鉱物を掘採し，及び取得する権利をいう（鉱業法5条）。

1:4:1:3　漁業財団

漁業財団の組成物件は，次に掲げるもので「同一人ニ属スルモノノ全部又ハ一部ヲ以テ」組成することができる（漁抵法2条）。

① 個別漁業権
② 船舶並びにその属具及び附属設備
③ 土地及び工作物
④ 地上権及び土地若しくは水面の使用又は引水若しくは排水に関する権利
⑤ 漁具及び副漁具・機械・器具その他の附属物
⑥ 物の賃借権
⑦ 工業所有権

　船舶は，登記し得る船舶及びいわゆる不登簿船も含まれる。属具については，特に財団の組成物件としなくても，原則として，抵当権の効力が及ぶものとされている（漁抵法3条2項）。組成は，工場財団と同様に任意選択主義である。

1:4:1:4　港湾運送事業財団

　港湾運送事業財団の組成物件は，次のとおりである（港運法24条）。

① 上屋・荷役機械その他の荷さばき施設及びその敷地
② はしけ及び引船その他の船舶
③ 事務所その他港湾運送事業のために必要な建物及びその敷地
④ ①又は③の工作物を所有し，又は使用するために他人の不動産上に存する地上権・登記した賃借権及び①又は③の土地のために存する地役権
⑤ 港湾運送事業の経営のため必要な器具及び機械

財団の組成は，任意選択主義であるが，いずれも同一の港湾運送事業者等に属するもので，かつ，財団の基本である港湾運送事業に係るものでなければならない（港運法24条）。

　また，①又は③に掲げる不動産のいずれもが存しないときは，財団を設けることができない（同法25条）。

　なお，④にいう①又は③の土地のために存する地役権とは，①又は③の土地を組成物件とすれば，当然に地役権も財団に属するものとされるということであって，地役権のみを財団の組成物件とするという意味ではない。

1:4:1:5　観光施設財団

　観光施設財団の組成物件は，次のとおりである（観抵法4条）。

①　土地及び工作物
②　機械・器具及び備品
③　動物・植物及び展示物
④　地上権及び賃貸人の承諾を得た物の賃借権
⑤　船舶・車両・航空機及びこれらの附属品
⑥　温泉を利用する権利

　財団の組成は，任意選択主義であるが，①ないし⑥のいずれかに該当するもので，いずれも同一の事業者（観抵法3条の事業者）に属し，かつ，財団の基本である観光施設に属するものでなければならない。

1:4:2　物財団

　「物財団」とは，鉄道財団を主とし，鉄道抵当法を適用あるいは準用するものであり，鉄道財団・軌道財団・運河財団がある。財団の組成については，事業の性格から公共性が強いために，不動産財団のように任意選択主義ではなく，「当然帰属主義」あるいは全部帰属主義といわれるように，企業を構成する物件は，当然に財団の組成物件となり，企業が分解することを阻止している。

　単体の性格としては，強き財団（硬性財団）であり，対抗要件は登録で，その監督官庁は行政官庁系統で，公示は，監督官庁に備える各種抵当原簿へ

の登録により，保存登録はなく，財団は，抵当権設定の認可により成立する。

この種の財団は「一箇ノ物ト看倣ス」（鉄抵法2条3項）ことから，不動産あるいは動産とみなされているわけではないので，不動産登記法の適用はなく，必要な実体法と手続法は，鉄道抵当法，軌道ノ抵当ニ関スル法律及び運河法に規定されている。

1:4:2:1　鉄道財団

鉄道財団の組成物件は，鉄道財団の所有者に属する次のものである（鉄抵法3条）。所有権，抵当権以外の物件又は差押え，仮差押え若しくは仮処分の目的とすることはできない（同法4条1項本文）。

① 鉄道線路，その他の鉄道用地及びその上に存する工作物（建物以外の工作物で線路上に直接設置されているトンネル・鉄橋・溝橋など）並びにこれに属する器具・機械
② 工場・倉庫・発電所・変電所・配電所・事務所・舎宅その他工事又は運輸に要する建物（駅舎など）及びその敷地並びにこれに属する器具・機械
③ 用水に関する工作物及びその敷地並びにこれに属する器具・機械
④ 鉄道用通信・信号又は送電に要する工作物及びその敷地並びにこれに属する器具・機械
⑤ ①から④に掲げた工作物を所有し，又は使用するため他人の不動産の上に存する地上権，登記した賃借権及び①から④に掲げた土地のために存する地役権
⑥ 車両及びこれに属する器具・機械
⑦ 保線その他の修繕に要する材料及び器具・機械

これらの物件は，鉄道という公共性の強い企業という性格から，財産の一体性を確保する必要があるため，組成物件を選択するという余地はなく，当然に財団に属する（当然帰属主義）。なお，⑤の「地役権」は，あえて規定する意義が乏しいという意見もあるが，本法は，これを組成物件として明示している。

1:4:2:2　軌道財団

　軌道財団の組成物件は，鉄道財団（鉄抵法3条）とほぼ同一で，軌道財団の所有者に属するものである（軌抵法2条）。異なる組成物件は，本法制定当時の軌道の動力源として馬匹（ばひつ）（馬のこと）を使用する場合があったことから，本条2号に厩舎，6号に馬匹を設けている。

　なお，軌道と地方鉄道との違いは，軌道は，特別の事由がある場合を除くほか，原則として，道路上に敷設すべきものであり（同条），地方鉄道は，やむを得ない場合として主務大臣の許可を受けたとき以外は道路上に敷設することはできず，専用路線の敷設が原則となっている（地方鉄道法4条）。組成物件は，鉄道財団と同様に当然帰属主義である。**(注)**

> **(注)**　軌道法は，一般公衆（公共）の運輸事業を目的とする道路に敷設される鉄道に適用される。一般公衆用ではなく道路に敷設される鉄道は全て国土交通省令による（1条2項）。元来は，主として路面電車を対象としてきたが，近年では，モノレール，新交通システム等に適用例がある。また，大阪市高速電気軌道（旧大阪市営地下鉄）の大半と，近鉄けいはんな線の大阪府側の大半も軌道法が適用されている。
>
> 　地方鉄道法は，地方公共団体又は私人が公衆の用に供するために敷設する地方鉄道（軌道法により管轄される軌道を除く。）の敷設・運営について規定している。鉄道事業法の施行により昭和62年4月1日に廃止された。地方鉄道法が適用された鉄道路線は，地方鉄道線あるいは地方鉄道といわれていた。

1:4:2:3　運河財団

　運河財団の組成物件は，運河財団の所有者に属する次のものである（運河法14条）。組成物件は，当然帰属主義である。運河財団は，これまでに一つも成立していないようである。

① 　水路その他の運河用地及びその上に存する工作物並びにこれに属する器具・機械

② 工場・上屋・倉庫・事務所・舎宅・その敷地及びこれに属する器具・機械
③ 運河用通信・信号に要する工作物及びその敷地並びにこれに属する器具・機械
④ ①から③に掲げた工作物を所有し，又は使用するために他人の不動産の上に存する地上権・登記した賃借権及び①から③に掲げた土地のために存する地役権
⑤ 運河に要する船舶並びにこれに属する器具・機械
⑥ 運河の維持修繕に要する材料及び器具・機械

1:4:3 中間財団

1:4:3:1 道路交通事業財団

「中間財団」としては，道路交通事業財団がある。この財団は，道路交通事業財団登記簿にその所有権の保存登記をすることにより設定される。また，この財団は「一箇ノ不動産」とみなされ（道抵法8条），工場抵当法中工場財団に関する規定が準用される（同法19条）。道路交通事業という公共性から種々の特質を備えており，不動産財団と物財団の中間的性質を有している。

道路交通事業財団の組成物件は，次のとおりである（同法4条）。物財団と同様に，当然帰属主義がとられており，組成物件とするための要件は，いずれも同一の事業者に属するもので，かつ，財団の基本である「事業単位」（同法2条）に関するものでなければならない。

① 土地及び工作物
② 自動車及びその附属品
③ 地上権・賃貸人の承諾があるときの賃借権及び①の土地のための地役権
④ 機械及び器具
⑤ 軽車両・はしけ・牛馬その他の運搬具

1:4:3:2 自動車交通事業財団

自動車交通事業法により自動車交通事業財団があったが，昭和22年に廃止された。ただし，既存の抵当権の効力に影響はなく，財団が存続する限り，

抵当権の設定は可能とされている（道路運送法施行法12条）。

1:4:4　準用規定

　各財団の法及び規則は，工場抵当法及び工場抵当規則を準用する規定を置いている。ところが，財団登記事務取扱手続準則（民事局長通達）は，第1条第1項で「各種の財団に関する登記事務の取扱いは，法令に定めるもののほか，この準則によるものとする。」としながら，第三章（第36条）では，「前章の規定は，鉱業財団，漁業財団，港湾運送事業財団及び道路交通事業財団の登記に準用する。」とし，「観光施設財団」を外している。単純ミスなのか，理由が分からない。

2　鉱業財団

　鉱業財団は，鉱業抵当法（以下「鉱抵法」という。）により鉱業のための企業財産である鉱業権（採掘権）を中心として，鉱業経営のための不動産等の設備及び権利（地上権，土地使用権，賃借権及び工業所有権）をもって設定し，これを抵当権の目的として，鉱業経営のための金融の円滑化を図るものである。鉱抵法は，担保附社債信託法（以下「担信法」という。）の制定（明38法律52号）に伴い，工抵法及び鉄抵法とともに立法化され，社債の担保（担信法4条1項7号）及び借入金の担保としての役割を果たしてきた。

　鉱業財団（以下「財団」という。）については，原則として，工場財団に関する工抵法を準用しているので（鉱抵法3条），その法律関係は，ほとんど工場財団と同様である。ただし，鉱業経営の中心又は根幹である鉱区（採掘権）を必ず鉱業財団に包含させなければならないとして，採掘権と鉱業財団を密接不可分なものとし，工場財団とは異なる取扱いをしている。

　なお，「鉱業」に関しては，全て鉱業法に規定されており，鉱抵法は，工抵法と異なり，別段の定義規定を設けていない。

2：1　財団の設定

　財団は，鉱業権（採掘権，鉱業法5条）を中心として設定される。

2：1：1　鉱業権

2：1：1：1　鉱物の意義

　鉱業権は，一定の鉱区において一定の種類の鉱物を採掘することを内容とする権利である。ここにいう「鉱物」は，鉱物学上の一切の鉱物ではなく，鉱業法3条1項に規定されている鉱物に限られる。すなわち「鉱物」とは，「金鉱，銀鉱，銅鉱，鉛鉱，そう鉛鉱，すず鉱，アンチモニー鉱，水銀鉱（注），亜鉛鉱，鉄鉱，硫化鉄鉱，クローム鉄鉱，マンガン鉱，タングステン鉱，モリブデン鉱，ひ鉱，ニッケル鉱，コバルト鉱，ウラン鉱，トリウム鉱，りん鉱，黒鉛，石灰，亜炭，石油，アスファルト，可燃性天然ガス，硫黄，

石こう，重晶石，明ばん石，ほたる石，石綿，石灰石，ドロマイト，けい石，長石，ろう石，滑石，耐火粘土（ゼーゲルコーン番号31以上の耐火度を有するものに限る。）及び砂鉱（砂金，砂鉄，砂すずその他ちゅう積鉱床をなす金属鉱をいう。）」をいう。なお，鉱物の廃鉱又は鉱さいであって，土地と附合しているものは，鉱物とみなされる（鉱業法3条2項）。

(注) 水銀鉱は，平成29年8月に水銀に関する水俣条約が発効し，これに伴い同日施行された水銀汚染防止法に基づき，水銀鉱の掘採の禁止等により，鉱物から除外されている。

2:1:1:2 鉱区の意義

鉱区とは，その鉱業権の客体である土地，すなわち，鉱業権を行使することができる地域的範囲として鉱業原簿（鉱業権及びその上の租鉱権，抵当権等の設定，変更，移転，消滅，処分の制限等を登録する公簿で経済産業局長が管理する。）に「登録を受けた一定の土地の区域」をいう（鉱業法5条）。鉱業権の出願の際に提出される鉱区図は，鉱業原簿の一部とされ（鉱業登録令6条2項），これを標準として鉱区が定められる。

鉱区は，平面的な地表の区域ではなく，地表境界線の直下を限りとして地下に及び，鉱区の境界は直線で定められ，その面積は，鉱物の合理的な開発を促進する観点から，鉱物の種別によって，その最小限及び最大限が定められている（鉱業法14条）。

2:1:1:3 鉱業の意義

「鉱業」とは，国の許可処分によって設定された鉱業権に基づいてする「鉱物の試掘，採掘及びこれに附属する選鉱，製錬その他の事業をいう。」（鉱業法4条）。「試掘」とは，試掘権（同法11条）に基づき，試錐又は坑道，坑井の開鑿等により鉱物の存在状態を探索する事業をいい，「採掘」とは，採掘権（同条）に基づき鉱物の存在状態の既に知られているものについて，これを取得することを主な目的とする作業をいう（同法5条）。試掘及び採掘

は，本来の意義においての鉱業であるが，企業としての鉱業は，これだけでは十分ではなく，鉱物の運搬，選鉱，製錬その他の附属事業を一体として運営することにより成立する。したがって，これらの附属事業も鉱業とされている。

2:1:1:4　鉱業権

① 鉱業権とは，登録を受けた一定の土地の区域（「鉱区」）において登録を受けた鉱物及びこれと同種の鉱床中に存する他の鉱物を掘採し，及び取得する権利をいい（鉱業法5条），試掘権（ボーリング又は坑道の掘さくによる探鉱）及び採掘権がある（同法11条）。

② 試掘権とは，登録を受けた鉱区において，将来取得すべき採掘権の調査のため，登録を受けた鉱物を試掘して，それを取得する権利である。その存続期間は制限されている（鉱業法18条）。採掘権は，登録を受けた鉱区において登録を受けた鉱物を掘採して，それを取得する権利である（同法5条）。存続期間の制限はない。

③ 鉱業権は，物権とみなされ，不動産に関する規定が準用される（鉱業法12条）。また，相続その他の一般承継及び譲渡の目的とすることができ，処分の制限の目的ともなる（同法13条本文）。もちろん，抵当権の目的ともなるが，それは採掘権に限られる（同条ただし書）。

　鉱業権に関する権利変動は，鉱業原簿への登録が効力発生要件となる（同法59条，60条）。

2:1:2　財団の性質

① 財団は，所有権の保存登記により設定され，1個の不動産とみなされるが（鉱抵法3条・工抵法14条1項），「所有権及抵当権以外ノ権利」の目的とすることはできない（工抵法14条2項）。

　工場財団は，抵当権者の同意を得て賃貸することができるが（同項ただし書），鉱業財団に関しては，鉱業法13条により鉱業権（採掘権）は賃借権の目的とすることができないと解されてきた関係上（**注**），採掘権を中心として設定される財団は，抵当権者の同意を得ても賃貸することはでき

ない。
② 同様に鉱業権は先取特権の目的になり得ないから（鉱業法13条），工場財団（工4：1：1①）と異なり，一般の先取特権の目的にもなり得ないと解する。
③ 財団は，売買等によりその所有権を移転できるが，条約に別段の定めがある場合のほかは，日本国民又は日本国法人（外国人が日本の法律によって設立した法人を含む。）でなければ鉱業権者となり得ないから（鉱業法17条），外国人又は外国法人は，財団を取得できない。
④ 財団の移転とそれに含まれる鉱業権の移転の関係については，鉱業法60条との関係から問題がある。すなわち，相続その他の一般承継による以外の鉱業権の移転は，鉱業原簿にその登録をすることによって効力を生ずるが，鉱業権を包含している財団は，1個の不動産とみなされるから，民法（176条，177条）が適用され，意思表示のみにより移転する。したがって，財団に包含されている鉱業権も，移転の登録をする以前においても，財団の移転に伴い当然移転するものと解して差し支えないかということである。
⑤ 財団に属する鉱業権は，抵当権者を保護するため，単独では譲渡できず（工抵法13条2項），財団に属する旨の登録がされている以上，単独の移転の登録をすることができないから，財団の移転登記をする前に又は同時に移転の登録を受けることは，手続的に不可能である。したがって，財団の移転登記がされて，登記を証する情報を提供して，はじめてそれに属する鉱業権についても移転の登録をすることができると解すべきである。

　すなわち，鉱業法60条の法意にかんがみて，財団の移転があっても，それに属する鉱業権については，当然移転の効力を生ぜず，移転の登録をすべき債権が生ずるにすぎないものと解し，その登録のされたときに鉱業権の移転の効力が生ずることになる（精義1701）。

　　（注）　鉱業権を賃貸借の目的物とし賃借人に鉱業を実施させる契約は，斤先掘契約と

いい，一種の鉱業権の賃貸借であるが，鉱法では鉱業権の賃貸借を禁じており，法律に違反した契約である。しかし，油田鉱における共同井，金鉱山における自稼(かせぎ)掘などと同様に，斤先掘は古くから広く行われてきた慣行であったため，鉱抵法の改正（昭27法律192号・2条ノ2）により租鉱権として法的に公認され制度化された。

【参考】租鉱権とは
① 「租鉱権」とは，設定行為に基づき，他人の鉱区において，鉱業権の目的となっている鉱物を掘採し，取得する権利をいう（鉱業法6条）。すなわち，租鉱権は，以前から行われていた無効な斤先掘契約（鉱業権を第三者に賃貸し，その者に鉱業を管理させる契約）について，我が国の鉱業界は，これを必要とする特殊事情を認め，斤先堀契約を無効とする理由（鉱業の経済的重要性とその危険性）に対して，国家的監督を加えることにより解決し，制度化したものである。
② 租鉱権は，目的たる鉱区の採掘権者と租鉱権を取得しようとする者との租鉱権設定契約に基づき，経済産業局長の認可を受け（鉱業法77条），登録することによって成立する（同法85条）。租鉱権は，他人の採掘権の一部又は特定鉱床上に成立するものであり，租鉱権が設定された範囲においては，採掘権者の鉱業実施上の権能を排除し，租鉱権者は，その部分については鉱物掘採のための独占権を有する。
③ 租鉱権は，物権とみなされ，鉱業法に別段の定めがある場合を除いて，不動産に関する規定が準用されること（鉱業法71条）は，鉱業権と同様である。しかし，租鉱権は，相続その他の一般承継の目的となるほかは，権利の目的とすることができないから（同法72条），鉱業権よりもその処分が制限される。すなわち，租鉱権は，譲渡することができず，抵当権を設定することもできない。また，強制執行，滞納処分の客体とすることもできない。
④ 租鉱権は，採掘権の上に設定される権利であるから，採掘権の変動は，

当然に，租鉱権の内容に変動をもたらし，また，採掘権の変更，放棄によって消滅する。ただし，これらの場合，採掘権者は，あらかじめ租鉱権者の承諾を得なければならない（鉱業法80条）。

租鉱権の存続期間は，登録の日から10年以内であるが，更新は5年以内で可能である（同法76条）。

租鉱権は物権とみなされ，鉱業権者の権利義務は鉱業権とともに移転する（同法9条）から，財団に租鉱権の目的となっている採掘権が含まれているときは，財団の競落人は，租鉱権の負担がついたままで競落することになる。

⑤ 財団の組成物件とすることができるものであっても，他人の権利の目的となっているときは，原則として，財団に組み入れることができない（工抵法13条1項）。しかし，例外として，採掘権は，租鉱権の目的となっているときでも財団に属させることができるとする（鉱抵法2条ノ2第1項）。租鉱権は，鉱物の開発上重要なものであり，かつ，租鉱権が設定されている採掘権を財団に属させても弊害がないからである。

また，財団に属する採掘権は，抵当権者の同意を得て，採掘権を租鉱権の目的とすることができる（同条2項）。抵当権者の同意は，租鉱権設定契約の効力発生要件と解される。

2：2　財団に関する登記

財団は，所有権の保存登記により成立し，1個の不動産とみなされるが，所有権及び抵当権以外の権利の目的とすることはできない。財団の権利に関する登記は，次のとおりである。

① 所有権に関する登記としての所有権の保存，移転，処分の制限，抹消，抹消回復，滅失回復の登記及び所有権に関する仮登記
② 抵当権に関する登記としての抵当権の設定，移転，変更，処分，抹消，抹消回復，滅失回復の登記及び抵当権に関する仮登記

これら以外の権利の登記，例えば，財団に属する採掘権についての租鉱権（鉱抵法2条ノ2）の登記はする方法がないから，その旨の記録は，鉱業原簿（鉱業登録令6条）にすることになる（昭28.12.7民事甲2327号民事局長回答）。

なお，財団の表示に関する登記として，財団目録の記録の変更登記及び登記名義人の表示の変更登記がある。

2:2:1 財団登記簿

財団に関する登記をするため，登記所に財団登記簿が設けられ（工抵法18条），登記記録は，工場財団登記簿と同じであり（工抵法19，20条），その内容は，現行法によれば①のとおりであるが，実務では，工場財団と同様に，旧規定に基づき，②の取扱いが行われている（鉱抵規則1条・工抵規則附則3条，工4:1:2:1）。これ以外の権利の登記は，鉱業原簿（鉱業登録令6条）にすることになる。

① 財団登記簿についても，いわゆる物的編成主義を採り，1個の財団について1登記記録を設ける（工抵法19条）。登記官は，財団について初めて登記をしたとき又は管轄転属によって移送を受けたときは，財団の登記記録の表題部に設けられた登記番号欄に，その順序に従って登記番号を記録しなければならない（工抵規則5条1項）。

財団登記簿は，1登記記録を表題部及び権利部に分け，表題部には財団の表示に関する事項を記録し，権利部には所有権及び抵当権に関する事項を記録する（工抵法20条）。**(注1)**

表題部には，登記番号欄が設けられ，この欄には財団について初めての登記，すなわち所有権の保存登記をし，又は管轄転属により移送を受けた順序に従って，登記番号を記録する（工抵規則5条1項）。

財団の登記記録の権利部は，甲区及び乙区に区分し，甲区には所有権に関する登記事項を記録し，乙区には抵当権に関する登記事項を記録する（同条2項）。

② 財団の登記記録（登記用紙）には，表紙及び目録が付され（旧工抵手続2条），目録には財団登記簿に登記用紙を編綴するごとに登記番号，所有者

の氏名又は名称，編綴の年月日を記録して，登記官が押印（捺印）する（同手続3条ノ4）。

　所有権の移転登記又は所有者の氏名等の変更登記をしたときは，目録に新しい所有者の氏名若しくは名称又は変更後の氏名若しくは名称を記録し，従前の氏名又は名称を朱抹し，備考欄にその旨及び年月日を記録して登記官が押印する（同手続3条ノ5）。

　登記簿から登記用紙を除却したときは，目録のそのの登記用紙の記録を朱抹し，除却の年月日及び事由を記録して，登記官が押印する（同手続1条，不登規則附則4条2項ノ規定ニ依リ仍其ノ効力ヲ有スルモノトサレタ旧細則7条2項）。

③　財団登記簿のほかに閉鎖登記簿が設けられる。これは，閉鎖した登記用紙を編綴して調整されるものであって，表紙及び目録が付される（旧工抵手続3条ノ6第1項）。この目録には，閉鎖した登記用紙を編綴するごとに登記番号，所有者の氏名又は名称，編綴の年月日及び事由を記録して，登記官が押印する。（注2）

（注1）　工抵法規則5条及び40条の規定は，不登法（平16法律123号。以下「新不登法」という。）附則3条1項の規定による指定（同条3項の規定により指定を受けたものとみなされるものを含む。以下同じ。）を受けた事務について，指定の日から適用する（工抵規則附則3条1項）。指定がされるまでの間は，同項の指定を受けていない事務については，改正前の工抵法19条及び20条の規定は，なおその効力を有する（同条2項）。

　　　　3条1項の指定がされるまでの間における前項の事務については，「登記記録」とあるのは「登記簿」と，「登記記録」とあるのは「登記用紙」とする（鉱抵規則附則2条）。

（注2）　新不登法（2条9号）では，財団登記簿は磁気ディスクで調製されることになっているため，工抵規則には，工抵手続で定めた②の規定に相当する規定は置いていない。しかし，財団の登記実務は，(注1)のとおり，電子情報処理組織により取り扱う事務として不登法附則3条，6条の指定を受けた事務はな

く，工抵規則附則3条以下の規定により，これら旧規定により運用されているので，以下，これらの用語を用いて説明することがあるので，留意願いたい。

2:2:2 管轄登記所

① 財団の所有権の保存登記の管轄登記所は，「採掘権の客体である鉱区の所在地」を管轄する登記所に申請する（工抵法17条）。

「鉱区」とは，鉱業権（採掘権）の客体である登録を受けた一定の土地の区域を指称するから（鉱業法5条，2:1:1:2），土地の区域によって財団の所有権の保存登記の管轄登記所が定まる。試掘権を財団に属させる場合においても，その鉱区の所在地は管轄に関して考慮すべきでない。

② 鉱区が数個の登記所の管轄にまたがる場合又は数個の採掘権につき財団を設定する場合において，鉱区が数個の登記所の管轄地内にあるときは，申請人は，次により，管轄登記所の指定を申請し，指定された登記所が管轄登記所となる（工抵法17条2項，管轄指定省令2条・1条，財団準則5条附録第1号様式）。この管轄指定については，申請人の希望する登記所を指定する取扱いである（財団準則2条3項）。

　a　数個の登記所が同一の法務局又は地方法務局管内の登記所であるときは，その法務局又は地方法務局の長

　b　数個の登記所が同一の法務局の管轄区域（法務省設置法18条の事務に関する管轄区域をいう。）内の法務局の管轄区域内の登記所であるときは法務局の長

　c　数個の法務局の管轄区域内にあるときは法務大臣

③ 管轄登記所は，鉱区の所在地により定まるのであって，財団に鉱区以外の地域にある不動産を組成物件として属させた場合においても，鉱区以外の地域の不動産は，管轄登記所を定める場合に考慮されない（昭24.9.30民事甲2237号民事局長回答・通達）。(注)

④ 財団の所有権の保存登記がされ，財団が設定された後に，他の採掘権等を財団に追加する場合（追加による財団目録の記録の変更登記を申請する

場合）は，採掘権の鉱区等が他の登記所の管轄地内にあるときでも，管轄登記所の指定を必要とせず，その財団の登記がされている登記所に申請する（工場財団に関する昭26.5.17民事甲1005号民事局長通達，前記③の通達の追記を変更）。

(注)【昭24.9.30民事甲2237号民事局長回答・通達】

　　試掘権は採掘権と共にする場合に限り鉱業財団に属する事が出来る事は通例でありますが，採掘鉱区所在が甲登記所管轄，試掘鉱区所在が乙登記所管轄であった場合において，管轄指定の可否について左の両説あり，何れが正当なるか何分の御教示を願います。

　　甲説　管轄の指定を要す。

　　理由は，試掘鉱区が財団に属した場合において将来採掘鉱区として登録替えされる場合も予想せられるので管轄の指定を要す。

　　乙説　管轄指定の必要なし。

　　理由は，鉱業財団は鉱業抵当法第1条により採掘権にのみ限るものであって試掘権は只単に採掘権に従属する関係にのみ置かれて居るのであるから管轄指定の必要なし。

　　回答

　　乙説によるべきものと考える。

　　追って，本件の試掘権が後日採掘権に変更されその設定の登記があった場合において，その採掘権を鉱業財団に属せしめるため，鉱業財団目録の記載変更の登記をするには，その採掘権の鉱区と，当該鉱業財団に既属の採掘権の鉱区とが，鉱業抵当法第3条，工場抵当法第17条第2項にいわゆる数個の登記所の管轄地に跨がり又は数個の登記所の管轄地内に在る場合に，該当することとなるので，鉱業抵当法第3条工場抵当法第17条第2項及び不動産登記法第8条第2項の規定により管轄登記所の指定を要するものと考えるので，念のため申し添える。

【昭26.5.17民事甲1005号民事局長通達】

　　従来既設の工場財団にあらたに他の工場を属せしめ工場財団目録の記載の変更

の登記をする場合に，その工場が，当該工場財団の管轄登記所の管轄地内にないときは，工場抵当法第17条第2項及び不動産登記法第8条第2項の規定により管轄登記所の指定を行ってきたのであるが，右の登記は当然既設の工場財団の管轄登記所においてすべきであって，右の管轄登記所の指定は必要ないものと考える。

　追って，前記通達の追書は本通達により変更されたものと了知されたく，申し添える。

2：3　財団の組成物件

　財団の組成物件は，鉱抵法2条に規定され，同条各号掲記の物件以外の物件は，財団に属させることができない。同条各号の物件であっても，現実にこれを財団の組成物件とするためには，種々の要件がある。組成物件に関しては，財団の単一性を害しないよう，また，財団の抵当権者の保護を図る等のため，個々的な処分は制限されている。

　財団は，「同一採掘権者ニ属スルモノノ全部又ハ一部ヲ以テ組成スルコト」ができる。2条各号の物件のうちどれを財団の組成物件とするかは，採掘権者が任意に選択することができるのである。ただし，採掘権が含まれていなければならない。

　鉱業権のみを組成物件とする場合は，それが2個以上（うち1個は採掘権）であれば，財団を設定することができる（昭38.4.1民事甲937号民事局長回答）。

2：3：1　組成物件となるもの

① 鉱業権（1号）

　鉱業権とは，試掘権及び採掘権をいう（鉱業法11条，2：1：1：4）。財団は，必ず鉱業権を組成物件としなければならない（大元.11.25民事665号民事局長回答）。

　採掘権とは，登録を受けた一定の土地の区域（鉱区）において，登録を

受けた鉱物を採掘し，及び取得する権利であり，試掘権とは，登録を受けた一定の土地の区域において登録を受けた鉱物の試掘をする権利であり，いずれも，物権とみなされる（鉱業法12条）。財団には必ず採掘権が属していることが必要である。試掘権は，それのみでは財団を設定することができないが，採掘権とともにする場合に限り，組成物件とすることができる（明38.10.19民刑局長電報回答）。

② 土地及び工作物（2号）

土地は，採掘権の鉱区に属するもの，すなわち，採掘権者が鉱区の土地を所有している場合の土地はもちろん，鉱区以外の地域に存するもの，例えば，鉱区以外の地域に存する製錬所の敷地である土地や鉱物の集積地等も財団の組成物件とすることができる。

工作物とは，建物その他土地に建設した施設をいい，鉱区以外の区域に存するものでも差し支えない。その採掘権による鉱業経営に関係している土地及び工作物は，全て財団の組成物件とすることができる。

③ 地上権及び土地の使用権（3号）

地上権（民法265条）は，鉱区に属すると否とにかかわらず，他人所有の土地に採掘権による鉱業の経営上必要な工作物の設置のための設定された地上権は，財団の組成物件とすることができる。ただし，その登記がされていなければならない（工抵規則10条，工4：2：2：2：3）。

土地の使用権とは，鉱業法104条，106条及び107条による所定の手続を経て設定されたものをいう。同法101条による一時的な土地の使用権のようなものは，ここにいう「土地の使用権」に含まれず，また，鉱業権の内容となる地下の使用権も含まれない。

土地の使用権は，鉱業のために設定される権利であるから，鉱業権とともに移転する（鉱業法9条）。したがって，土地の使用権が財団に属さない場合でも，財団の譲受人は，その鉱業権とともに当然土地の使用権を取得し，しかも，土地の使用権は，鉱業権から離れて独立に譲渡その他の処分をすることができないから，土地の使用権を財団の組成物件とする実益は

あまりない。
④　物の賃借権（4号）
物に関する賃借権（工抵規則11条）は，財団の組成物件になるが，そのためには，賃貸人の承諾を必要とする。賃借権は債権であって，賃貸人の承諾を得なければ譲渡できないが（民法612条），財団に属させるのは，抵当権の実行により買受人に移転することもあるからである。したがって，賃貸人の承諾を得て財団に属させたときは，改めて賃貸人の承諾を得る必要はなく，買受人もその取得（移転）を賃貸人に対抗することができると解する。
⑤　機械，器具，車輌，船舶，牛馬その他の附属物（5号）
財団に属させる鉱業権による鉱業経営のための機械，器具，車輌，船舶，牛馬，その他の鉱業経営のための物件（これらの物件の附属物を含む。）は，全て財団の組成物件とすることができる。
⑥　工業所有権（6号）
工業所有権とは，特許権，実用新案権，意匠権及び商標権並びにこれらの本権の実施権又は使用権をいう。工業所有権は，いずれも登録によって発生する権利であるから，財団の組成物件であるためには，登録がされていなければならない（工抵法23条4項）。工場財団（工4：2：2：2：5）の場合と同様である。

2:3:2　組成物件の要件

財団の組成物件とすることができるのは前項（2:3:1）のとおりであるが，これらを現実に財団に属させるためには，次の要件が必要である。
①　「鉱業ニ関シ」ていること（鉱抵法2条）
前項の物件又は権利が，財団の組成物件である鉱業権による「鉱業ニ関シ」ていること，すなわち，財団に属する採掘権又は試掘権による鉱業経営の実施のために直接間接に供せられている必要がある。ここで「鉱業」とは，鉱業法4条の「鉱物の試掘，採掘及びこれに附属する選鉱，製錬その他の事業」をいう。

② 「同一採掘権者ニ属スル」こと（鉱抵法2条）
　前項の物件又は権利は，財団の設定者である採掘権者の所有又はその権利に属していなければ財団に属させることはできない。したがって，他人所有の建物又は機械等を採掘権者が賃借しているときは，賃借権を財団に属させることは可能であるが，賃借物である建物又は機械等を財団に属させることができない。
　これは，工場財団が数個の工場からなるときにそれらの工場が異なる所有者に属していても差し支えないことと異なる（工抵法8条1項）。
③ 「他人ノ権利（採掘権についての租鉱権を除く。）ノ目的タルモノ又ハ差押，仮差押若ハ仮処分ノ目的タルモノ」でないこと（工抵法13条1項）
　前項の物件又は権利は，他人の権利又は差押え，仮差押え若しくは仮処分の目的となっているときは，財団に属させることはできない。したがって，採掘権が抵当権の目的となっているときは，採掘権を財団に属させることができないから，採掘権については，財団そのものが設定できない。しかし，採掘権が租鉱権（鉱業法第3章）の目的となっているときでも，採掘権を財団に属させることはできる（鉱抵法2条ノ2）。
④ 他の財団に属していないこと（工抵法8条2項，工4：2：3：3）
　甲財団に属している物権又は権利を乙財団の組成物件とすることはできない。また，鉱業財団以外の財団（工場財団，鉄道財団等）に属しているものは，同時に財団に属させることはできない。いったん財団に属したが，後に分離等により財団に属させることができなかったものは，改めて財団に属させることができるが，その場合は，あらかじめ，分離による財団目録の記録の変更登記をする必要がある。
⑤ 土地，建物，地上権，不動産賃借権，登記の制度のある船舶及びその賃借権については既登記であること（工抵法29条，33条1項，工4：2：3：4）
　財団に属させる土地又は建物で所有権の登記がされていないものは，財団の所有権の保存登記を申請する前に所有権の保存登記をすることが必要である（同法12条）。このことは，財団を設定するときだけでなく，設定

後土地又は建物を新たに財団に追加して属させる場合（追加による財団目録の記録の変更登記をする場合）も同様である。また，明文の規定はないが，登記制度のある組成物件については，権利関係を明確にさせて取引の安全を図るため，採掘権者の所有権その他の権利の登記がされていなければならない。

　なお，賃借権については賃貸人の承諾が必要である（鉱抵法2条4号，工抵法11条4号）。

⑥　登録自動車については既登録であること（工抵法13条ノ2）

　道路運送車両法による自動車で登録できるものは，既登録でなければならない。

⑦　工業所有権及びその実施権について既登録であること

　特許権，実用新案権，意匠権又は商標権及びこれらについての専用実施権若しくは専用使用権は，登録によって設定されるから，財団の組成物件とするためには登録が必要である。ただし，これらの権利の本権についての通常実施権又は通常使用権には登録の制度がないが，第三者対抗力を与えられている。

⑧　鉱業権について既登録であること

　鉱業権（採掘権及び試掘権）の設定及び移転（一般承継を除く。）は，登録によって効力を生じ，登録が効力発生要件であるから（鉱業法60条），財団に属させるについては，財団の所有者の名義で登録されている必要がある。

　鉱業権の相続その他の一般承継（会社合併等）による移転は，登録をしなくても移転の効力は生ずるが，相続その他の一般承継により鉱業権を取得した者が，鉱業権を財団に属させるためには，相続その他の一般承継による移転の登録をする必要がある。

　なお，仮登録（鉱業登録令32条）によっては鉱業権の取得の効力が生じないから，仮登録権利者は，鉱業権者でなく，仮登録のままでは財団に属させることができない。

⑨　土地ノ使用権

　土地ノ使用権（鉱業法104条）については，それが物権的効力を有し，全ての第三者に対抗することができる公権である性質を有し，法の適用がないから，登記することはできない。したがって，登記なくして第三者に対抗することができると解すべきであるから，この権利は，登記なくして組成物件とすることができる。

2:3:3　組成物件の処分制限
2:3:3:1　財団に属したものの処分制限

① 　財団に属するものとして財団の所有権の保存登記又は追加による財団目録の記録の変更登記の申請があった組成物件及び財団に属した組成物件についての処分制限に関しては，全て工場財団の組成物件の処分制限に関する工抵法の規定が準用される（工抵法13条2項，29条〜33条，工4:2:4）。

　ただし，鉱業権については，賃借権の目的とすることができないから（鉱業法13条），仮に抵当権者の承諾を得ても賃貸することができず，したがって，この限りにおいて工抵法13条2項ただし書の準用は排除される。

② 　鉱業権が財団に属する限り，単独で差押え，仮差押え又は仮処分の目的とすることはできないし，土地の使用権自体は鉱業権に付随すると解すべきである。したがって，鉱業権と切り離して処分することはできない。

③ 　財団に属する採掘権は，財団の抵当権者の同意を得れば，工抵法13条2項にかかわらず，租鉱権の目的とすることができる（鉱抵法2条ノ2第2項）。

2:3:3:2　所有権の保存登記前の処分制限

　財団の所有権の保存登記の申請があって，登記がされれば，それらの物件は財団の組成物件となる。しかし，その間に物件が個々的に処分され，他人の権利の目的となり，又は差押え等の処分制限の目的となると，財団の設定ができなくなる。

　このような処分制限は，第三者の権利を害するおそれがあるので，登記又は登録の制度のある物件については，登記簿又は登録原簿に，財団に属すべ

きものとして，所有権の保存登記の申請があった旨等を記録又は記載をし（工抵法23条1項），また，登記又は登録の制度のない動産については，財団に属すべきものとして，財団の所有権の保存登記の申請があったことの公告をし（同法24条），記録又は公告があったときから，処分制限される。

したがって，財団の所有権の保存登記の申請後であっても，記録若しくは記載又は公告がされるまでの間は，処分制限されない（同法29条，33条）。これは，物件を追加する財団目録の記録の変更登記の申請があった場合も，同様である。

2:3:3:3　登記，登録の制度があるものの処分制限

① 譲渡又は所有権以外の権利の目的とすることの禁止

財団に属すべきものとして登記又は登録のされているものは，工抵法23条の記録又は記載がされた後は，これを「譲渡」し，又は「所有権以外ノ権利ノ目的」とすることができない（工抵法29条）。財団に属すべきものとして登記又は登録のされているものとは，財団の所有権の保存登記の申請の際に提供される財団目録（同法22条）に掲げられているものをいう。

「譲渡」とは，その売買又は贈与等による任意処分による権利の移転をいい，法律上当然に移転する場合，例えば，相続又は会社の合併等の一般承継による移転は含まれない。強制競売，担保権の実行としての競売又は滞納処分による公売による移転の生ずる場合は，差押えの登記又は登録がされるが，工抵法23条により記録される前に差押えの登記又は登録がされているときは，財団の所有権の保存登記の申請自体が却下されるので問題とならない。

「所有権以外ノ権利ノ目的ト為ス」とは，抵当権，地上権，賃借権，不動産質権等の目的とすることである。不動産の売買予約や組成物件である不動産の賃借権についての転貸等も含まれる。このような処分行為が工抵法23条により記録される前にされ，登記又は登録が同条の記録のされる前にされたのであれば，処分はもちろん有効であり，工抵法27条1号の規定によって，財団の所有権の保存登記の申請そのものが却下される。し

かし，同法23条の記録がされる前に登記又は登録がされていない場合は，財団の所有権の保存登記の申請は却下されず，登記は完了し，このような処分は，無効となると解する。

なお，同法23条の記録がされた後は，譲渡による移転登記又は登録，所有権以外の権利の設定の登記又は登録は，することができない。このような申請は，不登法25条2号により却下される。
② 差押え，仮差押え若しくは仮処分又は先取特権についての制限
　a　財団に属すべきものとして登記又は登録がされているものについて，工抵法23条の記録がされた後においても，差押え，仮差押え又は仮処分の登記又は登録をすることができる。差押え等は，急を要するものであり，工抵法23条の記録がされても財団の所有権の保存登記の申請が却下され，又はその登記がされてもその効力を失うこともあり得るので（工抵法10条），物件が財団の組成物件となるとは限らない。差押え等の登記又は登録を禁止すると差押債権者等を害するおそれがあるからである。
　b　不動産の先取特権は，法律上当然に発生するものであるが（民法325条），効力を保存するためには，登記をすべき時期が制限されているので（同法337条〜340条），差押え等の登記又は登録と同様の理由により，工抵法23条の記録があった後においても，することができる。ここでいう先取特権は，不動産の保存（同法326条）及び工事の先取特権（同法327条）であり，不動産売買の先取特権（同法328条）は，売買による所有権の移転登記と同時にされるものであるから，含まれない。
　c　工抵法23条の記録又は記載がされた後であっても，組成物件となるべきものについては，差押え，仮差押え又は仮処分の目的とすることができ，また，先取特権も法律上当然に発生することは差し支えない。しかし，差押えの登記又は登録がされ，競売手続が進行しても，財団の所有権の保存登記の申請が却下されない間及びその保存登記の効力を失うまでの間（工抵法20条）は，売却許可決定（滞納処分の場合の公売決定

を含む。）をすることはできない（同法30条）。
   d　差押え等の登記又は登録をし，又は先取特権の登記をしても，登記又は登録は，財団について抵当権の設定登記がされたときは，効力を失い（工抵法31条），登記官は，職権で登記を抹消する（同法37条）。ただし，差押え，仮差押え又は仮処分の効力は，なお存続しているから，裁判所は，利害関係人の申立てによって，差押え，仮差押え又は仮処分の命令を取り消すべきものとしている（同法32条）。先取特権は，失効し，それに基づく競売申立てはできないことになる。

2:3:3:4　動産についての処分制限

① 譲渡又は所有権以外の権利の目的とすること

　財団に属すべき動産（登記又は登録のあるものを除く。）は，公告（工抵法24条1項）があった後は，これを譲渡し，又は所有権以外の権利の目的とすることができない（同法33条1項）。この禁止規定に違反してされた処分は無効であり，即時取得（民法192条）は成立しない。

② 差押え，仮差押え又は仮処分

　財団に属すべき動産（登記又は登録のあるものを除く。）は，工抵法24条1項の公告があった後においても，差押え，仮差押え又は仮処分をすることができるが，財団について抵当権の設定登記がされたときは，効力を失う（同条3項）。この場合，動産の占有をした執行官又は税債権等の徴収の権限を有する職員等は，差押え等を解除して，占有を所有者に返還しなければならない。

　執行官が動産を差し押さえても，財団の所有権の保存登記の申請が却下されない間及び保存登記の効力が失われない間は，売却処分をすることができない（同条2項・30条）。ただし，差押えの効力が工抵法33条3項の規定により失われない限りは，売却を除く競売手続は続行して差し支えない。滞納処分による差押えの場合も，同様である。

2:3:4　所有権の保存登記後の処分制限
2:3:4:1　処分制限
① 工抵法13条2項は,「工場財団ニ属スルモノハ之ヲ譲渡シ又ハ所有権以外ノ権利,差押,仮差押若ハ仮処分ノ目的ト為スコトヲ得ス但シ抵当権者ノ同意ヲ得テ賃貸シ為スハ此ノ限ニ在ラス」と規定して,工場財団の組成物件となったものの処分を制限している。工場財団に属するものの個々的な処分を制限することによって,財団の単一体としての価値を維持し,財団の担保価値を把握する抵当権者を保護しようとするものである。
② この点は,鉱業財団も同様であり,抵当権の効力の及ぶ機械,器具等の処分を自由とし,抵当権の追及力を認めるにすぎない工抵法2条における抵当権者よりも厚く保護している。そして,これらの処分制限による取引の安全を図るために,工抵法は,財団に属する組成物件で登記又は登録のあるものについては,財団の所有権の保存登記をしたときは,登記簿又は登録原簿にその物件が財団に属するものである旨を記録・記載をし(工抵法34条),また,登記又は登録の制度の存しない一般の動産については,財団の所有権の保存登記の申請があったときに,動産が財団に属すべきものとして財団の所有権の保存登記の申請があった旨を公告して(同法24条),第三者に処分制限を公示している。
③ 財団の所有権の保存登記がされて財団が設定された後,財団に新たに属した物件についても,同様の記録・記載又は公告をすべきものとし(工抵法43条),登記又は登録のあるものが財団に属さないことになったときは,財団に属する旨の記録を抹消する(同法44条1項)。
④ 財団に属するものの表示を掲げた財団目録(登記簿の一部とみなされ,記録は登記とみなされる。)により財団に属する物件を一般に公示して,取引の安全を図っている。
2:3:4:2　処分制限の第三者対抗要件
　財団に属したものの処分制限を第三者に対抗する要件は,工抵法34条(44条で準用する場合を含む。)による記録若しくは24条(43条で準用する

場合を含む。）による公告又は財団目録の記録（登記）であるか，あるいは，そのいずれの手続も具備することが必要か。
① 登記又は登録のされている物件については，財団目録に記録されていることが必要であることはいうまでもない。財団目録の記録は，登記とみなされるから，これによって，物件が財団に属すること，したがって，処分が禁止されていることを第三者に対抗することができることになる。

　工抵法34条が，個々の登記又は登録のある組成物件の登記簿又は登録原簿に，財団に属している旨の記録をすべきものとしている趣旨は，通常，登記又は登録のあるものについて取引をしようとする者は，まず，物件の登記簿又は登録原簿について調査することによって取引の安全確実を期するようにしているので，これに物件が財団に属している旨を記録して，処分制限のあることを公示することが取引の安全を図る意味において最も適切な方法であるといえる。

　すなわち，財団に属した旨の記録は，不登法3条の「処分の制限」の登記であり，民法177条による処分制限の第三者対抗要件と解すべきである。
② 登記又は登録のない一般の動産については，工抵法24条の公告は，動産について権利を有する者又は差押え等の債権者にその権利の申出をさせるためのものであって，公告時においては，それらの動産は，財団に属するものではなく，財団の所有権の保存登記の申請が却下されることもあり得るから，公告をもって財団に属する動産の処分制限の対抗要件とすることはできない。

　また，工抵法33条は，公告後の処分を制限しているが，これは，財団の所有権の保存登記又は追加による財団目録の記録の変更登記がされるまでの間は，公告が第三者対抗要件であるということである。ただし，財団に属することになった動産が財団に属するものであるかどうかの公示方法は，財団目録の記録（登記）のみであるから，目録に動産が記録されていることが，財団に属していること（不動産とみなされる財団の組成物件であること），したがって，処分制限があることの対抗要件となる。

③ 財団目録に記録されている動産（登記又は登録の制度のないもの）について譲渡その他の処分がされた場合，工場抵当における工抵法5条2項と同趣旨で，民法192条の適用があるか。すなわち，第三者が善意無過失で平穏かつ公然にその動産を買い受けた場合，その所有権を取得できるかということである。

　財団に属するものの処分については，工抵法5条2項のような第三取得者を保護する規定を設けていないが，民法192条は，本来，動産の所有権を有しない占有者から譲渡等を受けた場合に適用される。財団に属する動産は，採掘権者（財団）の所有者のものであり，本来，有効に処分する権限を有している者の占有物であって，法律によりその処分が制限されているにすぎない。そして，財団は，抵当権の目的とするために設定されるものであるが，実際には抵当権の目的となっていない期間があるから，その間に所有者がした動産の処分が処分制限の規定が存することから，当然無効であると解することは，工場抵当の場合（常に抵当権が存在する。）と対比して疑問である。

　したがって，登記又は登録のない動産については，取引の安全を保護する点に重きを置き，工抵法5条2項と同趣旨と理解して，民法192条以下の適用があると解するのが相当であろう（工場財団についての精義1419）。

2:3:4:3　譲渡及び所有権以外の権利の目的とすることの禁止

　財団に属するものは，譲渡し，又は地上権，抵当権若しくは質権等の所有権以外の権利の目的とすることができない（工抵法13条1項）。

① 所有権以外の権利で問題となるのは先取特権である。民法の一般の先取特権は，債務者の総財産につき意思表示を必要としないで，当然に生ずるものであり（民法306条），動産の先取特権（同法311条以下）及び不動産の先取特権（同法325条以下）も特定の動産及び不動産の上に当然に生ずる。

　工抵法13条2項の「所有権以外ノ権利ノ目的……ト為スコトヲ得ス」との文言からいうと，同項で禁止しているのは，当事者の任意的な処分すなわち意思表示によるもののみであって，先取特権のように法律上当然に

生ずるものは含まないという解釈も成り立ち得る。しかし，同項の趣旨は，財団の一体として有する担保価値を破壊させないところにあるから，個々の組成物件に先取特権を認めると，財団の一体性が破壊されてしまうことになる。

また，同法31条は，先取特権の保存登記が，財団につき抵当権の設定登記があったときは効力を失うとしていることからも，財団そのものについては，同法14条2項が「所有権及抵当権以外ノ権利ノ目的タルコトヲ得ス」としているにもかかわらず，先取特権は，同項の禁止する権利に包含されないのと異なるところである。

したがって，財団の個々の組成物件については，先取特権の目的になり得ないと解するのが相当であろう（精義1419）。

② 工抵法13条2項に違反してされた譲渡その他の処分は，当然無効である。財団の抵当権者に対抗できないだけではなく，当事者間においても当然無効である。しかし，抵当権者が無効を主張すること，すなわち処分の対象である物件が財団に属するものであることを第三者に対抗するためには，財団目録に記録され，かつ，登記又は登録のある物件については，財団に属した旨の記録（工抵法34条1項）がされていることが必要であることは，前述（2:3:4:2①）のとおりである。

なお，この処分制限に違反した譲渡その他の処分による登記又は登録の申請は，登記又は登録すべきものではないものとして，申請は却下される。誤って登記又は登録がされたときは，職権抹消される。

2:3:4:4 抵当権者の同意を得た賃貸借

財団に属する物件のうち鉱業権及び土地の使用権を除いて（注1），抵当権者の同意を得たときは，これを賃貸することができる（工抵法13条2項ただし書）。財団に属するものについて，賃貸借を禁止することは，不便であることを考慮して，例外が認められたものである。（注2）

それでは，抵当権が存在しない間に賃貸し，その後抵当権が設定されたときは，改めて抵当権者の同意を必要とし，同意が得られないときは，賃貸借

は将来に向かって効力を失うものと解すべきであろうか。これは，同意を得た抵当権者のほかに新たに抵当権者が存在するに至った場合にも生ずる問題である（精義 1420）。賃借人の利益を考慮すれば，原則として，賃貸借は有効に継続すると解すべきであろう。

- （注1） 鉱業権は，賃貸借の目的とすることはできないし（鉱業法13条），土地の使用権は，鉱業権に付随するもので，単独処分はあり得ないから，賃貸借は問題とならない。
- （注2） この場合，抵当権者（全員）の同意は，財団組成物件の賃貸借の成立要件（効力発生要件）である（昭44.7.17東京高判・判時572-33）。

2:3:4:5 差押え，仮差押え又は仮処分の禁止

財団に属するものは，個別に差押え，仮差押え又は仮処分の目的とすることはできない（工抵法13条2項）。一体として有する財団の担保価値が毀損されるからである。

この禁止規定に違反して差押え等がされた場合は，工場抵当の目的である物件の違法執行の場合と同じく，抵当権者は，第三者異議の訴えを提起し（民執法38条1項），執行を排除することができる。

2:3:4:6 財団の所有権移転と組成物件の権利移転

財団の所有権が移転した場合は，個別の組成物件についても権利の移転が生ずる。

① 登記又は登録のある組成物件の権利移転についての第三者対抗要件としては，移転登記又は登録がされることが必要である。財団そのものの移転登記のみでは，個別の物件についての第三者対抗要件を具備したとはいい難い。もっとも，その物件については，財団に属した旨の記録がされ，処分は制限されているから，正当な取引関係にある第三者は出現することがないので，移転登記又は登録は，実際には重要ではないであろう。

② 個別の物件についての移転登記又は登録の手続については，財団そのも

のの移転がない限りすることができない（工抵法29条）。まず，財団そのものの移転登記をすることを必要とし，移転登記を証する登記事項証明書等を提供して，個別の組成物件の移転登記又は登録を申請すべきである。この場合，登記又は登録の原因は，財団そのものの移転である。

2：4　財団目録及び工作物の配置図面

　財団の所有権の保存登記を申請する場合は，財団の組成物件を明らかにするために，表示事項を掲げた財団目録（工抵法21条2項，22条）及び工作物の配置を記録した図面（鉱抵規則5条）を提出し，目録の記録又は図面に変更が生じたときは，財団目録の記録の変更登記を申請し（工抵規則34条1項），又は変更後の図面を提出しなければならない。このことは，工場財団の場合と同様であり，財団目録の意義，作成方法及び効力又は目録の記録の変更登記の手続及び効力等についても，工場財団目録のそれらと同様である（工4：3）。

2：4：1　財団目録

2：4：1：1　財団目録の意義

　財団目録は，財団の組成物件を記録したものであって，財団に属している組成物件を明らかにし，公示する。財団登記簿には，財団がいかなる鉱区及び鉱業権等について設定されているかが記録されているだけで，内容である組成物件は公示されていない（鉱抵規則2条～4条）。

　そこで，申請人は，財団の所有権の保存登記の申請情報に併せて，財団を組成するものを明らかにするため財団目録に記録すべき情報を提供しなければならない（工抵法22条）。この情報が提供されたときは，登記官は，これにより財団目録を作成することができる（同法21条2項）。

　ただし，財団目録未指定登記所においては，財団の所有権の保存登記を申請する際に申請情報と併せて財団目録に記録すべき情報を記載した書面が提供されたときは，書面は財団目録とみなされる（工抵規則附則6条4項）。指定登記所においては，登記官は，この情報に基づき財団目録を作成することが

でき（工抵法21条2項），財団の所有権の保存登記がされたときは，この目録は登記簿の一部とみなされ，記録は登記とみなされる。

さらに組成物件の内容が変動するのに伴って，財団目録の内容に変更を生じたときは，財団目録の記録の変更登記をすることとして，常に財団の組成物件を明確にするよう考慮されている。（注）

> **（注）** 鉱業財団は，工場財団と同様に，全て「未指定登記所」において取り扱われているので，法令改正前の取扱いを意識して説明するものとする。そのため，改正前後の関係が明確でない場合があることを了承願いたい。

2:4:1:2 財団目録の作成方法

財団目録は，工場財団目録に準じて，次により作成する（工4:3:1:2）。

① 鉱区ごとに作成

数個の採掘権をもって設定される財団の財団目録は，各採掘権の鉱区ごとに別つづりとして作成する（工抵規則15条）。

② 記録すべき組成物件

採掘権の鉱区ごとに別つづりとされる財団目録に記録すべき物件は，その採掘権による鉱業に関し，かつ財団に属すべき物件である。数個の採掘権による鉱業に関して共用されている物件については，主としてその用に供されている鉱区の目録に記録すべきであるが，いずれとも定め難いときは，採掘権者の選択により，記録して差し支えない。試掘権もどの目録に記録してもよいであろう。

③ 組成物件の記録方法

財団に属する土地については工抵規則7条1項，建物及び工作物については同条2項，3項，機械，器具，登録自動車以外の車両，登記船舶以外の船舶その他の附属物については8条，登記船舶については9条，地上権については10条，物の賃借権については11条，登録自動車については13条，工業所有権については14条の準用により，それぞれ所定の事項を

記録する（財団準則29条，エ4：3：1：2：3）。

　鉱業権，土地の使用権及び牛馬については，次のとおり記録する。
　a　鉱業権
　　鉱業権（採掘権及び試掘権）については，「鉱区の位置，鉱物の名称，鉱区の面積，鉱業権設定の年月日」及び「登録番号」を採掘権の期限があるときは，期限も記録する（鉱抵規則3条）。
　b　土地の使用権
　　土地の使用権については，「土地の所在する市，区，郡，町，村及び字並びに当該土地の地番」「使用の目的」「使用の時期及び期間」及び「使用料及びその支払時期」を記録する（同規則4条）。
　c　牛馬
　　牛馬については，別段の規定はないが道抵規則4条の例により，雌雄の別，生年月，用途及び特徴を記録するのが相当であろう。特徴としては，毛色及び旋毛，名号及び斑紋があるものは記録し，牛の角番号又は馬の耳朶の入墨の標識があれば記録する（農抵規則31条）。

2:4:1:3　効力

　財団につき所有権の保存登記を申請する場合に財団目録が提供されたときは（工抵法22条），目録は登記簿の一部とみなされ，記録は登記とみなされる（工抵規則附則6条4項前段，旧工抵法25条，エ4：3：1：3）。

2:4:2　工作物の配置図面

　財団に属する工作物の配置を記録した図面を鉱区ごとに作成し，作成年月日を記録し，申請人が記名するとともに作成者が署名し，又は記名押印する（鉱抵規則5条・不登規則73条，74条2項）。

　財団目録の記録の変更登記を申請する場合において，図面の内容に変更が生じたときは，変更後の図面を提供しなければならない。

2:4:3　保存期間

　財団目録及び配置図面は，財団の登記記録を閉鎖した日から20年間保存しなければならない（鉱抵規則6条）。

2：5　財団の所有権の保存登記

　財団は，財団登記簿に所有権の保存登記をすることによって設定される（工抵法9条）。所有権の保存登記がされるまでは，財団は法律上存在しないのである。

2：5：1　財団の設定者

　財団は，性質上，採掘権を基本として，鉱業における採掘，探鉱等のための諸施設，鉱物の運搬，排水，通風等に関する諸設備，選鉱，製錬のための諸設備及びこれらのための諸々の権利で組成されるものであるから，財団を設定することができる者は，一人（一社）の採掘権者に限られる（鉱抵法2条，1条）。採掘権者に限るのは，採掘権を組成物件としない財団の設定は認めないということであり，採掘権を中心として財団は設定されるということである。

　したがって，鉱業経営のための諸設備，すなわち，鉱抵法2条各号掲記の物件中採掘権を除くその他の物件の所有者であっても（このような物件を鉱業権者に貸与している場合等），それらの物件をもって財団を設定することができないことはもちろん，採掘権者であっても，自己に属する採掘権を除く同条各号掲記の物件をもっては，財団を設定することはできない。試掘権を中心とする財団の設定はできない。

　もっとも，採掘権を中心として財団を設定する限り，採掘権者は，個人，法人を問わない。また，採掘権を共有する共同鉱業権者（鉱業法43条）であっても，その採掘権をもって財団を設定することができる。しかし，1個の採掘権のみを組成物件とする財団を設定することはできず，少なくとも1個の採掘権と2個以上の鉱業権又は鉱抵法2条各号掲記の他の物件（それは1個でも差し支えない。）を併せて属させるのでなければ，財団を設定することはできない（昭38.4.1民事甲937号民事局長回答）。

Q&A1

共同鉱業権者の中の1人又は数人が
採掘権の共有持分をもって鉱業財団を設定できるか。

A 共同鉱業権者は，組合契約をしたものとみなされるから（鉱業法43条5項），鉱業権は，共同鉱業権者の共有に属し（民法668条），共有に関する民法の規定に従い，各共同鉱業権者は，鉱業権の上に各一定の持分を有する。持分は，権利者が任意に他人に譲渡できるものではなく，他の共同鉱業権者全員の合意を得ないで他人に譲渡し，又はその他の処分をしたとしても，これをもって組合又は組合と取引をした第三者に対抗することはできない（同法676条1項）。

鉱業権の持分には，自由譲渡性はなく，抵当権の目的とすることはできないから，仮に採掘権の持分を中心として財団を設定し，これを抵当権の目的としても，抵当権実行による競落の場合，他の共同鉱業権者の同意が得られなければ競落できないし，本来，抵当権の目的とするために設定の認められる財団に抵当権の目的とすることができない採掘権の持分が財団の中心的組成物件として含まれることは不合理である。

鉱抵法1条の「採掘権者」の意義も，共同鉱業権の場合には，共同鉱業権者の1人ではなく，全員を意味するものと解すべきである。したがって，採掘権の持分をもって共同鉱業権者の中の1人又は数人が財団を設定することはできないと解する（昭17. 3.31民事甲196号民事局長回答）。

判例 共同鉱業権の持分について，抵当権を設定することの可否

共同鉱業権の持分について，抵当権を設定することは許されないと解するを相当とする。けだし，鉱業法ならびに鉱業登録令中に，かかる鉱業権持分上の抵当権設定を予想した規定がないのみ

ならず，共同鉱業権者間には法律上当然に組合関係が生ずるので（鉱業法44条5項），もし鉱業権持分の上に抵当権が設定されるとすれば，その実行により何人が競落するか予断しがたく，しかもその競落人は鉱業権持分を取得することにより法律上当然に組合員となることを強制されるものであるところ，このような結果は，対人的信頼関係を基礎とする組合の本質に反することになるからである（昭37.6.22最二小破棄自判・民集16-7-1389）。

2:5:2　財団の設定範囲

① 財団の設定範囲に関しては，鉱抵法に特別の規定がないから，同法3条により準用される工場財団の設定の範囲に関する工抵法8条1項による。この場合に同項の「一個又ハ数箇ノ工場ニ付」云々という規定を財団に関していかに解するか，「工場」に相当するものは鉱業財団においてはどのように解するかが問題となる。

　この問題は，財団の設定の範囲に関するだけでなく，鉱抵法3条で準用される工抵法17条（財団の管轄登記所），21条（財団の表示），21条2項（財団目録の調製），45条（財団の差押え等の管轄）等に関係してくる。

② 財団は，採掘権を中心として設定されるものであること，また，鉱抵規則3条4号及び5号において，財団目録における表示として鉱業権（採掘権）に関する事項を記載すべきことを規定しているところから，工抵法における「工場」に相当するものは，「採掘権」と解すべきとする見解がある（精義1733）。しかし，同規則2条は，「鉱区の位置」（1号）「鉱区の面積」（3号）を登記事項とし，同規則3条（1号，3号）も同事項を財団目録の記録事項としている。鉱区は，土地の所在地を表し，採掘権は，鉱区に存在する権利を表している。さらに，準用条文によっては，採掘権の客体である「鉱区」と解するのが適切な場合がある。採掘権と鉱区は不可分の関係にあるから，鉱区と解することも実質的には同じことであろう。したがって，本書においては，「工場」に相当するものは「鉱区」と解して説

明する。

③　採掘権者は，自己に属する鉱区内の1個又は数個の採掘権を基本として，その採掘権による鉱業に関する鉱抵法2条各号掲記の物件又は権利をもって1個の財団を設定することができる。そして，設定された既存の財団にさらに1個又は数個の採掘権を基本として採掘権による鉱業に関する同条各号掲記の組成物件を追加することもできると解する。ただし，鉱抵法2条は「鉱業財団ハ……同一ノ採掘権者ニ属スルモノノ全部又ハ一部ヲ以テ之ヲ組成」すべきものと規定しているから，工場財団と異なり，各別の採掘権者に属する数個の採掘権につき1個の財団を設定することはできない。

④　数個の採掘権をもって財団を設定する場合，その採掘権の客体である鉱区が近接している必要はなく，また，採掘権の採掘鉱物が異なるものであっても差し支えない。

　1個の採掘権につき財団を設定するか，数個の採掘権につき財団を設定するかは，採掘権者が決定できることであるが，それを目的とする抵当権の債権額等を考慮して決することになろう。

　なお，試掘権は，採掘権と共にするときに限り，財団に属させることができる（明38.10.19民刑局長電報回答）。

2:5:3　財団の所有権の保存登記の申請手続

　財団は，財団登記簿に所有権の保存登記をすることによって設定される（工抵法9条）。すなわち，所有権の保存登記により財団が創設されるのであって，登記がされるまでは，財団は法律上存在しないのである。そして，それは1個の不動産とみなされる（同法14条1項）。

　財団は，抵当権の目的とするために設けられた制度であるから（同法8条1項），所有権及び抵当権（根抵当権を含む。）以外の目的とすることができない（同法14条2項）。ただし，抵当権者の同意を得てこれを賃貸することは，この限りでない（同項ただし書）。

2:5:3:1　管轄登記所

①　財団の所有権の保存登記の申請は，財団を組成する鉱区の所在地の法務

局若しくは地方法務局又はその支局若しくは出張所が管轄登記所になる（工抵法17条1項，2項）。採掘権と試掘権が財団の組成物件とされている場合に，それぞれの鉱区の管轄登記所が異なるときは，採掘権の鉱区所在地の登記所が管轄する（昭24.9.30民事甲2237号民事局長通達）。

　財団を設定しようとする鉱区が数個の登記所の管轄地にまたがり，又は数個の鉱区が数個の登記所の管轄地内にある場合には，あらかじめ所有権の保存登記を申請すべき登記所の指定を受けておかなければならない。

　すなわち，数個の登記所が同一の法務局又は地方法務局の管内にあるときはその長に，数個の登記所が同一の法務局の管轄区域内にあるときはその長に，数個の登記所が2以上の法務局の管轄区域内にあるときは法務大臣に，それぞれ申請して管轄登記所の指定を受けるのである。

　なお，管轄指定については，申請人の希望する登記所を指定する取扱いである（財団準則2条3項）。

② 　財団の管轄登記所は，採掘権の鉱区の所在地によって定まるから，鉱区以外の地域にある試掘権及び不動産は，考慮する必要がない（昭24.9.30民事甲2237号民事局長回答・通達）。試掘権が採掘権となり，財団目録の変更登記をする場合にも改めて管轄指定をする必要はない（昭26.5.17民事甲1005号通達（工場財団の場合））。

2:5:3:2　申請情報の内容

　財団の所有権の保存登記の申請情報の内容についても，工抵法21条が準用される。

① 　登記の目的（鉱抵規則1条，工抵規則18条1項，不登令3条5号）

　　登記の目的としては，「所有権保存」と記載する。

② 　所有者の表示（工抵規則18条1項・不登令3条1号，2号）

　　所有者（申請人）として，採掘権者を表示する。

③ 　代理人の表示（不登令3条3号）

④ 　添付情報の表示（不登規則34条1項6号）

⑤ 　申請年月日（不登規則34条1項7号）

⑥　登記所の表示（不登規則34条1項8号）
⑦　登録免許税額（不登規則189条1項）
　　財団の所有権の保存登記の登録免許税は，財団の数を課税標準として，その1個につき3万円である（税法別表第一・五㈠）。
⑧　設定しようとする財団の表示
　　財団の所有権の保存登記の申請情報の内容として，次のとおり，登記記録の表題部に記録されるべき財団の表示事項を記載する（工抵法21条3項，工抵規則18条2項，附則9条1項・不登規則附則15条2項）。
　　財団につき工抵法21条1項1号ないし3号を準用して，どのように記載すべきか。これについては，財団の登記簿における表示方法を規定している鉱抵規則2条により記載する。数個の鉱区につき財団を設定する場合は，各事項を鉱区ごとに記載する。
　a　「鉱区の位置」は，採掘原簿の表題部表示欄に登録されている鉱区の所在地（地番まで記載する必要はない。）
　b　「鉱物の名称」及び「鉱区の面積」は，採掘原簿と同一
　c　「鉱業事務所」は，鉱業法68条の規定により経済産業大臣に届け出た鉱業事務所所在（○市○町○番地）

2:5:3:3　添付情報

　財団の所有権の保存登記の申請情報に添付すべき情報は，次のとおりである。
①　申請書の写し（不登規則附則15条2項，工4:4:1:3）
　　財団の登記事務についてオンライン指定がされるまでの間は，申請書の写し（不動産登記規則附則第15条第2項ノ規定ニ依リ提出セラレタル書面」工抵規則附則9条2項）を提供する。ただし，登記済証の交付を希望しない場合は添付を要しない。
　　申請書の写しには，申請書に添付して提出される財団目録の写しを合綴すべきである。合綴を要しないとするのが登記実務の取扱いであるが（昭33.7.12民事甲1426号各法務局長及び地方法務局長宛通達第二），財団の実質的内

容は，財団目録に記録されている組成物件の集合体であり，その所有権の保存登記がされたときは，目録は，登記簿の一部（表題部の一部）とみなされ，記録は，登記（財団の表示に関する登記）とみなされるから（工抵法35条，平16法律124号で削除），登記済証を作成する場合に，財団の内容として登記されたことになる目録の組成物件を明らかにしておく必要がある（精義1372）。ただし，財団等のみなし不動産登記簿を対象とした画像データ化作業は完了している（平成27年4月）から，当該データを登記済証の一部とする取扱いは可能であろう。

② 財団目録（工抵法22条，工抵規則25条，鉱抵規則3条，4条）

　財団の組成物件の表示を掲げた財団目録を提供する。この目録には，申請人又はその代表者若しくは代理人（委任による代理人を除く。）が記名押印しなければならない（工抵規則25条2項）。この書面が2枚以上であるときは，申請人又はその代表者若しくは代理人（委任による代理人を除く。）は，各用紙に当該用紙が何枚目であるかを記載し，各用紙のつづり目に契印をしなければならない。ただし，当該申請人又はその代表者若しくは代理人（委任による代理人を除く。）が2人以上あるときは，その1人がすれば足りる（同条3項）。

　数個の採掘権につき財団を設定する場合は，鉱区ごとに財団目録を別つづりとして作成し，申請人が署名，押印して，提供すべきである（同規則25条・15条）。（注）

　財団の所有権の保存登記がされたときは，財団目録は登記記録の一部（表題部の一部）とみなされ，記録は登記（財団の表示に関する登記）とみなされることになる（改正前工抵法35条）。

　組成物件として財団目録に記録すべき情報は，次のとおりである。

a　鉱業権→鉱区の位置，鉱物の名称，鉱区の面積，鉱業権設定の年月日，鉱業権の登録番号，採掘権に期限があるときは，その期限（鉱抵規則3条）

b　土地の使用権→土地の所在地，使用の目的，使用の時期及び期間，使

用料及び支払時期（同規則4条）
c　土地→土地の所在地（工抵規則7条1項）
d　建物→建物の所在地，家屋番号（同条2項）
e　建物以外の工作物→工作物の所在地，種類，構造，面積又は延長（同条3項）
f　機械・器具・電柱・電線・配置諸管・軌条その他の附属物→種類，構造，個数又は延長，製造者の氏名又は名称・製造年月・記号・番号・他の物と識別できる情報（同規則8条）
g　登記船舶→船名，種類，船籍港，船質，総トン数（同規則9条1項）
h　登録小型船舶→番号，種類，船籍港，長さ，幅，深さ，総トン数（同条2項）
i　地上権→土地の所在地，地上権の登記の順位番号（同規則10条）
j　不動産又は船舶の賃借権→c，d，gの事項のほか賃借権の登記の順位番号（同規則11条1項）
k　j以外の物の賃借権→e，f，h，nの事項のほか賃料，存続期間，賃料の支払時期，設定年月日，賃貸人の氏名又は名称，住所（同条2項）
l　工業所有権→権利の種類，権利の名称，特許番号又は登録番号，登録年月日（同規則12条1項）
m　工業所有権についての専用実施権・通常実施権・専用使用権・通常使用権→権利の範囲，本権の種類及び名称，特許番号又は登録番号，登録年月日，本権の権利者の氏名又は名称及び住所（同条2項）
n　道運法2条2項の自動車（軽自動車，小型特殊自動車及び2輪の小型自動車を除く。）→車名及び型式，車台番号，原動機の型式，自動車登録番号，使用の本拠の位置（同規則13条）
o　ダム使用権→ダム使用権の設定番号，多目的ダムの位置及び名称，ダム使用権の設定の目的，ダム使用権により貯留が確保される流水の最高及び最低の水位並びに量（同規則14条）

(注) 工抵法22条3項として昭和27年法律192号で追加，平成16年法律124号で削除。

③ 配置図面

　財団に属する工作物の配置を記録した図面を作成する（鉱抵規則5条，財団準則13条附録第17号，2：4：2）。工作物は，その方位，形状，長さ及び敷地地番を記載する。この図面は，鉱区ごとに作成し（同条2項），申請人が記名するとともに，作成者が署名し，又は記名押印する（不登規則74条2項）。配置図面例については，港湾運送事業財団の記載例（4：5：3：3）参照。

④ 会社法人等番号又は登記事項証明書

　申請人が会社法人等番号（商登法7条）を有する法人である場合は，法人の会社法人等番号を提供しなければならない（工抵規則21条，不登令7条1項1号イ）。ただし，法人の代表者の資格を証する登記事項証明書又は支配人等の権限を証する登記事項証明書を提供したときは，会社法人等番号の提供を要しない（不登令7条1項1号，不登規則36条1項各号）。この登記事項証明書は，作成1月以内のものでなければならない（不登規則36条2項）。

⑤ 住所証明情報（工抵規則21条，不登令7条1項6号，別表28添付情報ニ，29添付情報ハ）

　申請人（所有者）の住所を証する情報（以下「住所証明情報」という。）として，登記事項証明書を提供する。この登記事項証明書は，作成後1月以内のものでなければならない（不登規則36条2項）

　申請人が，申請情報と併せて住民票コード（住基法7条13号）又は会社法人等番号（商登法7条）を提供したときは，住所証明情報を提供する必要はない（不登令9条，不登規則36条4項）。

　登記官は，会社法人等番号を用いて登記記録を確認することで，法人の代表者資格だけではなく，法人の住所及びその変更等に係る情報についても審査できるので，会社法人等番号を提供した場合には，住所証明情報を

提供する必要はないとしたのである。
⑥　代理権限証明情報

　　申請人が代理人によって申請する場合は，保存登記の申請を代理してする権限があること証する委任状等を提供する。司法書士法人などの法人が代理人として申請する場合は，作成後3月以内の登記事項証明書を提供する（工抵規則21条，不登令7条1項2号，17条1項）。ただし，法人の会社法人等番号の提供をもって，代理人の代表者の資格証明情報の提供に代えることができる（不登規則37条の2）。

　　支配人等が法人を代理して登記の申請をする場合は，支配人等の権限を証する情報として，作成後1月以内の登記事項証明書（同規則36条1項2号，36条2項）を提供する。ただし，法人の会社法人等番号の提供をもって，これに代えることができる（同条3項）。

⑦　物の賃借権を組成物件とする場合の賃貸人の同意証明情報

　　物の賃借権を財団に属させる場合（鉱抵法2条4号，工抵法11条4号）は，賃借権の登記においてあらかじめ譲渡を許す旨の特約の登記がある賃借権を除き，賃貸人の承諾を証する情報（印鑑証明書付）を提供する。ただし，不動産の権利の譲渡ができる旨の特約の登記がされている場合は，賃貸人の承諾証明情報に代えて，それを明らかにする登記事項証明書を提供すれば足りる。この賃借権が財団の所有権の保存登記を申請する登記所に登記されている場合は，提供する必要はない

⑧　管轄登記所指定情報

　　財団を組成する鉱区（採掘権）が数個の登記所の管轄地にまたがり，又は数個の鉱区が数個の登記所の管轄地内にある場合には，工抵法17条2項の規定により，その財団の所有権の保存登記を申請すべき管轄登記所の指定を申請しなければならない。そして，指定された登記所へ申請する際，その登記所に管轄権があることを明らかにするため，指定のあったことを証する情報（指定者から申請人に交付される。）を提供しなければならない（工抵規則19条，財団準則2条～6条）。

2:5:4　所有権の保存登記の実行手続

　財団の所有権の保存登記の申請があった場合の手続及び登記の実行手続については，特別の定めのあるもののほかは，工場財団に関する工抵法及び工抵規則が準用されるほか，不登法及び不登規則の適用がある。したがって，この点に関しては，工場財団の所有権の保存登記の申請の却下事由の有無の審査のための手続その他の登記の実行手続と同様である（工4：4：2：2）。

2:5:4:1　却下事由の審査

　財団の所有権の保存登記の申請についても，不登法25条の却下事由があれば，登記官が定めた相当の期間内に補正されない限り，申請は却下される。財団に関して生ずる特有の却下事由は，次のとおりである。

① 財団の所在地が登記所の管轄に属しないとき（不登法25条1号）

　　財団の所有権の保存登記の管轄登記所は，工抵法17条により定められているが，これに反する登記所に所有権の保存登記の申請があった場合は，申請を却下すべきである。

　　所有権の保存登記の申請情報には「鉱区の位置」（鉱抵規則2条1号）が記載されているが，「位置」は財団の「所在地」よりも狭く解され，必ずしも鉱区に属する土地の地番まで記載する必要はないから（2：5：3：2⑧a），「位置」によって管轄の有無を審査してはならない。

　　管轄の指定が必要な場合（工抵法17条2項）は，管轄登記所として指定されたことを証する情報により（工抵規則19条），管轄の有無を審査する。

② 申請が登記事項以外の事項の登記を目的とするとき（不登法25条2号）

　　鉱区内に採掘権が存在しないものについて財団の所有権の保存登記の申請があった場合及び機械，器具のみを組成物件としている場合のほか次の場合等がこれに該当する。

　a　申請に係る登記が既登記であるとき（同条3号）

　b　申請の権限を有しない者の申請によるとき（同条4号）

　c　申請情報又はその提供の方法が法令で定められた方式に適合しないとき（同条5号）

③ 申請情報と併せて提供すべき情報が提供されないとき（不登法25条9号）

　財団の所有権の保存登記の申請情報に併せて提供すべき財団目録，配置図面，管轄指定書，承諾を証する情報又は許可書等が提供されていないか，又は提供されていても方式に適合していないか，あるいは内容が十分でない場合は，申請を却下すべきである。

④ 登録免許税を納付しないとき（不登法25条12号）

　財団の所有権の保存登記には，財団1個につき3万円の登録免許税を納付する必要があるから（税法別表第一．五㈠），納付がないときは，申請を却下すべきである。

2:5:4:2 登記・登録があるものについての手続

　財団の所有権の保存登記の申請があった場合は，財団に属すべき物件の処分が制限され（工抵法29条，33条），また，処分制限のあることを公示しなければならない。さらに，財団に属させるものについては，要件の有無を審査する必要があるので，財団に属すべきもので登記又は登録のあるものについては，次のような手続を定めている。

① 登記がされているもので，財団の所有権の保存登記の申請があった管轄登記所の管轄に属するものについては，登記官は，職権をもってその登記記録（用紙）中権利部（相当区事項欄）に「財団ニ属スヘキモノトシテ其ノ財団ニ付所有権保存ノ登記ノ申請アリタル旨，申請ノ受付ノ年月日及受付番号」を記録しなければならない（工抵法23条1項）。

② 財団の組成物件中登記がされているもので，所有権の保存登記の管轄登記所以外の登記所の管轄に属するものがある場合，登記官は，物件の管轄登記所に対し，遅滞なく，物件が財団に属すべきものとして所有権の保存登記の申請があった旨，申請の受付年月日及び受付番号を通知しなければならない（工抵法23条2項，財団準則13条附録第9号通知書）。

③ 通知を受けた登記所は，①と同様の手続をして，登記事項証明書（抹消にかかる事項を記載することを要しない。）を通知を発した登記所に送付しなければならない（工抵法23条3項，財団準則14条附録第10号送付書）。ま

た，通知を受けた登記所は，登記の嘱託がされた場合に準じて，登記官は，受付帳に通知事項の要旨，通知をした登記所の名称，受付年月日及び受付番号を記載し，受け取った通知書には受付の年月日及び受付番号を記載しなければならない。ただし，通知事項の要旨は，受付帳の登記の目的欄に，通知を発した登記所の名称は申請人の氏名欄に，それぞれ記載する（旧工抵手続22条，通達等による運用に委ねることとされた）。

④　工業所有権，自動車及び小型船舶が財団に属すべきものとして，財団につき所有権の保存登記の申請があった場合は，登記官は，②の場合と同様，管轄する登録官庁に財団につき「記録スベキ事項」すなわち所有権の保存登記の申請があった旨，申請の受付年月日及び受付番号を，遅滞なく通知しなければならない。

　通知を受けた登録官庁は，登録原簿の相当欄に通知事項の登録をし，しかる後にその登録原簿の謄本を通知を発した登記所に送付しなければならない（工抵法23条4項，財団準則13条附録第9号様式）。

　この場合においても，通知を発した登記官は，①の場合と同様，各種通知簿に所要の事項を記入すべきであり，通知を受けた登録官庁の記載手続についても③の場合と同様と解すべきであろう。

Q & A 2

Q　財団に属すべきもので登記又は登録のある物件が登記記録上他人の権利の目的となっていること又は差押え，仮差押え若しくは仮処分の目的となっているため，財団の所有権の保存登記の申請を却下すべきことが明白であっても，いったん登記しなければならないか。

A　工抵法28条1項によれば，登記官が所有権の保存登記の申請を却下したときは，同法23条1項によりした記録を抹消すべき旨規定していることからの疑問である。

　しかし，後に却下することが明白であるにもかかわらず登記を

> することは，無意味である。同法28条1項の趣旨は，所有権の保存登記の管轄登記所の管轄に属する物件については却下事由がないため，登記をしたが，他の登記所又は登録官庁の管轄に属する物件中に却下事由のあることが送付された登記事項証明書又は登録原簿の謄本等により明らかとなった場合に所有権の保存登記の申請を却下することを想定して規定したものと解すべきであろう。したがって，管轄に属する物件中に却下事由のあるものがあった場合は，直ちに同法27条1号によりその所有権の保存登記の申請を却下すべきである。

2:5:4:3 公告手続

財団に属すべき動産で登記又は登録の制度のあるもの（小型船舶及び自動車）以外のものについても，処分制限のあることを公示する目的と財団の組成物件とすることができる要件の有無を審査するために，次のような公告手続を設けている（工抵法24条）。

① 公告すべきもの

公告すべきものは，所有権の保存登記の申請のあった財団に属すべき動産（すなわち財団目録に掲げられている動産）で，登記又は登録の制度のある動産以外のものである（工抵法26条ノ2）。

② 公告の方法及び内容

公告は，必ず官報ですべきであり，公告すべき内容は，財団に属すべき動産について権利を有する第三者又は差押え，仮差押え若しくは仮処分の債権者は，一定の期間（1か月以上3か月以下）内にその権利又は差押え，仮差押え若しくは仮処分の目的であることを申し出るべき旨を公告しなければならない。この公告期間は，「32日以内」とするのが実務の取扱いである（財団準則8条1項附録第5号様式）。

公告期間中に第三者の権利等の申出があった場合は，遅滞なく，その旨を申請人に通知しなければならない（工抵法26条）。これは，同法27条3

号との関係で申請人に権利申出の理由のないことを証明する機会を与えるためである。

「官報公告」（財団準則8条1項附録第5号）

　　　　　　　　　鉱　業　財　団
　○市○町○丁目○番○号何株式会社の○市○町○丁目○番○号の鉱区についての鉱業財団の所有権保存登記の申請に係る動産につき権利を有する者，差押え，仮差押え又は仮処分債権者は，本日から32日以内に権利を申し出てください。
　平成　　年　　月　　日
　　　　　　　　　　　　　　　　　　　　○法務局○出張所
（注）公告の年月日は，独立行政法人国立印刷局で記入するので，記載しないこと。

2:5:4:4　申請の却下

　財団の所有権の保存登記の申請は，不登法25条各号及び工抵法27条各号所定の却下事由の有無を審査し，それがある場合は，却下しなければならない（工抵法27条）。ただし，不登法25条に掲げる却下事由については即日に調査することができる。しかし，工抵法27条1号及び2号については，組成物件のうち，申請された登記所の管轄に属する土地，建物又は登記された船舶であれば即日に調査することは可能であるが，他の登記所の管轄に属するものがある場合は，即日審査をするのは困難である。したがって，所有権の保存登記が申請された段階では，申請された登記所の管轄に属するもののみが調査対象となる。

① 他人の権利の目的となっていないこと（工抵法27条1号）
　「登記簿若ハ登記事項証明書又ハ登録ニ関スル原簿ノ謄本ニ依リ財団ニ属スヘキモノカ他人ノ権利ノ目的タルコト又ハ差押，仮差押若ハ仮処分ノ

目的タルコト明白ナルトキ」である。

　所有権の保存登記の申請をする登記所の管轄に属するものについては，他の登記所等への通知手続前に，登記簿により，本号の却下事由の有無を審査すべきであるが，他の登記所又は登録官庁の管轄に属するものについては，工抵法23条3項，4項により送付を受けた登記事項証明書又は登録原簿の謄本によって審査しなければならない。

　登記又は登録のあるものが既に他の財団に属した旨の登記又は登録がある場合は，その物件を別の財団には属させることはできないが（同法8条2項），本号は，このような場合を却下事由に含めていない。「申請に係る登記が既に登記されているとき」（不登法25条3号）に該当するものとして却下すべきである。

② 登記記録等の内容に抵触すること（工抵法27条2号）

　「財団目録ニ記録スベキ情報トシテ提供シタルモノカ登記簿若ハ登記事項証明書又ハ登録ニ関スル原簿ノ謄本ト抵触スルトキ」である。

　財団に属すべき物件は，全て財団目録に表示が掲げられるが，そのうち登記又は登録のあるものについては，表示が登記事項証明書又は登録原簿の謄本の表示とそれぞれ符合している必要がある。符合していないときは，申請を却下しなければならないが，補正できるときは，直ちに補正を命じ，補正されなければ却下する。不登法25条は，「相当の期間内」に補正することを要すると規定しているが，財団の所有権の保存登記の申請については，申請から登記実行までの間に1か月以上かかるから，期間内に補正させることになる。

③ 権利等の申出に理由がないこと（工抵法27条3号）

　「財団ニ属スヘキ動産ニ付権利ヲ有スル者又ハ差押，仮差押若ハ仮処分ノ債権者カ其権利ヲ申出テタル場合ニ於テ遅クトモ第24条第1項ノ期間満了後1週間内ニ其ノ申出ノ取消アラサルトキ又ハ其ノ申出ノ理由ナキコトノ証明アラサルトキ」である。

　公告期間内に権利等の申出がない場合は，権利は存在しないものとみな

され，差押え等は効力を失うから（不登法25条本文），仮に他人の権利等が存在していても，所有権の保存登記を実行できることになる。

　公告期間内に権利の申出があった場合は，その旨を遅滞なく所有権の保存登記の申請人に通知し（同法26条），その結果，申請人から遅くとも公告期間満了後1週間内に申出の取消しがあり，又は取消しがなくても申請人が申出に理由がないことを証明した場合は，申請を却下することなく，所有権の保存登記を実行すべきである。

　権利申出の取消しがなく，また，申出に理由がないことの証明ができない場合は，保存登記の申請を却下すべきである。

　登記官が権利申出に理由がないと判断した場合は，権利申出書及び権利申出の理由がないことの証明書並びに権利申出に理由がないことを認めた調書を作成して，保存登記の申請書にその他の附属書類とともに合綴しておくのが相当である。

2:5:4:5　却下した場合の手続

① 保存登記の抹消

　a　登記官は，所有権の保存登記の申請を却下したときは，管轄に属する物件について，工抵法23条1項によりした記録（事項）を職権で抹消しなければならない（工抵法28条1項）。この抹消手続は，一般の登記と同様の手続によるべきである（不登規則152条）。

　b　登記官は，所有権の保存登記の申請に当たり，他の登記所又は所轄官庁にその旨を通知していたときは，物件を組成物件とする財団の所有権の保存登記の申請を却下した旨を遅滞なく通知しなければならない（工抵法23条2項）。

　c　通知を受けた登記所又は所轄官庁は，工抵法23条3項又は4項によりした記録又は記載をそれぞれ抹消しなければならない（同条3項）。

② 公告の取消し

　登記官は，所有権の保存登記の申請を公告期間の満了前に却下したときは，遅滞なく，公告を取り消さなければならない（工抵法24条2項）。この

取消しは，官報をもってする。

所有権の保存登記の申請が却下されたときは，財団に属すべきであった個々の物件は，次のとおりとなる。

a 工抵法23条の記録若しくは記載の抹消又は同法24条の公告の取消しがされる前には，個々的に処分することができる（同法29条，33条1項）。

b 工抵法23条の記録若しくは記載又は同法24条の公告後にされた競売申立てによる競落許可決定又は差押えによる競売をすることができる（同法30条，33条2項）。

c 工抵法23条の記録若しくは記載又は同法24条の公告後にされた差押え，仮差押え若しくは仮処分の登記又は登録あるいは先取特権の保存登記は，確定的に効力を持続し（同法31条参照），動産に対する差押え等も効力を持続する（同法33条2項参照）。

2:5:4:6 所有権の保存登記の時期

① 財団の所有権の保存登記については，登記の実行前に工抵法23条及び24条所定の手続をしなければならないから，受付番号の順に所有権の保存登記をすることはできない。公告期間中に申請された他の土地，建物についての登記は，財団登記の完了を待たずにすることになる。すなわち，この限りでは，「受付番号の順序に従ってしなければならない」とする不登法20条の規定は適用はされない。しかし，工抵法23条所定の記録（登記）は，受付番号の順序によりすべきである。

② 財団の所有権の保存登記の実行時期は，いわゆる公告期間との関係で注意しなければならない。公告期間中に第三者の権利の申出がない場合は，公告期間満了の翌日に直ちに保存登記をすべきであるが，公告期間中に第三者の権利の申出があった場合は，直ちに申請を却下することなく，公告期間満了後，更に1週間の経過を待たなければならない（工抵法27条3号）。もしも，1週間内に全部の権利申出の取消し又は申出の理由のないことが証明されれば，直ちに保存登記をして差し支えない。そのため，工抵法10条との関係から所有権の保存登記をいつしたかが問題になるので，所

有権の保存登記の末尾に，登記の年月日を記録すべきものとしている（財団準則24条）。

2：5：4：7　財団登記簿への記録（記載）

財団の所有権の保存登記は，財団登記簿に次により記録する（工抵法9条）。

① 財団登記簿の表題部に財団の表示をする（鉱抵規則2条）。この表示としては，「不動産所在事項」（不登規則1条9号）ではなく，「鉱区の位置，鉱物の名称，鉱区の面積，鉱業権の登録番号（○県採掘権登録第○号）及び鉱業事務所の所在地」を記録する。そのうち「鉱区の位置，鉱物の名称，鉱区の面積」は採掘権原簿に登録されている表示を「鉱業事務所」は，鉱業法68条により経済産業大臣に届けている事務所を表示する。

　数個の鉱区（採掘権）について財団を設定する場合は，各事項を鉱区ごとに記録する。

　財団は，不動産，動産及びその他の権利の集合体であるが，それらの組成物件をいちいち表示すると登記簿の記録が複雑となって公示作用を害するし，手続としても煩雑になる。そこで，組成物件の表示は，全て財団目録に記載・記録することとし，表題部には，いかなる鉱区（採掘権）について設定された財団であるかを明らかにするにとどめている。

② 登記記録の表題部に財団の表示に関する事項について（工抵法20条2項）登記をした順序，すなわち，財団の所有権の保存登記をした順序に登記番号を記録する（工抵規則5条1項）。

③ 登記記録の権利部の相当区（甲区事項欄）には所有権に関する事項を記録するが（工抵法20条3項），所有権の保存登記としては，登記の目的，申請受付年月日，受付番号，所有者の氏名（又は名称），住所（又は主たる事務所）を記録（記載して登記官が捺印）し（不登法59条1項，不登規則146条），さらに，甲区事項欄に登記事項を記録した順序を示す番号（順位番号）を記録する（不登規則147条）。

④ 所有権の保存登記をした年月日をその登記の末尾及び受付帳に記録する（財団準則24条1項，2項）。

2:5:4:8　財団目録及び配置図面への記録

財団の所有権の保存登記を申請する場合は,「財団目録ニ記録スベキ情報」（工抵法22条）及び「工作物の配置を記録した図面」（鉱抵規則5条）を提供しなければならないが,財団目録未指定登記所においては,次のように取り扱う。

① 財団目録つづり込み帳を備える（工抵規則附則6条1項）。

② 電子申請により目録に記録すべき情報が提供されたときは,登記官は,書面で同目録を作成し（工抵規則附則6条2項）,①のつづり込み帳につづり込む（同条3項）。

③ 書面で目録が提供されたときは,同目録を財団目録とみなす（工抵規則附則6条4項）。

④ 書面で目録を作成するには,日本工業規格A列4番の強靭な用紙を用いる（工抵規則附則6条5項,旧工抵手続16条）。

⑤ 目録と書面申請において提供される配置図面（財団準則13条附録第17号）（鉱区ごとに調製又は作成されている。）には,適当な個所（財団目録についてはその表紙等）に,申請の受付年月日,受付番号及び登記番号を記録しなければならない（工抵規則17条本文）。これは財団登記簿との関連を明らかにするためである。

2:5:4:9　財団に属した旨の登記

① 登記官が財団の所有権の保存登記をしたときは,財団に属したもののうち,登記があるものでその登記所の管轄に属するものについては,職権により登記記録中権利部（甲区事項欄）に財団に属した旨を記録しなければならない（工抵法34条1項）。

② 財団に属した登記があるもので他の登記所の管轄に属するもの及び登録があるものについては,物件が財団に属した旨を遅滞なく,その登記所又は所轄官庁に通知しなければならない（工抵法34条2項・23条2項）。

③ 通知を受けた登記所又は所轄官庁は,登記簿又は登録原簿の相当欄に財団に属した旨を記録しなければならない（工抵法34条2項・3項,4項）。

2:5:4:10　登記識別情報の通知（登記済証の交付）

　財団の所有権の保存登記を完了したときは，登記官は申請人に対して，登記識別情報及び登記番号を通知しなければならない（工抵規則38条，不登法21条本文）。ただし，不登法附則第6条の指定（以下「6条指定」という。）がされるまでの間は，申請書に添付された申請書の写し（財団目録の写しの合綴されたもの）に申請の受付年月日，受付番号，順位番号及び登記済の旨並びに登記番号を記録し，登記所の印を押捺して，これを登記済証として申請人に交付しなければならない（工抵規則附則9条3項，工抵規則38条）。

2：6　財団目録の記録の変更登記

　財団目録は，財団の組成物件の表示を記録したもので，財団の所有権の保存登記の申請のときに提供され，登記がされたときは，登記記録の一部とみなされ，記録は登記とみなされる。どんな物件が財団に属しているかを明確にし，取引の安全を図るとともに，物件が財団に属していることを第三者に対抗するためのものである。

　登記官は，鉱業財団を組成するもの（鉱抵法2条）を明らかにするために財団目録を作成することとされている（工抵法21条2項）(注)。財団目録に記録された事項は登記事項であるから，財団所有者又は抵当権者は，目録に記録された内容に変更が生じた場合は，変更登記をしないと，第三者に対抗することができない。

① 　財団の基本組成単位である鉱区（採掘権）の改廃は，経営上当然行われるところであり，金融取引上新たな組成物件を財団に追加し，若しくは財団の組成物件を分離し，又は財団に属している組成物件が自然的，人為的に滅失若しくは消滅し，又は内容を変更する。これらの場合，遅滞なく財団目録の記録を変更する必要があるので，鉱抵法3条により工抵法38条から42条までを準用し，財団目録の記録の変更登記の手続を規定している。

② 　「財団目録ニ掲ケタル事項ニ変更ヲ生シタルトキ」は，財団目録の記録

の変更登記を申請しなければならない（工抵法38条1項）。現に登記とみなされている財団目録の記録そのものに変更が生じた場合（例えば，土地の表示が変わった場合）のみならず，財団目録の内容自体に変更の生ずる場合（例えば，新たに機械をその財団に属させるために財団目録に記録する必要がある場合）なども含まれる。次のとおりである。

a 「財団ニ属スルモノニ（表示上）変更ヲ生シ‥‥タル」場合（工抵法39条1項，40条）
b 「新ニ他ノモノヲ財団ニ属セシメタル」場合（同項，41条）
c 「財団ニ属シタルモノカ滅失シ‥‥タル」場合（同法42条）
d 「財団ニ属シタルモノカ‥‥財団ニ属セサルニ至リタル」場合（同条）
e 財団目録の記録に誤りがある場合（その表示に誤りがある場合のみでなく，記録すべきでないものを記録している場合も含む。）

③ 記録に変更が生じたかどうかは，財団目録が財団の基本組成単位（鉱区）ごとに別つづりとして作成されていることから（工抵規則15条），鉱区ごとの目録について見るべきである（2:5:2②）。例えば，甲鉱区に属する機械を甲鉱区から分離して，これを同一の財団に属する乙鉱区に備え付け，同財団に属させる場合にも，財団目録の記録の変更登記をしなければならない。なお，工抵法38条の変更登記には，登記の更正を包含する。

(注) 財団目録未指定登記所（工抵規則附則6条1項）においては，書面申請により財団目録に記録すべき情報を記載した書面が提出されたときは，当該書面は，工抵法21条2項の財団目録とみなす（同条4項）。

2:6:1 「財団ニ属スルモノニ変更ヲ生シ」たとき（組成物件の変更）
2:6:1:1 変更登記をすべき場合
① 「財団ニ属スルモノニ変更ヲ生シ」たとき（工抵法39条1項）とは，財団目録に記録されている個々の組成物件の表示（鉱抵規則3条，4条）が変更したときをいう。

工作物や機械，器具等の所在する財団の基本組成単位である鉱区が変更された場合は，それらの物件の表示については変更がないが，財団目録は，鉱区ごとに作成されている関係から，A鉱区の目録から除いてB鉱区の目録に記録しなければならない。

② 財団に属する採掘権の鉱区について分割，合併又は分合がされた場合（2:7:1．2）は，採掘権の表示事項に変更が生ずるから，財団目録の記録の変更登記を申請しなければならない。試掘権が採掘権に転換したときは，両者は別個の権利として取り扱われ，登録手続上も試掘権の抹消（鉱業登録令30条）及び採掘権の設定（同令41条）として取り扱われるので，この場合は，財団に属したものが滅失した場合と財団に新たに他のものを属させた場合に該当する（平野41）。

③ このような場合に，いかなる登記の手続をするかについては，若干問題があるが，「鉱区の変更」を登記原因として，表示の変更による財団目録の記録の変更登記をすることになると解する。

　従前の目録については，物件の表示を鉱区の変更を原因として抹消し，新たに属することになった鉱区の目録に登録する。もっとも，新たに物件が属することとなった施設が財団の組成施設でない場合，それらの物件について分離の手続がされない限り，依然として財団に属しているが，記録されるべき施設の目録は，別に存在しないので，分離による財団目録の記録の変更登記を申請することになる。

④ 財団に属する採掘権の鉱区について，分割，合併又は分合がされた場合は，採掘権の表示事項に変更が生ずるから，財団目録の記録の変更登記を申請しなければならない。

2:6:1:2　財団目録の記録の変更更正登記の申請手続

2:6:1:2:1　申請情報の内容

　財団目録に掲げた物件の表示変更による財団目録の記録の変更更正登記の申請情報の内容は，次のとおりである。

① 登記の目的（工抵規則18条1項，不登令3条5号）

「鉱業財団目録の記録変更（又は更正）」と記載する。
② 登記原因及びその日付（工抵規則18条1項，不登令3条6号）

登記原因及びその日付として，次の例のように変更を生じた事由とその変更の日付を記載する。表示更正の場合は，「錯誤（又は遺漏）」と記載し，日付は記載しない。

a 土地の分筆により地番が変更した場合「平成〇年〇月〇日分筆」

b 建物以外の工作物の面積又は延長の増加の場合「平成〇年〇月〇日増設」

c 土地又は建物の所在の名称の変更又は地番若しくは家屋番号の付替えの場合「平成〇年〇月〇日字名変更又は地番若しくは家屋番号の変更等」

③ 物件の変更更正前の表示と変更更正後の表示

どの物件について登記を申請するかを明確にするため，物件の変更（又は更正）前と変更（又は更正）後の表示をする。実務上は，「別紙変更目録記載のとおり」と記載し，目録を添付している。

a 数個の基本組成単位（鉱区）について設定されている財団の場合は，記録されている財団目録を明らかにするために，物件の属する鉱区の位置を付記する。

b 物件の変更更正前の表示は，財団目録に掲げられているその物件の表示と一致していることを要する。

c 物件の変更更正後の表示（現在の表示）については，後述する変更目録を援用して，「変更目録のとおり」として差し支えない。

d 登記又は登録の制度のある物件については，登記簿又は登録原簿における表示の変更更正の登記又は登録の後に財団目録の記録の変更登記を申請すべきである。工抵法43条は，同法27条を追加の場合にのみ準用しているように読めるが，同条2号の趣旨からすれば，記録物件の表示の変更更正登記についても，その前提として，物件の表示の変更更正登記又は登録をすべきである。

④　申請人の表示（工抵規則18条1項，不登令3条1号，2号）
⑤　申請年月日及び登記所の表示（不登規則34条1項7号，8号）
⑥　代理人の表示（工抵規則18条1項，不登令3条3号）
⑦　登録免許税額（不登規則189条1項）

表示の変更更正による目録の記録の変更更正登記の登録免許税は，登免税法別表第一・五(七)により，財団の数を課税標準として，1個につき6,000円である。表示の変更又は更正の登記をすべき物件が数個であっても，同一申請情報で申請する限り6,000円で足りる。

⑧　財団の表示（鉱抵規則2条，工抵法21条3項，工抵規則18条2項）

財団の登記番号も記載する。

2:6:1:2:2　添付情報

表示の変更更正による財団目録の記録の変更更正登記の申請情報と併せて提供すべき情報は，次のとおりである。

①　申請書の写し

財団事務がコンピュータ化されるまでの間（不登法附則3条）は，申請書の写しを提供する。ただし，登記済証の交付を希望しない場合（不登法21条ただし書，附則6条3項による読替え）は，提供する必要はない。

②　変更目録（工抵法39条）

表示の変更更正による目録の記録の変更更正登記を申請する場合は，変更更正する物件の表示を掲げた目録を提供する。

変更目録は，財団の鉱区ごとに作成する。すなわち，属する鉱区を異にする物件について同時に変更更正登記を申請する場合は，変更目録を鉱区ごとに作成する。同一の鉱区に属する物件を変更するものと更正すべきものがある場合でも，変更目録として同一の目録に記載して差し支えない。

③　抵当権者の同意証明情報（印鑑証明書付）（工抵法15条，38条2項）

登記（仮登記を含む。）された抵当権者全員の情報を提供する。

④　会社法人等番号（不登令7条1項1号イ）
⑤　代理権限証明情報（不登令7条1項2号）

⑥　変更後の配置図面（工抵規則34条）

　財団の所有権の保存登記の申請の際に提供する工作物等の配置を記録した図面に変更が生じた場合，例えば，重要な附属物の配置が変更し，その所属する土地又は工作物を異にしたため，表示変更による目録の記録の変更登記を申請する場合のように，既に提出されている図面に変更を生じたときは，変更後の図面を提供しなければならない。表示更正の場合に図面を訂正すべきときも同様である。この変更更正後の図面の作成方法は，財団の所有権の保存登記の申請情報に添付すべき図面と同様である（2：5：3：3③）。

2：6：1：3　目録の変更更正登記の実行手続

　財団目録の記録の変更更正登記の申請があったときは，登記官は，却下事由の有無を審査し，却下事由がないときは，次の手続をする（工抵法39条～42条）。

① 従前の目録への記録

　表示の変更更正による目録の記録の変更更正登記をする場合は，従前の目録中の物件の表示の側に「変更ヲ生シタル旨（又は更正する旨），申請ノ受付ノ年月日及受付番号」を記録する（工抵法40条）。

② 変更目録（又は更正目録）のつづり込み

　変更目録（又は更正目録）には，申請の受付の年月日及び受付番号を記録しなければならない。登記番号の記録は必要でない（工抵規則17条）。

　追加目録は，従前の鉱区についての財団目録につづり込み，登記官がつづり目に契印するのが相当である（平成16年に削除された工抵法39条2項の趣旨）。

③ 変更更正後の配置図面の記載

　配置図面に変更更正があるときは，変更更正後の図面を提供しなければならない（工抵規則34条1項）。登記官が申請に基づき登記をしたときは，配置図面に申請の受付の年月日及び受付番号を記録しなければならない（同条2項）。図面は，変更前の図面につづり込んでおく。

2:6:2 「新ニ他ノモノヲ財団ニ属セシメタル」とき（組成物件の追加）
2:6:2:1 変更登記をすべき場合
① 「新ニ他ノモノヲ財団ニ属セシメタル」とき（工抵法39条）とは，組成物件とすることができるものを新たに財団に属させる場合をいう。財団の組成鉱区でないB鉱区の物件を財団に属させる場合（B鉱区を組成施設とする場合）又はC鉱区を新設し，C鉱区を既存の財団の組成鉱区として財団に属させる場合も，新たに物件を追加する財団目録の記録の変更登記による。この場合は，財団の表題部の変更登記を併せて申請する。

② 「新ニ他ノモノヲ財団ニ属セシメタルニ因リ」云々との規定は，物件が財団に追加的に属するのは，財団目録の記録の変更登記がされる以前のように読める。しかし，物件は，追加による目録の記録の変更登記がされたときに初めて財団に属するから，追加による目録の記録の変更登記，言い換えれば，目録への記録が財団に属するための効力要件と解すべきである。

③ 財団に属する土地又は建物に附加して一体となった物及びこれに備え付けた機械，器具その他鉱区の用に供する物については，原則として，財団の抵当権の効力が及ぶが（工抵法16条1項・2条1項），それを財団に属させるためには，物件を属させるための目録の記録の変更登記をする必要がある。

④ 既存の財団に新たに属させる追加物件についても，財団の組成物件としての要件を必要とする。すなわち，他人の権利の目的となっていないこと，差押え，仮差押え又は仮処分の目的となっていないこと，登記又は登録あるものについては，それが既登記又は既登録であることを要する。

2:6:2:2 追加による目録の記録の変更登記の申請手続
2:6:2:2:1 管轄登記所

追加による財団目録の記録の変更登記の管轄登記所は，現にその財団を管轄している登記所である。新たに追加する物件（不動産等）が他の登記所の管轄に属している場合においても，現にその財団の管轄登記所である登記所に申請すればよく，管轄登記所の指定（工抵法17条2項）は必要でない。既

設の財団に他の鉱区を属させる場合において，その鉱区の所在地が他の登記所の管内にある場合においても同様である（昭26．5．17民事甲1005号民事局長通達）。

2:6:2:2:2　申請情報の内容

追加による財団目録の記録の変更登記の申請情報の内容は，次のとおりである。

① 登記の目的（工抵規則18条1項・不登令3条5号）

「鉱業財団目録の記録変更」と記載する。

② 登記原因及びその日付（工抵規則18条1項・不登令3条6号）

物件を新たに財団目録に記録することにより，その物件が財団に属するから，追加による目録の記録の変更登記の登記原因は存在しないので，登記原因及びその日付は記載しない。

③ 追加する物件の表示

どのような物件を新たに財団に属させるかを明確にするため，登記の目的の記録の一部として，追加物件を表示する。追加による目録の記録の変更登記を申請する場合は，追加目録を提供するから，この追加目録の記載を援用し，「追加目録記載のとおり」と記載して差し支えない。

新たな鉱区を組成鉱区とするための組成物件の追加による財団目録の記録の変更登記を申請する場合は，必ずその鉱区に属する土地，建物又は地上権若しくは不動産の賃借権を追加物件としなければならない。この場合は，財団の組成鉱区を追加する財団の表題部の変更登記の申請も併せてしなければならない。

④ 申請人の表示（工抵規則18条1項・不登令3条1号，2号）
⑤ 添付情報の表示（不登規則34条1項6号）
⑥ 申請年月日及び登記所の表示（不登規則34条1項7号，8号）
⑦ 代理人の表示（不登令3条3号）
⑧ 登録免許税額（不登規則189条1項）

登録免許税は，追加物件の個数に関係なく，財団の数を課税標準として，

その1個につき6,000円である（税法別表第一・五㈦）。
⑨　鉱業財団の表示（工抵法21条3項，工抵規則18条2項）
　　財団の登記番号も記載する。

2:6:2:2:3　添付情報

　追加による財団目録の記録の変更登記の申請をする場合に提供すべき情報は，次のとおりである。
①　（申請書の写し）
②　追加物件目録
　　追加による財団目録の記録の変更登記を申請する場合は，追加する物件の表示を掲げた目録を提供しなければならない（工抵法39条）。この目録も鉱区ごとに作成する。
③　抵当権者の同意証明情報（工抵法15条，38条2項）
　　追加による財団目録の記録の変更登記の申請は，抵当権者（全員）の同意証明情報の提供を必要とする。同意証明情報の内容は，いかなる物件を追加するものであるか具体的に証するものでなければならない。(注)
④　会社法人等番号（不登令7条1項1号イ）
⑤　代理権限証明情報（不登令7条1項2号）
⑥　印鑑証明書（不登令19条）
⑦　変更後の配置図面
　　新たに物件を追加したことにより，前に提出されている配置図面に，追加物件を記載する必要がある場合は，変更後の配置図面を提供しなければならない（工抵規則34条）。この図面も鉱区ごとに作成する（同規則22条2項）。また，鉱区を追加する場合は，新たに配置図面を提供する。

(注)　同意証明情報を必要とする理由は，工抵法38条1項の「工場財団目録ニ掲ケタル事項ニ変更ヲ生シタルトキ」には，新たに他の物を財団に属させたときが含まれること，及び不実の登記を抵当権者のチェックによって防止することにあるといわれる。しかし，新たな物件を財団に属させることは抵当権者の利益になる

ことであり，不実登記防止という理由は，追加物件については財団組成手続と同じ手続を採るのであるから，それとの比較においても権衡を失するという指摘がある（平野45）。

2:6:2:3　追加による変更登記の実行手続
追加による財団目録の記録の変更登記の実行手続は，次のとおりである。
2:6:2:3:1　却下事由の審査
不登法25条各号の却下事由及び管轄登記所の管轄に属する登記のある追加物件についての工抵法27条1号又は2号（未登記の場合を含む。）の却下事由の有無を審査し，却下事由があれば即日補正されない限り直ちに申請を却下し，却下事由がなければ次の手続をする。
2:6:2:3:2　変更登記の手続
① 追加物件中，管轄に属する登記のある物件の登記記録の権利部（甲区事項欄）に，新たに財団に属させる財団目録の記録の変更登記の申請があった旨，申請受付の年月日及び受付番号を記録する（工抵法43条・23条1項）。

追加する物件が財団の管轄登記所において登記されている物件のみであるときは，「財団に属した」旨の記録と併せて，その記録をして差し支えない。

② 追加物件中に他の登記所又は官庁の管轄に属する登記又は登録制度のある物件があるときは，登記所又は登録官庁に財団に物件を追加する財団目録の記録の変更登記の申請があった旨を通知する（工抵法43条・23条2項，4項）。この場合の通知書は，財団準則の附録第9号様式（工4:4:2:1:2）を準用する（財団準則21条・13条）。

③ 通知を受けた登記所又は登録官庁は，物件の登記記録又は登録原簿の相当欄に，登記の申請があった旨を記録・記載し，登記事項証明書又は登録原簿の謄本を通知を発した登記所に送付する（工抵法43条・23条3項，4項）。
2:6:2:3:3　公告手続
① 追加物件のうち，登記又は登録の制度のない一般の動産がある場合は，

官報によって追加により財団に属すべき動産についての権利を有する者又は差押え，仮差押え若しくは仮処分の債権者は，一定の期間内（1か月以上3か月以内）に権利を申し出るべき旨を公告しなければならない（工抵法43条・24条1項，財団準則8条1項附録第5号）
② 公告期間内に第三者が権利を申し出たときは，遅滞なく，その旨を変更登記の申請人に通知しなければならない（工抵法43条・26条）。
③ 以上の手続をした後において，送付された登記事項証明書又は登録原簿の謄本により，工抵法27条各号の却下事由の有無を審査し，却下事由があれば，変更登記の申請を却下する。

2:6:2:3:4 却下したときの手続

通知又は公告後に申請を却下したときは，追加による目録の記録の変更登記の申請があった旨の記録を抹消しなければならない。管轄登記所自らが抹消するほか，通知を受けた登記所又は登録官庁に対して，遅滞なく申請を却下した旨の通知をし，通知を受けた登記所又は登録官庁は，先にした記録を抹消しなければならない（工抵法43条・28条）。

公告期間の満了前に申請を却下した場合には，公告を官報によって取り消さなければならない（同条・24条2項）。

2:6:2:3:5 変更登記の実行

却下事由のない場合は，次のとおり登記を実行する。
① 追加された物件の属する鉱区についての財団目録の末尾に「新ニ他ノモノヲ財団ニ属セシメタル旨，申請ノ受付ノ年月日及受付番号」を記録し（工抵法41条），登記官印を押印する。
② 追加目録には，申請の受付年月日及び受付番号を記録して，これを前の目録につづり込み（工抵規則17条），登記官印を押印する。

新たに鉱区を追加した場合，追加目録は追加鉱区のものであるから，目録には申請の受付年月日及び受付番号のほか，財団の登記番号を記録する。
③ 変更後の配置図面の提供があった場合は，図面に申請の受付年月日及び受付番号を記録する。鉱区追加の場合の追加目録には，財団の登記番号も

記録するが，つづり込みは必要でない。
④　追加による目録の記録の変更登記をしたときは，追加物件の登記簿又は登録原簿にその物件が財団に属した旨の記録・記載をしなければならない（工抵法43条・34条）。管轄登記所は，管轄に属する物件の登記記録の権利部（甲区事項欄）に記録するとともに，他の登記所又は登録官庁の管轄に属する物件については，登記所又は登録官庁に財団に属した旨を通知し，通知を受けた登記所又は登録官庁は，同じく財団に属した旨の記録又は登録をする。

2:6:2:3:6　失効した登記の抹消手続

①　追加による目録の記録の変更登記をした場合は，追加物件について記録した後にされた差押え，仮差押え，仮処分又は先取特権保存の登記は，効力を失うから，登記を抹消する（工抵法43条・37条）。

　抵当権の登記がされていない場合は，追加による目録の記録の変更登記をしただけでは効力を失わないから，直ちに抹消すべきではない。
②　抵当権の登記はされているが，実体上消滅しているときは，差押え等の登記は直ちに効力を失うか。これは，財団の所有権の保存登記の場合においても，実体上無効な抵当権の設定登記がされた場合にも，直ちに差押え等の登記が効力を失うべきかどうか同様に問題になる。この点は，動産についての適用（工抵法43条・33条3項）上も同様の問題を生ずる。
③　抵当権の登記がされている場合に，追加物件について差押え等の登記がされているときは，管轄登記所は，直ちにこれを抹消すると同時に他の登記所又は登録官庁に，登記又は登録があれば抹消すべき旨を通知し（通知は，財団に属した旨の通知とともにすればよい。），通知を受けた登記所又は登録官庁は，差押え等の登記又は登録を抹消する。
④　抵当権の登記がされていない場合は，追加による変更登記をしても，管轄登記所自ら差押え等の登記を抹消すべきでないし，抹消すべき旨の通知をすべきでない。後にその財団につき抵当権の設定登記がされたときに抹消し，又はその旨の通知をして，他の登記所又は登録官庁は，登記又は登

録を抹消することになる。

2:6:2:4　財団の表題部の変更登記が必要な場合

　追加による財団目録の記録の変更登記をする場合に，財団の鉱区となっていないB鉱区に属している物件を追加するときは，追加する物件で一つの基本組成単位として財団を設定できる範囲の組成物件を追加しなければならない。

　例えば，B鉱区に属している動産のみを追加することはできないのであって，必ずB鉱区（に属する採掘権）に属する不動産等を含んでいる必要がある。したがって，このような他の鉱区に属する物件を追加する場合は，財団は，それまでのA鉱区とB鉱区について設定されたものとなるから，表題部の変更登記を追加による目録の記録の変更登記の申請と同時に申請すべきである。

　なお，追加による目録の記録の変更登記の申請がされ，登記が完了しない間に，財団について抵当権の設定登記の申請があった場合は，却下事由の存しない限り，変更登記の完了を待たずに抵当権の設定登記をして差し支えない。

2:6:3　「財団ニ属セサルニ至リタル」とき（組成物件の分離）

2:6:3:1　分離による変更登記をすべき場合

　「財団ニ属シタルモノカ‥‥財団ニ属セサルニ至リタル」場合（工抵法42条）は，財団目録の記録の変更登記を，次の場合に申請すべきである（同法38条1項）。次の場合である。

① 　財団に属していた物件が，財団から分離される場合（同法15条）
② 　財団に属している機械，器具等の動産について民法192条の要件を充足したことにより完全に第三者の所有に帰した場合
③ 　組成物件である土地について取得時効が完成して第三者の所有に帰した場合
④ 　土地収用法により収用されて財団所有者の所有でなくなった場合

2:6:3:2　分離による変更登記をすることができない場合

　財団は，鉱区単位に設定されるから，鉱区を組成する権利が財団に属していなければならない。すなわち，採掘権である。したがって，1個の鉱区について設定された財団から，必要不可欠な組成物件である採掘権がなくなるような分離による変更登記はできない（昭25.4.21民事甲1054号民事局長通達）。財団の全ての採掘権を分離するときは，財団の消滅登記をすることになる。

　また，数個の鉱区について設定された財団では，そのうちのA鉱区の必要的組成物件の全部が分離した場合は，A鉱区そのものが財団から分離されることになるから，機械，器具等の動産のみを組成物件として残すことはできない（昭44.6.5民事甲1215号民事局長回答）。

　なお，数個の鉱区について設定されている財団のうちA鉱区の組成物件の全部を分離することによる財団目録の記録の変更登記を申請する場合は，併せて財団の表題部の変更登記を申請しなければならない。

2:6:3:3　分離による財団目録の変更登記の申請手続

2:6:3:3:1　申請情報の内容

　財団に属しなくなったことによる財団目録の記録の変更登記の申請情報の内容は，次のとおりである。

① 　登記の目的（工抵規則18条1項・不登令3条5号）

　「鉱業財団目録の記録変更」と記載する。

② 　登記原因及びその日付（工抵規則18条1項・不登令3条6号）

　抵当権者の同意を得て分離する場合（工抵法15条1項）の登記原因は，抵当権者の同意が登記原因ではなく，分離による目録の記録の変更登記により分離されたことであるから，分離した日を原因日付として差し支えない。第三者がその物件を収用，時効取得又は即時取得を原因として所有権又は質権等を取得したことにより，財団に属しなくなった場合は，第三者の権利取得が登記の原因であるから，その日を登記原因の日付とし，「年月日分離」とする。

③ 　分離物件の表示

財団から分離する（した）物件を記載する。数個の鉱区について設定されている財団の場合は，所属する鉱区の名称を付記する。分離した物件が多数あるときは，物件を記載した書面（目録）を「分離目録記載のとおり」として提供して差し支えない。
④　申請人の表示（工抵規則18条1項・不登令3条1号，2号）
⑤　添付情報の表示（不登規則34条1項6号）
⑥　申請年月日及び登記所の表示（不登規則34条1項7号，8号）
⑦　代理人の表示（不登令3条3号）
⑧　登録免許税額（不登規則189条1項）

　　分離による財団目録の記録の変更登記の登録免許税は，物件の個数に関係なく6,000円であるから（税法別表第一・五㈦），登録免許税額を記載する。
⑨　財団の表示（鉱抵規則2条，工抵法21条3項，工抵規則18条2項）

2:6:3:3:2　添付情報

①　（申請書の写し）
②　抵当権者の同意証明情報（工抵法15条，38条2項）

　　財団に属するものを分離することについては，抵当権者の同意を必要とするから，同意を得ていることを明らかにする。

　　財団に属するものを抵当権者の同意を得て分離する手続を経ずに，工抵法13条2項に違背して譲渡，質入れ等がされ，第三取得者が民法192条所定の要件を充足したことにより完全に所有権又は質権を取得し，あるいは取得時効の完成又は収用により第三者が所有権を取得したことにより，物件が財団に属しなくなった場合は，その旨を明らかにする。

【判例】工場財団に属する動産についての民法192条の適否

　財団の組成物件について採掘権者が抵当権者の同意を得ないで分離した物件については，工抵法15条の反対解釈から，抵当権はどこまでも追及していくことができるか。問題は，財団に属する動産について，民法192条の即時取得が適用されるか否かである。すなわち，鉱業財団については，工場抵

当法の工場財団に関する規定が準用されるが，工場財団については，狭義の工場抵当（工抵法5条2項）と異なり，明文の規定がないところからこのような疑問が出るのである。この点につき工場財団についての判例は，「工場財団は1個の不動産と看做され，工場財団に属する動産はその譲渡を禁止されているのであるが，かかる動産といえども右財団から分離され第三者に譲渡，引渡された場合，たとえその処分が不当であってもその譲渡引渡を受けた第三者に公然，平穏，善意，無過失の要件を具備するときはこれを保護すべきであるから，特に工場抵当法にその旨の明文がなくとも民法第192条の適用があると解すべきである。」としている。鉱業財団についても同様に解すべきである。したがって，財団に属している動産の占有者が，これらの要件を満たすときは，抵当権の負担のない完全な権利を取得することになり，抵当権は消滅する（昭36.9.15最二小判・民集15-8-2172）。

なお，「工5：2」において判決年を「昭39」と誤って表記したので，訂正する。

[別記様式] 抵当権者の同意証明情報

```
       同意書
  1  鉱業財団の表示（略）
  2  平成○年○月○日分離（又は滅失）による目録変更
  3  分離物件の表示
        昇降機1台  ○○会社平成○年○月製造
  4  抵当権の表示
        ○○法務局○○出張所  平成○年○月○日受付第○○○○号
     当行は，上記鉱業財団目録記録の変更登記をすることに同意します。
  平成○年○月○日
        ○市○町○丁目○番○号
           抵当権者  株式会社○○銀行
```

代表取締役	○○　○○　㊞

③　管轄指定を証する情報（工抵規則19条）

　　財団に属する物件を財団から分離する場合，その物件を除いたA鉱区の残余物件では財団を組成できないときは，分離による目録の記録の変更登記はできないことは，既述（2:6:3:2）のとおりである。したがって，数個の鉱区をもって組成する財団について，このような分離をするときは，その鉱区に属する物件の全部，換言すれば，A鉱区自体を分離することになる。

　　A鉱区を分離することによって，残存するB鉱区がその財団を管轄する登記所の管轄地内に存在しなくなる場合は，財団の登記記録等を分離等の後の財団に属するB鉱区の所在地を管轄する登記所に移送し，その登記所が財団の管轄登記所となる（工抵法38条1項，工抵規則27条2項・31条）。

　　残存するB鉱区が乙登記所の管轄地内にある場合は，乙登記所が当然に管轄登記所となるから（工抵法17条1項），乙登記所に移送をする。

　　残存する鉱区が1個であっても，それが乙丙の2登記所の管轄地内にまたがっている場合，又は残存する鉱区が2個以上あり，それが異なる乙丙登記所の管轄地内にある場合は，管轄登記所の指定を受け（同条2項），指定された登記所に移送する。

　　したがって，鉱区の分離による変更登記の結果，残存する鉱区がいずれもその財団の従来の管轄登記所の管轄地内に存在しなくなる場合で，残存する鉱区が2か所以上の登記所の管轄に属するときは，変更登記を申請する前に，変更登記後の財団の管轄登記所の指定を申請し（同項），管轄登記所の指定があったことを証する情報を提供しなければならない（工抵規則19条）。この場合，変更登記を申請するのは指定を受けた登記所ではなく，従前の財団の管轄登記所である。

④　会社法人等番号（不登令7条1項1号イ）

⑤　代理権限証明情報（工抵規則 18 条 1 項，不登令 7 条 1 項 2 号）
⑥　印鑑証明書（不登令 19 条）
⑦　変更後の配置図面

　　鉱区に属する土地，工作物及び重要な附属物を財団から分離し，それによる変更登記を申請する場合は，図面の内容に変更が生ずるから，変更後の配置図面を提供する（工抵規則 34 条 1 項）。組成鉱区が数個の場合に，その 1 個又は数個の鉱区の組成物件全部を分離するときは，変更後の図面を提供する必要はない。

2:6:3:4　分離による財団目録の記録の変更登記手続

2:6:3:4:1　却下事由の有無の審査

　分離等による変更登記の申請についての却下事由に関しては，一般の場合と同様である。ただし，前述した分離等のできない場合に該当する申請があったときは，申請が登記事項以外の事項を目的とするとき（不登法 25 条 2 号）に該当するものとして，却下すべきである。

2:6:3:4:2　財団目録への記録

　財団目録中財団に属さなくなった物件の表示の側に「財団ニ属セサルニ至リタル旨，申請ノ受付ノ年月日及受付番号」を記録して，物件の表示を抹消する記号を記録する（工抵法 42 条）。

2:6:3:4:3　所有権の保存登記の申請があった旨及び財団に属した旨の記録の抹消登記

　財団の組成物件については，処分が制限されているので（工抵法 29 条，13 条 2 項），登記又は登録の制度のある物件については，処分制限を公示するため，登記記録又は登録原簿に物件について財団に属すべきものとして財団の所有権の保存登記申請があった旨（同法 23 条 1 項）及び物件が財団に属した旨の記録（登記又は登録，同法 34 条）がされている。したがって，物件が財団に属さなくなったときは，記録を抹消する（同法 44 条 1 項）。

①　財団に属さなくなった登記のある物件が，分離による財団目録の記録の変更登記の登記所の管轄に属する場合は，変更登記をした後，物件の登記

記録中工抵法 23 条及び 34 条による記録がされている事項欄に，物件が財団に属さなくなったことによる財団目録の記録の変更登記の申請があった旨を記録するほか，申請の受付年月日，受付番号及び工抵法 23 条及び 34 条の記録を抹消する旨を記録して，登記官が押捺し記録を抹消する（工抵法 44 条 1 項）。

② ①の物件が，他の登記所又は登録官庁の管轄に属するときは，登記所は，物件の管轄登記所又は登録官庁に遅滞なく，物件が財団に属さなくなった旨を通知しなければならない（工抵法 44 条 2 項，4 項，財団準則 22 条）。

③ ②の通知を受けた登記所又は登録官庁は，物件の登記記録又は登録原簿における工抵法 23 条及び 34 条による記録がされている欄に，通知の受付年月日，受付番号及び財団に属しなくなった旨を記録し，同規定による記録・記載を抹消する（工抵法 44 条 3 項）。

④ これらの手続は，財団に属した自動車等が分離した場合に準用する（工抵法 44 条 4 項）。

2:6:3:4:4　管轄指定の登記所への移送手続

分離等による財団目録の記録の変更登記をした結果，財団の基本組成単位である鉱区が全てその登記所の管轄地内に存在しなくなったときは，財団に関する登記記録及び附属書類（図面を含む。）又は謄本並びに財団目録を，残余の鉱区の所在地を管轄する登記所又は管轄指定を受けた登記所に移送しなければならない（不登規則 32 条，不登準則 8 条，旧工抵手続 17 条ノ 3・17 条ノ 2）。

2:6:3:4:5　財団の表題部の変更登記をすべき場合

数個の鉱区について設定されている財団から，組成する 1 以上の鉱区（に属する物件全部）を分離する財団目録の記録の変更登記を申請する場合は，同時に財団の表題部の変更登記を申請しなければならない。

2:6:4　「財団ニ属シタルモノカ滅失シ」た場合（組成物件の滅失）

2:6:4:1　変更登記をする場合

財団に属している工作物若しくは機械，器具等が滅失したとき，又は地上権，賃借権若しくは工業所有権等の権利が消滅したときは，財団目録の記録

の変更登記を申請しなければならない（工抵法38条，42条）。ここで「滅失」とは，必ずしも物理的な消滅のみではなくて，その物が経済的効用を失った場合を含む。

2:6:4:2　組成物件の滅失と財団の消滅

財団に属している物件が滅失したことにより，残存する物件のみでは鉱区を構成することができないときは，財団は消滅（工抵法44条ノ2）に準じて取り扱われる。

① 1個の鉱区について設定されている財団が，その鉱区に属する土地・建物と機械，器具等をもって組成されていた場合に土地に関する権利が残っていないときは，機械，器具等が残っていても基本組成単位を構成できないから，財団は滅失に準じて取り扱われる。財団が消滅するのは，残存する物件のみでは財団を設定できないとき，すなわち財団の設定の基本組成単位の必要不可欠な物件又は権利が残存しなくなったときである。

② 数個の鉱区について設定されている財団の一部であるA鉱区について必要不可欠な物件又は権利が存在しなくなったときは，A鉱区が財団の基本組成単位でなくなったものとして，財団目録の記録の変更登記を申請すると同時に，財団の表題部の変更登記を申請する。

③ 1個の鉱区について設定されている財団の必要不可欠な物件又は権利が滅失又は消滅したときは，抵当権者全員の同意証明情報を提供して，滅失等による財団目録の記録の変更登記を申請すると同時に，財団の消滅登記の申請をする。この場合，所有権及び抵当権の登記以外の登記がされているときは，登記名義人の同意証明情報も提供しなければならない。

④ 滅失した物件に火災保険が付されている場合，財団の抵当権は，保険金請求権に物上代位をすることができる。また，残存物件（機械，器具など）に対しても，物上代位により追及することができると解する（精義1798）。

2:6:4:3　滅失による財団目録の記録の変更登記の申請手続
2:6:4:3:1　申請情報の内容
　財団に属する物件の滅失による財団目録の記録の変更登記の申請情報の内容は，分離等によるそれとほぼ同様であり（2:6:3:3:1），分離等した物件の代わりに滅失した物件又は権利を記載する。
2:6:4:3:2　添付情報
　添付情報についても，分離の場合と全く同様である（2:6:3:3:2）。滅失による財団目録の記録の変更登記の申請について抵当権者の同意証明情報を必要とするのは，登記又は登録のある物件について，先にその物件の登記簿又は登録原簿に滅失の登記又は登録がされるとは限らず，また，その登記又は登録が滅失による目録の記録の変更登記の前提要件とされていないから，登記官は滅失したかどうかを審査することができない。そこで，滅失につき最も利害関係がある財団の抵当権者の同意証明情報を提供させることにより，滅失による登記の申請を担保する。
2:6:4:4　滅失による変更登記の実行手続
　滅失による変更登記の実行手続についても，分離による場合に準じてされるが，登記又は登録の制度のある滅失物件又は消滅権利について，登記簿又は登録原簿に既に滅失若しくは消滅の登記又は登録がされ，したがって，登記簿又は登録原簿が閉鎖されているときは，工抵法23条及び34条の準用による記録の抹消は問題にならない。
2:6:4:5　滅失による財団の表題部の変更登記
　数個の鉱区について設定されている財団のうちの一つの鉱区を残して他の鉱区に属する物件又は権利がすべて滅失又は消滅したときは，滅失による財団目録の記録の変更登記の申請と同時に，財団の表題部の変更登記を申請すべきである。
　基本組成単位の必要不可欠な物件又は権利が滅失又は消滅して，残存する物件のみでは鉱区を組成できないときは，財団の表題部の変更登記を申請すべきではあるが，残存する機械，器具等の物件についても，「財団ニ属シタ

ルモノカ……財団ニ属セサルニ至リタル」とき（工抵法42条）に該当するものとして，それらの機械，器具等の全部を財団に属さないことによる財団目録の記録の変更登記を，滅失物件又は消滅権利と併せて申請すべきである。

　もっとも，この機械，器具等についての変更登記の申請についても，抵当権者の同意を要するが，抵当権者は同意を拒否することはできない。しかし抵当権者は，それらの機械，器具等につき物上代位により抵当権を追及することができることは，既述（2：6：4：2④）のとおりである。

2：6：4：6　財団の消滅の登記を申請する場合

　財団を組成する必要不可欠な物件又は権利がすべて滅失又は消滅した場合は，財団が消滅することは，既述（2：6：4：2）のとおりであるが，この場合は，抵当権者全員の同意証明情報を提供して，滅失による財団目録の記録の変更登記の申請をすると同時に，財団を目的とする所有権及び抵当権の登記以外の登記（差押えの登記等）があるときは，登記名義人の同意証明情報を提供して財団の消滅登記を申請する。

2：6：5　財団目録の記録の更正登記

2：6：5：1　更正登記をする場合

　登記簿の一部とみなされた財団目録の記録に錯誤又は遺漏がある場合は，財団目録の記録の更正登記をする。次のような場合である。

　a　財団目録に記録されている組成物件の表示に誤りがあり，又は表示事項が遺漏しているとき

　b　物件が滅失していないにもかかわらず，滅失による目録の記録の変更登記がされたとき

　c　分離による目録の記録の変更登記が誤ってされたとき

　d　組成物件として財団に所属させるための要件を欠いている物件（例えば，他人の所有又は他人の権利の目的となっているもの）が財団目録に記録されたとき

2:6:5:2　財団目録の記録の更正登記の申請手続
2:6:5:2:1　申請情報の内容

　財団目録の記録の更正登記をする場合の申請情報の内容は，次のとおりである。

① 登記の目的（工抵規則18条1項・不登令3条5号）
　「鉱業財団目録の記録更正」と記載する。
② 登記原因及びその日付（工抵規則18条1項・不登令3条6号）
　「錯誤」又は「遺漏」と記載する。日付は記載しない。
③ 更正前及び更正後の物件の表示
　　記録物件の表示更正の場合には，更正前のその物件の表示をして（この表示は，財団目録における物件の表示と符合していなければならない。），更正後の物件の表示をする。数個の鉱区をもって組成された財団の場合は，物件の属する鉱区の名称を付記する。
④ 申請人の表示（工抵規則18条1項・不登令3条1号，2号）
⑤ 添付情報の表示（不登規則34条1項6号）
⑥ 申請年月日及び登記所の表示（不登規則34条1項7号，8号）
⑦ 代理人の表示（不登令3条3号）
⑧ 登録免許税額（不登規則189条1項）
　　登録免許税は，財団の数を課税標準として，1個につき6,000円である（税法別表第一・五(七)）。
⑨ 財団の表示（鉱抵規則2条，工抵法21条3項，工抵規則18条2項）

2:6:5:2:2　添付情報

① （申請書の写し）
② 表示の更正目録又は追加目録
　　財団目録に記録した物件の表示の更正登記を申請するときは，更正後の物件を表示した更正目録を，錯誤により滅失又は分離による登記をしたことによる更正登記を申請するときは，物件の表示をした追加目録をそれぞれ提供する。

③　抵当権者の同意証明情報（工抵法15条，38条2項）
④　会社法人等番号（不登令7条1項1号イ）
⑤　代理権限証明情報（工抵規則18条1項，不登令7条1項2号）
⑥　印鑑証明書（不登令19条）

2:6:5:3　財団目録の記録の更正登記の手続
　財団目録の記録の更正登記の手続は，次のとおりである。
①　表示の更正のときは，表示の変更登記の手続に準じてする。
②　錯誤による滅失又は分離による登記を更正するときは，新たに物件を追加したときの手続に準じてする。
③　財団に属していない物件が目録に記載されているのを更正するときは，分離による目録の記録の変更登記に準じてする。

2:6:6　財団目録の記録の変更更正登記の効力

　財団目録の記録物件の表示に変更が生じ，又はそれが滅失若しくは消滅したことによりする変更登記は，既に生じている事実を財団目録に反映させるためのものであって，それ自体は第三者対抗要件となるものではない。組成物件の表示を真実に合致させ，又は滅失したことにより存在しない物件が，財団目録に記録されている不都合を除くためにするものである。

2:6:6:1　分離による変更登記
　財団に属する物件を抵当権者の同意を得て財団から分離したときは，抵当権は，その物件について消滅するが，この場合にする変更登記は，物件が財団に属さないものとなることの要件と解すべきである。

2:6:6:2　追加による変更登記
　追加による変更登記は，既述（2:6:2:1②）のように，追加物件が財団の組成物件となるための効力要件であって，変更登記によって初めて物件は財団に属する。

2:6:6:3　更正登記
①　表示の更正登記は，表示の変更登記と同一の効力を有する。錯誤により滅失又は分離の登記を是正する場合の更正登記は，物件が財団に属してい

ることの要件と解すべきである。
② 財団に属させることのできない物件が属していたことによる更正登記については，
　　a　組成物件とすることができないもの（工抵法11条各号掲記の物件でないもの）については，更正登記をしなくても，物件が財団に属していない関係は同じであって，公示上それを明らかにする登記にすぎない。
　　b　登記又は登録の制度のない動産以外の第三者の所有物件が目録に記録され，これを更正する登記については，登記をしなくても物件は財団に属していないのであるから，財団に属さなくなることの要件ではない。
③ 所有権以外の第三者の権利又は差押え等の目的となっているため組成物件としての適格を欠いているもの（登記又は登録の制度のない動産以外の物件）については，第三者の権利又は差押え等の登記又は登録がされている限り，更正登記をして財団目録の記録から除かなくても，第三者の権利又は差押え等は失効しない。しかし，第三者の権利又は差押え等の登記又は登録がされていないときは，財団目録の記録から除かれない間に財団について権利の登記を受けた第三者に対しては，物件の上の所有権以外の権利又は差押え等を主張することができないことになる。

2：7　財団の表題部の変更更正登記

　財団の表題部の変更登記とは，財団登記簿に登記された財団の表題部に変更が生じた場合に，登記記録の表示を変更後の表示に合致させるための登記である（工抵規則27条1項）。

　財団登記簿には，財団の表示として基本組成単位（鉱区）ごとに鉱区の位置，鉱物の名称，鉱区の面積，鉱業権の登録番号及び鉱業事務所の所在地を記録する（鉱抵規則2条）。さらに，財団を組成する基本物件，すなわち，採掘権を新たに既存の財団に追加し，又はこれらの基本物件の数個をもって設定組成されている既存の財団から一部の基本物件を分離（財団目録の記録の変更登記による。）した場合（以下「鉱区の分割，合併又は分合」という。）

は，財団の表示に変更が生ずるから，財団の表題部の変更登記を申請しなければならない。

既存の財団の基本物件が消滅又は滅失した場合も，財団の表題部の変更登記を申請しなければならない。

なお，財団の表示事項に登記の当初から錯誤又は遺漏がある場合は，財団の表題部の更正登記を申請しなければならない。

2:7:1 鉱区の分割，合併若しくは分合又は増減

① 採掘権者は，鉱区の分割又は同種の鉱床に存在する鉱物の鉱区の合併を出願することができ，また，鉱区を分割して，これを同種の鉱床中にある鉱物の他の鉱区に合併し，又は同種の鉱床中にある鉱物の2以上の鉱区の各一部を分割し，これを合併して，一つの鉱区とする出願をすることができる（鉱業法50条）。

② 問題は，抵当権の設定されている採掘権は，抵当権者の承諾がなければ出願できないが（鉱業法51条），抵当権の目的となっていない採掘権で財団に属しているものについて，出願することができるかどうかである。

鉱区の分割若しくは合併又は分合は，鉱抵法3条により準用される工抵法13条2項に違背するものではないし，財団に属している採掘権も，分割，合併又は分合を必要とすることもあり得るから，認めない理由はない。ただし，財団が抵当権の目的となっている場合は，分割，合併等の出願について抵当権者全員の同意が必要であり（鉱業法51条の類推適用），財団に属する採掘権の鉱区の合併又は分合は，財団の合併に直接関連するので，財団の合併の要件との関係において，鉱区の合併又は分合は制限される。

③ すなわち，数個の財団の合併は，2個以上の財団が抵当権の目的となっているとき又は財団について所有権及び抵当権の登記以外の登記がされているときは，合併は認められないから（鉱抵法3条，工抵法42条ノ3第1項ただし書），抵当権の目的である2個以上の財団に属する各採掘権については，鉱区の合併はできないし，差押え，仮差押え，仮処分等の処分制限の登記又は所有権に関する仮登記のされている財団に属する採掘権の鉱区につい

ても合併はできない。このような財団に属する採掘権の鉱区を分割して合併する分合もできないと解すべきである。

2:7:2 鉱区の分割等と財団に関する所要の登記

2:7:2:1 採掘権の鉱区の分割

財団に属するＡ採掘権が鉱区の分割によりＢ採掘権とＣ採掘権になった場合は，Ａ採掘権に関する財団目録をＢ採掘権とＣ採掘権に関する別つづりの財団目録として，従前の組成物件をＢ採掘権とＣ採掘権による鉱業に関する物件に区分して，それぞれの財団目録の記録の変更登記を申請すると同時に（この申請については，各抵当権者の同意証明情報が必要である。），財団がＢ採掘権とＣ採掘権をもって組成されたものとする財団の表題部の変更登記を併せて申請しなければならない。

2:7:2:2 採掘権の鉱区の合併

2:7:2:2:1 同一の財団に属する採掘権の鉱区の合併

同一の財団に属するＡ採掘権とＢ採掘権が鉱区の合併によりＣ採掘権となった場合は，Ａ採掘権とＢ採掘権に関して別つづりとして作成されていた財団目録をＣ採掘権の１つづりの財団目録として，目録に従前の組成物件の全部を併せて記録する財団目録の記録の変更登記を申請すると同時に（この申請についても抵当権者の同意証明情報が必要である。），財団がＣ採掘権をもって組成されることになったことによる財団の表題部の変更登記を併せて申請しなければならない。

2:7:2:2:2 財団に属する採掘権と属さない採掘権の鉱区の合併

財団に属するＡ採掘権と財団に属さないＢ採掘権がその鉱区の合併によりＣ採掘権となった場合，Ｃ採掘権は，Ａ採掘権の属している財団に属するもの（財団は，Ｃ採掘権をもって組成されたものとなるもの）と解すべきであるから，従前の財団目録に記録されていたＡ採掘権が鉱区の合併によりＣ採掘権となったことによるＡ採掘権の表題部の変更による財団目録の記録の変更登記の申請と同時に，財団がＣ採掘権をもって組成されたことによる財団の表題部の変更登記を申請しなければならない。

この場合，合併前のB採掘権による鉱業に関する組成物件となり得るもの（合併後のC採掘権による鉱業に関する組成物件となり得るもの）を財団に新たに追加する財団目録の記録の変更登記をA採掘権の合併による表題部の変更登記と併せて申請して差し支えない。

2:7:2:2:3 異なる財団に属する採掘権の鉱区の合併

① 甲財団に属するA採掘権と乙財団に属するB採掘権が鉱区の合併によりC採掘権となった場合（この場合は，甲及び乙の財団は，抵当権の目的となっていないか又は甲，乙いずれかの財団のみが抵当権の目的となっているものとする。），C採掘権は，甲又は乙のいずれかの財団に属するものとなるが，登記手続としては，まず，甲財団と乙財団の合併登記を申請しなければならない。

② 財団が抵当権の目的となっているときは，合併後の財団を抵当権の目的となっている甲財団とし，甲財団がA，Bの採掘権をもって組成されたものとした上で，同一の財団に属するA及びBの採掘権がその鉱区の合併によりC採掘権となった2:7:2:2:1と同様の財団目録の記録の変更登記と合併後の甲財団の表題部の変更登記を併せて申請する。もっとも，甲及び乙の財団の合併を先行させ，その後にA採掘権とB採掘権の鉱区の合併をすれば，2:7:2:2:1と同一となる。

③ 甲及び乙の財団がいずれも抵当権の目的となっているときは，鉱業法51条による抵当権者の同意と合併後の財団の抵当権の順位の協定がされても，かかる採掘権の鉱区の合併はできないと解すべきである。

2:7:2:3 採掘権の分合

① 甲財団に属するA採掘権の鉱区を分割し，分割後の鉱区となるべきものを，甲財団に属するB採掘権の鉱区に合併した場合は，A採掘権がその鉱区の一部を分割した後の残部の鉱区の採掘権となり，B採掘権が分割されたA採掘権の鉱区の一部を合併した採掘権となる。したがって，甲財団に属するA及びBの採掘権の表示に変更が生ずるとともに，A採掘権の鉱区の分割された一部（B採掘権の鉱区に合併された部分）に属する鉱業に関

する従前の組成物件が合併後のB採掘権の鉱業に関する組成物件となる。

そうすると，A及びBの採掘権ごとに別つづりとされていた財団目録の記録の変更が生ずるので，財団目録の記録の変更登記を申請し，また，組成採掘権の表示の変更に伴う財団の表題部の変更登記を併せて申請しなければならない。

② 甲財団に属するA採掘権と乙財団に属するB採掘権の各鉱区の一部を分割し，これを合併してC採掘権が生じた場合（甲及び乙の財団はいずれも抵当権の目的となっていないか又は甲財団のみが抵当権の目的となっている場合）は，甲財団及び乙財団を合併して合併後の甲財団とし，その組成採掘権であるA及びBの採掘権の各鉱区の分割した一部の合併によるC採掘権が生じたことにより，甲財団の組成採掘権がA，B及びCの3個の採掘権となり，甲財団の表題部の変更登記の申請と同時に，従前のA採掘権とB採掘権ごとに別つづりとされていた財団目録をA，B及びCの採掘権ごとに別つづりとして作成し直し，A及びBの採掘権の鉱区の各分割された一部の組成物件で，合併後のC採掘権の鉱業に関する物件を，従前の財団目録からC採掘権の財団目録へ記録替えをする財団目録の記録の変更登記を併せて申請しなければならない。

③ 甲財団に属するA採掘権の鉱区の一部を分割して，その部分を財団に属さない他のB採掘権の鉱区に合併した場合は，甲財団を組成するA採掘権の表示に変更を生ずるから，財団の表題部の変更登記の申請するとともに，財団に属していない他のB採掘権に合併されたA採掘権の鉱区の一部に属する物件は，A採掘権の鉱業に関しないものとなるので，それらの物件を財団から分離するとともに，目録上のA採掘権の表示変更をするために，財団目録の記録の変更登記を併せて申請しなければならない。

2:7:2:4　採掘権の鉱区の増減

① 財団に属し，組成単位となっている採掘権（抵当権の目的となっていない。）の鉱区が，採掘権者の増減の申請（鉱業法45条），鉱区の掘進増区の出願（同法46条，47条）又は鉱区の増減の出願命令（同法48条，（注））によ

り増減した場合は，財団の組成採掘権の表示に変更が生ずるから，財団の表題部の変更登記を申請するとともに，財団目録の記録の採掘権の表示の変更登記を申請しなければならない。
② 鉱区が減少したときは，減少した鉱区部分に属する財団の組成物件で，採掘権の鉱業に関するものでなくなった物件を財団から分離しなければならないから，財団目録の記録の変更登記を同時に申請しなければならない。
③ 鉱区が増加したときは，増加部分に属する物件で，鉱区の増加後の採掘権の鉱業に関する物件は，当然には財団の組成物件にならないから，追加による財団目録の記録の変更登記を同時に申請する必要はないが，併せて申請しても差し支えない。

(注) 経済産業大臣は，一般採掘権者の採掘鉱区について，鉱区の位置形状が鉱床の位置形状と相違し，鉱床の完全な開発ができないと認めるときは，位置形状が合致するように，鉱区の増減の出願を命ずることができる（鉱業法48条1項）。

Q&A3

鉱業財団の合併と鉱区の合併

同一財団に属する採掘権の鉱区の合併手続は，財団の表示変更（財団目録の変更を含む。）である。別個の財団に属している採掘権の鉱区自体の合併については消極に解する。なぜなら，財団の合併については，抵当権の目的である2個以上の鉱業財団の合併制限もあり（鉱抵法3条・工抵法42条ノ3第2項），鉱区の合併についても抵当権者の承諾を要する（鉱業法51条）などの制限があり，仮に鉱区の合併について抵当権者が承諾していても，財団の合併について合併制限に抵触する場合は，鉱区の合併は許されないものといわざるを得ず，誤って経済産業大臣が許可したときでも鉱業法52条により変更の処分をすべきである。

財団の合併をすることができる場合の鉱区の合併についても，鉱区合併の許可後に財団の合併登記をする前に，差押え・仮差押え又は仮処分

の登記がされるなど財団の合併の要件を欠く場合もあり，各別の財団に属する採掘権の鉱区の合併はできないから，属する財団の合併をした後に鉱区の合併をすべきである。

2:7:3　財団の表題部の変更更正登記の申請手続

財団の表題部の変更（又は更正）登記の申請手続は，原則的に工場財団と同じである（工4：6）。

2:7:3:1　申請情報の内容

① 登記の目的（工抵規則18条1項，不登令3条5号）

「鉱業財団の表題部変更（又は更正）」と記載する。

② 登記原因及びその日付（工抵規則18条1項，不登令3条6号）

財団の表題部の変更登記の場合は，表示事項を具体的に記載し，変更の旨と変更の生じた日を記載する。財団の表題部の更正登記については，登記原因として，「錯誤」又は「遺漏」と記載し，日付は記載しない。

a　財団の基本組成物件である鉱区とそれに関する組成物件の全部の分離（又は組成物件である要件の喪失）又は滅失による場合は，「○○分離（又は滅失）」と記載して，分離された日又は滅失の日を記載する。

b　財団の基本組成物件である鉱区とそれに関する組成物件の追加による場合は，「鉱区追加」と原因を記載する。日付は記載しない。

c　鉱業原簿（鉱業法84条）に鉱区の分割又は合併の登録が行われた場合は，分割又は合併の登録の年月日及び「鉱区分割」又は「鉱区合併」と記録し，表題部に「鉱区分割」又は「鉱区合併」と記載する。

d　組成物件である採掘権と他の採掘権の鉱区の合併の登録が行われた場合は，「鉱区合併」と記載する。

e　既設の財団に同一鉱業権者に属する採掘権を属させた場合は，「採掘権追加」と記載する。日付は記載しない（昭45.8.20民三発200号第三課長回答）。

f　ＡＢ2個の採掘権を組成物件とする財団についてＢ採掘権を分離した

場合は，「○県採掘権第○号の採掘権分離」と記載する。
　g　採掘権の鉱区が増加又は減少した場合は，「鉱区増加（又は減少）」と記載する。
　h　1個の鉱区の組成物件の全部の分離（又は組成物件である要件の喪失）又は滅失の場合は，「○鉱区分離（又は滅失）」と記載して，分離した日（分離による目録の記録の変更登記の日）又は滅失した日を記載する。
③　申請人の表示（工抵規則18条1項・不登令3条1号，2号）
④　添付情報の表示（不登規則34条1項6号）
⑤　申請年月日及び登記所の表示（不登規則34条1項7号，8号）
⑥　代理人の表示（不登令3条3号）
⑦　登録免許税額（不登規則189条1項）
　財団の表題部の変更更正の登記の登録免許税は，財団の数を課税標準として，1個につき6,000円であるから（税法別表第一・五(七)），この額を記載する。
⑧　財団の表示（鉱抵規則2条，工抵法21条3項）
　変更更正前の財団を表示し（登記番号も記載する。），次に変更更正後の財団を表示する。

2:7:3:2　添付情報

①　（申請書の写し）
②　抵当権者の同意証明情報（工抵法15条，38条2項）
③　会社法人等番号（不登令7条1項1号イ）
④　代理権限証明情報（不登令7条1項2号）
⑤　印鑑証明書（不登令19条）
⑥　管轄指定を証する情報（工抵規則19条）
　財団の基本組成物件若しくは権利の分離又は滅失等による財団目録の記録の変更登記の申請と同時にされる財団の表題部の変更登記を申請する場合に，変更後の財団の管轄登記所を定める基準のもの（採掘権の鉱区）が

従前の登記所の管轄地内に存在しなくなるときは，変更後の財団の管轄登記所が定まる場合を除き，管轄指定の申請をして，その管轄登記所の指定書を提供しなければならない（工抵法17条）。

2:7:4　表題部の変更更正登記の実行

表題部の変更更正登記の記録をするには，変更又は更正に係る登記事項のみを記録する（工抵規則27条1項）。

財団の表示として，登記記録（表題部）には，「鉱区の位置，鉱物の名称，鉱区の面積，鉱業権の登録番号及び鉱業事務所の所在地」（鉱抵規則2条）が記録されている。

これらの表示事項に変更を生じた場合は，財団の表題部の変更登記をすべきであり，また，表示事項にその登記の当初から錯誤又は遺漏があって真実の表示と不一致の場合には，財団の表題部の更正登記をすべきである。

2:7:5　登記名義人の表示の変更更正登記

財団の所有権の登記名義人又は抵当権の登記名義人等の表示（氏名又は名称及び住所又は主たる事務所）に変更が生じたとき（住所，本店の移転又は氏名，商号等の変更）には，登記名義人の表示の変更登記を申請する。また，表示に錯誤又は遺漏があるときも，登記名義人の表示の更正登記を申請する。

登記の申請手続は，一般の土地又は建物の場合と同様である。ただし，所有権の登記名義人の表示の変更更正登記をしたときは，財団目録の記録の所要の変更更正手続をしなければならない。

2:8　財団の分割

財団の分割は，抵当権の目的となっている財団の余剰担保価値を利用するために，抵当権者の承諾を得て，新たに乙財団を形成して，新たな抵当権を設定できるようにすることである。そのためには，乙財団については，分割前の甲財団に設定された既存の抵当権の効力が及ばないようにする必要があるので，既存の抵当権は，分割後の甲財団のみに存続し，分割後の乙財団については，消滅するものとしている。

分割後の乙財団については，新たな抵当権を設定するだけではなく，これを追加担保として丙財団に合併し，又は数個の財団の分割により作られた数個の財団を合併して大きな丁財団とし，抵当権を設定することもできる。

財団については，工場財団の分割又は合併に関する規定が準用される（工抵法42条ノ2，42条ノ4〜42条ノ7，工4：7）。財団の分割の単位は，財団が鉱区（採掘権）を中心として設定されるから鉱区であり，鉱区ごとに分割することができる。したがって，分割後の各財団には，少なくとも1個の鉱区に属している必要がある。

なお，財団に属する採掘権の客体である鉱区の分割と財団の関係については，2：7：2参照。

2：8：1　財団の分割の要件

① 数個の鉱区について設定されている財団であること

分割することができる財団は，数個の基本組成単位である鉱区（採掘権）で組成された財団である必要があるから（工抵法42条ノ2第1項），鉱区を単位として1個又は数個の鉱区について設定されたものである（同法8条1項前段）。

財団が1個の鉱区について設定されているか又は数個の鉱区について設定されているかは，財団登記簿の登記記録の表題部の記録による。すなわち，表題部には，財団の表示として鉱区の名称等が記録されるので（鉱業規則2条），財団の分割登記を申請できるのは，その財団の登記記録の表題部に数個の鉱区が記録されている場合である。

② 抵当権者が分割後の特定の1個の財団を除く他の財団について抵当権の消滅に同意すること

甲財団を分割して一部を乙財団とした場合は，抵当権は乙財団につき消滅する（工抵法42条ノ2第2項）。例えば，財団を分割して甲，乙，丙3個の財団とした場合，新たに登記される乙及び丙の財団については抵当権が消滅し，甲財団にのみ抵当権が残る。したがって，抵当権の目的となっている甲財団の分割は，抵当権者が分割後の乙（丙）財団，すなわち特定の

1財団を除くその他の分割後の財団の全てについて抵当権の消滅することを「承諾」しなければできない（同条3項）。これは，土地建物の分割の場合，原則として抵当権が分割後の全ての土地建物に効力を及ぼすのと異なる。

　抵当権者が数人いる場合は，分割による抵当権消滅を各抵当権者が承諾する分割後の財団は，全て一致している必要がある。例えば，抵当権者Xは乙財団について，抵当権者Yは丙財団について，それぞれ抵当権の消滅を承諾しただけでは財団の分割はできない。この場合の「抵当権」は，設定登記がされた抵当権のみならず，仮登記された抵当権又は抵当権設定請求権を含む。

③　担信法による社債の担保として抵当権の設定されている財団を分割する場合，抵当権者は受託会社であるから（担信法35条），抵当権の消滅を承諾するのは受託会社であるが，分割後の特定の1個の財団を除くその他の財団について抵当権が消滅することは，「担保の変更」（同法41条1項）に当たるから，受託会社が抵当権の消滅に「合意」するについては，社債権者集会の決議が必要である（同条2項）。

2:8:2　財団の分割登記の申請手続

財団は，分割登記をすることによって分割されるから（工抵法42条ノ4），財団の分割は，登記が効力発生要件である。

2:8:2:1　申請情報の内容

財団の分割登記を申請する場合の申請情報の内容は，次のとおりである。

①　登記の目的（工抵規則18条1項，不登令3条5号）
　「鉱業財団分割」と記載する。財団の分割は，その登記をすることによって効力が生ずるから，登記原因は記載しない。

②　申請人の表示（工抵規則18条1項・不登令3条1号，2号）
　財団の所有権の登記名義人を表示する。

③　添付情報の表示（不登規則34条1項6号）

④　申請年月日及び登記所の表示（不登規則34条1項7号，8号）

申請年月日と管轄登記所を記載する。財団の分割登記の管轄登記所は，分割しようとする甲財団の管轄登記所（甲財団が現に登記されている登記所）である。分割後の財団のうち，鉱区（採掘権）が管轄地内に存在しなくなる場合でも，分割登記の申請は，分割前の甲財団の管轄登記所にする。

⑤　代理人の表示（不登令3条3号）
⑥　登録免許税額（不登規則189条1項）

　財団の分割登記の登録免許税は，「変更の登記」に該当するものとして財団（分割前）の数を課税標準とし，その1個につき6,000円である（税法別表第一・五(七)）。

⑦　分割前の財団の表示（工抵法21条1項）

　分割前の財団を表示する（注）。登記番号を記載する。

⑧　分割後の財団の表示（工抵法42条ノ5前段）

　分割後の財団の表示として，各分割後の財団についての表示事項を記載する。分割後の財団が2個以上の基本組成単位（鉱区）をもって組成されるときは，基本組成単位ごとに表示事項を記載する。

　分割後の財団のうち抵当権の存続する財団（それは常に1個である。）については，従前の財団の登記番号を付記する。

⑨　抵当権の消滅する財団の表示（工抵法42条ノ5条後段）

　分割前の財団が抵当権の目的となっているとき（登記がされているとき）は，分割によって抵当権の消滅する財団を明らかにし，財団の表示に抵当権が消滅する旨を付記する。

（注）　登記記録に記録されている財団の表示事項が現在の事項と異なっている場合は，財団の表題部の変更登記を申請して登記記録の表示を現在の表示に合致させた上で，その表示を申請情報の内容とする。登記記録上財団が1個の鉱区について設定されているように記録されているが，それが数個の鉱区に変更していたり，当初から数個の鉱区であるにもかかわらず1個として登記されている場合は，財団の表題部の変更更正登記を申請する。

2:8:2:2　添付情報

財団の分割登記の申請をする場合に提供すべき情報は，次のとおりである。

① （申請書の写し）
② 抵当権者の同意証明情報（工抵法42条ノ2，42条ノ5後段）

　　抵当権の目的となっている財団を分割する場合は，分割後の特定の1個の財団を除くその他の財団について抵当権の消滅を抵当権者が承諾する必要がある。この情報は，分割後のどの財団につき抵当権の消滅を承諾するかを明らかにしたものでなければならない。

③ 社債権者集会の決議を証する情報（担信法32条1号）

　　担信法による社債の担保である場合は，分割しようとする財団に設定されている抵当権が，分割により消滅することを承諾するのは，抵当権者である受託会社である。抵当権の消滅の合意は，「担保ノ変更」（同法75条）の契約（における合意）に該当するから，社債権者集会において合意する決議のあったことを証する情報を提供する。

④ 分割後の財団の管轄登記所の指定を証する情報

　　財団を分割して，分割後の財団で組成する基本物件（管轄を定める基準の物件）が分割登記の管轄登記所の管内に存在しなくなる場合は，財団本来の（すなわち工抵法17条により定まる）管轄登記所に分割後の財団の登記記録等を移送しなければならない（工抵規則31条）。

　　いずれの登記所に移送すべきか明らかでない財団を生ずるような分割登記の申請については，申請前に分割後のその財団の管轄登記所の指定を受けて（工抵法17条2項），指定のあったことを証する情報を提供しなければならない。

　　例えば，甲登記所の管轄地内のA及び乙及び丙登記所の管轄地内のB及びCについて財団が設定され，その管轄登記所が甲登記所と指定されていた場合に，財団を分割してBにつき乙財団，Cにつき丙財団というように分割したときは，各財団の本来の管轄登記所は工抵法17条1項により明

白であるから，登記官は，分割の登記後に直ちに移送手続をすることができる。

しかし，例えばAにつき甲財団，ＢＣ２につき乙財団というように分割された場合は，乙財団のに関する不動産管轄登記所は，本来工抵法17条2項により乙，丙いずれかの登記所に指定されなければならない。この指定がなければ登記官は，分割登記後に乙財団の登記記録等を乙，丙いずれの登記所に移送してよいかがわからない。このように，いずれの登記所に移送すべきか明らかでない財団を生ずる分割登記の申請については，申請前に工抵法17条2項により分割後のその財団の管轄登記所の指定を受けて，指定のあったことを証する情報を併せて提供しなければならない（工抵規則19条）。

⑤ 会社法人等番号（不登令7条1項1号イ）
⑥ 代理権限証明情報
⑦ 印鑑証明書

2:8:3　財団の分割登記の実行手続

2:8:3:1　却下事由の有無の審査

財団の分割登記の申請について不登法25条各号の却下事由が存在する場合は，相当の期間内に補正した場合を除き却下される。主な事由は，次のとおりである。

① 事件が登記すべきものでないとき（13号）

　１個の組成基本物件につき設定されている財団の分割登記の申請，工抵法8条3項の準用により既に消滅した財団又は同法10条の準用により所有権の保存登記が効力を失った財団の分割登記の申請がある。

　抵当権の目的となっている財団の分割の場合，同法42条ノ2第3項の準用による抵当権者の承諾がないものは，不登法25条9号に該当するものとして取り扱うべきである。抵当権者が数人の場合の抵当権の消滅を承諾している分割後の財団が全ての抵当権者について一致していない場合も同様である。

② 申請情報が方式に適合しないとき（5号）
　申請情報の記載事項としての前述した要件を充足していない場合である。
③ 申請情報の内容が登記記録と合致しないとき（6号）
　申請情報に記載された分割前の財団の表示が登記記録と一致しないときは，却下事由に該当することはもちろんであるが，分割後の財団における組成基本物件の表示が登記記録上の表示と一致していない場合にも，却下事由に該当する。分割後の財団は，申請当時は1個の財団ではないことから不動産とみなされないが，却下事由の規定の趣旨からそのように解すべきである。
④ 申請情報に必要な情報が提供されていないとき（9号）
　「抵当権者ノ承諾アリタルコトヲ証スル情報」の提供がない場合（工抵法42条ノ5後段）及び管轄登記所の指定があったことを証する指定証明書（工抵規則19条）の提供がない場合などがある。

2:8:3:2　分割登記の実行

　財団の分割登記の実行手続については，工抵法42条ノ6及び工抵規則27条ないし31条による。

2:8:3:2:1　表題部の登記

① 分割後の財団に新たな登記記録（登記用紙）を設け，表題部に申請の受付年月日及び分割後のそれぞれの財団の表示事項を記録して，記録の末尾に「分割により分割前の財団の登記記録から移した」旨を記録する（工抵法42条ノ6）。そして，登記番号を「登記第〇号」と記録する。
② 抵当権の登記がある財団の分割登記の場合は，新しい登記記録に移す分割後の財団は，全て分割により抵当権が消滅する。すなわち，工抵法42条ノ6の「乙財団」は，同法42条ノ2第2項の「乙財団」を受けて規定されている。そして，この場合は，同法8条3項の適用関係を明らかにするため，抵当権の消滅する財団の新しい登記記録の表題部に「分割により抵当権が消滅した旨及びその年月日」を記録しなければならない（工抵規則28条2項）。

③　甲財団の抵当権の登記が全部抹消されたときは，新たに設けた分割後の乙財団の登記記録の表題部に，抵当権の登記の全部が抹消された旨及びその年月日を記録しなければならない（工抵規則28条3項）。

④　分割前の甲財団の登記記録の表題部に，分割前の財団を組成していた基本組成物件（鉱区）から新しい登記記録に移された分割後の財団を組成する鉱区を除いた残余の鉱区の財団の表示をして，末尾に分割によって他の鉱区を分割後の乙財団の登記記録（登記第○号と記録する。）に移した旨を記録し，分割前の甲財団の表示を抹消する記号を記録しなければならない（工抵法42条ノ6第3項）。

2:8:3:2:2　権利部（甲区事項欄）の登記

①　新たに登記記録を設けた分割後の乙財団の表示をした登記記録の権利部（甲区事項欄）には，分割前の甲財団の登記記録の権利部（甲区事項欄）から所有権に関する事項（所有権の保存登記の年月日を含む。）を転写して，申請の受付年月日及び受付番号を記録し，順位番号欄に番号を記録しなければならない（工抵法42条ノ6第4項）。この場合，登記記録に登記官の識別番号を記録する措置（登記官印の押捺）をする（工抵規則29条4項）。

②　抵当権の目的である甲財団の分割の場合は，新しい登記記録に登記する分割後の乙財団については抵当権は消滅するから，権利部（乙区事項欄）に抵当権に関する登記を転写する必要はない。また，甲財団の抵当権の登記について，乙財団につき抵当権が消滅した旨の付記をする必要はない。

2:8:3:2:3　財団目録の分離

①　財団の分割登記をするときは，分割前の財団の財団目録（鉱区ごとに別つづりとなっている。）のうち分割後の各財団に属する鉱区についての財団目録を分離して，それぞれ分割後の財団の財団目録とする（工抵法42条ノ6第2項）。

②　この場合の手続としては，分割後の各財団の財団目録（表紙）に分割前の財団（登記番号により表示する。）の分割により分離した旨，分割登記の申請の受付年月日，受付番号及び分割後の財団の登記番号を記録して，

目録に記録されている前登記番号（分割前の財団の登記番号）を抹消する記号を記録する（工抵規則29条1項）。

③ そして，分割前の財団の目録から分離して記録をした目録を除いた残余の目録（分割前の財団の登記記録に登記され，同一の登記番号を有する分割後の財団の目録）には，その余の分割後の財団（登記番号を表示する。）の目録を分離した旨を記録する（工抵規則29条3項）。

2:8:3:2:4 配置図面の処理

財団目録の分離手続をしたときは，登記官は分割後の財団を組成する配置図面に，財団の登記番号及び分割前の財団の登記番号を抹消する記号を記録する（工抵規則29条2項）。

2:8:3:2:5 移送手続

財団の分割登記をした場合に，分割後の乙財団の鉱区が，登記所の管轄地内に存在しなくなったときは，登記官は分割登記をした後，遅滞なく乙財団を管轄する登記所に，登記記録及びその附属書類（図面を含む。）又はその謄本並びに財団目録を移送する（工抵規則31条，財団準則7条）。

2：9　財団の合併

財団の合併とは，同一の所有者に属する数個の財団を所有者の申請による合併登記によって1個の財団とすることである（工抵法42条ノ3～42条ノ5，42条ノ7，工4：8：1）。

この制度は，抵当権の目的となっている財団に，抵当権の目的となっていない財団を担保として追加し，又は抵当権の目的となっていない数個の財団を併せて1個の財団として，これに債権額の大きな抵当権を設定するものである。そこで，合併後の財団に関する抵当権の法律関係の複雑化を防止するために，合併しようとする数個の財団の全てに抵当権の登記がないか，又はそのうちの1個の財団のみに抵当権の登記がある場合に合併することができるとしている（同法42条ノ3第1項ただし書）。

2:9:1　財団の合併の要件

財団の合併ができるのは，次の三つの要件が全て充足された場合である。
① 合併しようとする財団が同一の所有者に属すること
　　同一の所有者に属しない数個の財団は，合併することができない（鉱抵法2条）。
② 「合併セントスル財団ノ登記記録ニ所有権及抵当権ノ登記以外ノ登記」がないこと（工抵法42条ノ3第1項ただし書前段）
　　ここで「所有権及抵当権ノ登記」とは，所有権の保存及び移転の登記，抵当権の設定，移転及び変更の登記等をいい，「所有権及抵当権ノ登記以外ノ登記」とは，所有権に関する登記及び抵当権に関する登記のうち，所有権又は抵当権の処分制限の登記，すなわち，民事執行法による差押えの登記，民事保全法による仮差押えの登記，仮処分の登記，国税徴収法等による差押えの登記及び所有権又は抵当権に関する仮登記等をいう。
　　なお，財団の表題部の変更更正登記，所有権又は抵当権の登記名義人の表示の変更更正登記は，「所有権及抵当権ノ登記」に含まれないといえるが，合併を制限する趣旨からは，これらの登記は「所有権及抵当権ノ登記以外ノ登記」には該当しないものとして，これらの登記がされている財団の合併は可能である。
③ 「合併セントスル数箇ノ財団ノ内二箇以上ノ財団ニ付既登記ノ抵当権」がないこと（工抵法42条ノ3第1項ただし書後段）
　　「既登記ノ抵当権」には，抵当権の設定又は設定請求権の仮登記を含むと解する。すなわち，合併しようとする数個の財団が全て既登記の抵当権（根抵当権を含む。）の目的となっていないか又はそのうち1個の財団のみが既登記の抵当権の目的となっているときは合併できるが，合併しようとする財団のうち既登記の抵当権の目的となっている財団が2個以上あるときは，異なる抵当権者間の権利関係が不明確になるから，合併はできない。
　　抵当権の設定登記がされている財団が1個のみであれば，財団に数個の抵当権の登記がされていても差し支えない。また，抵当権の目的となって

いる財団が2個以上の場合に合併を認めないといっても，設定登記がされていない財団は，合併の制限を受けない。

なお，本来，共同担保の形で数個の財団に同一の債権を担保するための抵当権の設定登記がされていて，しかも抵当権は，各財団につきその抵当権のみである場合は，そのような財団の合併を認めても，権利関係が複雑になることもないし，1個の財団とする実益もないではないが，このような場合の合併は認められていない。

この場合は，抵当権者の同意を得て，1個の財団を除くその他の財団について抵当権の登記を抹消して，既登記の抵当権の目的となっている財団を1個とした後に合併登記をする。そうすれば，合併後の財団の全部に抵当権の効力が及ぶから，抵当権者の権利を害することもなく合併が可能になる。

2:9:2　財団の合併登記の申請手続

財団は，合併登記によって合併する。すなわち，合併登記が財団の合併の成立要件である。

2:9:2:1　合併登記の管轄登記所

① 同一の登記所の管轄に属する数個の財団を合併する場合

合併しようとする数個の財団が全て同一の登記所の管轄に属している場合（管轄指定により管轄権を有する場合でも差し支えない。），その登記所が合併登記についても管轄権を有する。

② 合併しようとする数個の財団のうち既登記の抵当権の目的である1個の財団がある場合

既登記の抵当権の目的となっている甲財団（合併の場合は，このような財団は常に1個である。）と抵当権の目的となっていない乙（丙）財団とを合併しようとするときは，甲財団の管轄登記所を合併登記の管轄登記所とする（工抵法17条3項ただし書）。したがって，この場合は管轄指定の必要はなく，甲財団の管轄登記所に合併登記の申請をする。

③ 管轄登記所を異にするが，既登記の抵当権の目的となっていない数個の

財団を合併する場合

　既登記の抵当権の目的である財団を含まない，しかも管轄登記所を異にする数個の財団を合併しようとする場合は，合併登記の管轄登記所の指定を受けた登記所が管轄登記所となる（工抵法17条3項本文・2項）。この場合の管轄登記所は，合併しようとする各財団を管轄する登記所のうちから指定する。

　なお，合併しようとする各財団の管轄登記所が同一の法務局又は地方法務局の管内にある場合は，その法務局又は地方法務局の長に申請して管轄指定を受けるべきであり，また，数個所の法務局又は異なる法務局の管内の地方法務局の管内にある場合は，法務大臣に申請して，その指定を受ける（管轄指定省令2条・1条）。

2:9:2:2　申請情報の内容

財団の合併登記の申請情報の内容は，次のとおりである。

① 登記の目的（工抵規則18条1項，不登令3条5号）

　「鉱業財団合併」と記載する。

② 登記原因及びその日付

　財団の合併は，合併登記がされたときに効力が生ずるから，登記原因及びその日付は記載しない。

③ 申請人の表示（工抵規則18条1項・不登令3条1号，2号）

　財団の所有権の登記名義人（合併しようとする数個の財団につき同一である。）を表示する。

④ 添付情報の表示（不登規則34条1項6号）

⑤ 申請年月日及び管轄登記所の表示（不登規則34条1項7号，8号）

⑥ 代理人の表示（不登令3条3号）

⑦ 登録免許税額（不登規則189条1項）

　財団の合併登記の登録免許税は，合併前の財団数を課税標準として，その1個につき6,000円であるから，2個の財団を合併する場合は1万2,000円と記載する（税法別表第一・五(七)）。

⑧　財団の表示（鉱抵規則2条，工抵法21条）
　a　合併前の財団の表示
　　合併しようとする各財団を組成する鉱区ごとに表示する（工抵法21条3項，工抵規則18条2項）。合併しようとする各財団の登記番号も記載する。
　　この表示が申請当時の現況と合致していない場合は，まず財団の表題部の変更更正登記を申請して，その変更又は更正後の表示を記載する。
　　合併登記を申請する登記所以外の登記所の管轄に属する財団がある場合は，管轄登記所及び登記番号（例えば，○地方法務局○出張所登記第○号）を付記する。
　　抵当権の目的となっている甲財団と抵当権の目的となっていない乙（丙）財団を合併する場合は，法定管轄を明らかにするため，抵当権の目的となっている甲財団につきその旨を付記する（工抵法17条3項ただし書）。
　b　合併後の財団の表示
　　合併後の財団の鉱区ごとに記載する。

2:9:2:3　添付情報
　財団の合併登記の申請情報は，次のとおりである。
①　申請書の写し
　　財団の合併登記には，登記原因が存在せず，これを証する書面は存在しないから申請書の写しを提供する。この場合は，合併後の当該財団の財団目録の写しを併せて提供すべきである。ただし，登記済証の交付を希望しない場合は提供する必要はない。
②　管轄指定を証する情報（工抵規則19条）
　　全て抵当権の目的となっていない，しかも管轄登記所を異にする数個の財団の合併の場合は，管轄指定のあったことを証する情報を提供しなければならない。
③　会社法人等番号（不登令7条1項1号イ）

④　代理権限証明情報
2:9:3　財団の合併登記の実行手続
2:9:3:1　他の登記所への通知及び他の登記所からの移送手続
2:9:3:1:1　他の登記所への通知
　甲財団について合併登記の申請があった登記所以外の他の登記所の管轄に属する乙財団があるときは，登記官は，その登記所に対して乙財団について合併登記の申請があった旨を通知しなければならない（工抵規則32条1項，財団準則11条）。この手続の目的は，他の登記所に対して財団についての合併の要件を審査させ，財団の登記記録及び財団目録を移送させるものである。
2:9:3:1:2　通知を受けた登記所の移送手続等
①　通知を受けた登記所の登記官は，乙財団の登記記録を審査し，「所有権の登記以外の登記」がされていないときは，遅滞なく，財団の登記記録及び附属書類（申請書及びその添付書類，図面を含む。）又は謄本（1個の申請情報でその財団についての申請を含む数個の申請がされている場合は，申請書を送付することはできないから，謄本を作成して送付する。）並びに財団目録の通知を発した管轄登記所に移送する（工抵規則32条2項本文）。ただし，乙財団の登記記録に「所有権の登記以外の登記」がされているときは，このような財団を含む合併登記の申請は，却下されるべきであるから，移送手続をすることなく速やかに，その旨を管轄登記所に通知する（同項ただし書，3項）。
②　乙財団に抵当権の登記がされているときは，乙財団の管轄登記所（通知を受けた登記所）が合併登記の管轄登記所となるから（工抵規則32条2項ただし書），他の登記所（通知を発した登記所）にされた合併登記の申請は，不登法25条1号により却下されるべきである。また，申請を受けた登記所の管轄に属する財団について抵当権の登記がされているときは，同じくその申請は却下されるべきであるし，所有権及び抵当権登記以外の登記がされているときも合併登記の申請は却下されるべきである。
③　管轄登記所から通知を受けた乙財団の表示がその財団の登記記録上の表

示と異なる場合，財団の同一性が認められる些細な相違であれば，工抵規則32条2項ただし書の事由がない限り，移送手続をすべきである。そして，移送を受けた管轄登記所において，申請情報の補正を命じ，それがされない場合は，合併登記の申請を却下する。

2:9:3:2 却下事由の審査

財団の合併登記の申請があった場合は，その申請につき不登法25条による却下事由の有無を審査しなければならない。

2:9:3:3 合併登記の実行手続

申請に却下事由（不登法25条）がないときは，合併の登記を実行する。

管轄登記所を異にする数個の財団の合併の場合は，通知及び移送手続が必要なので，合併登記の申請の受付後に申請された他の不動産の登記は，受付番号が後であっても，不登法20条にかかわらず先に登記を実行して差し支えない。しかし，合併しようとする財団についての登記の申請については，その合併登記の申請についての処分（却下又は登記実行）の後にすべきである。

工抵規則32条1項による通知を受けた他の登記所は，財団に関する登記の申請又は嘱託を不登法25条2号により却下する。

2:9:3:3:1 合併登記をする登記記録（登記用紙）

合併登記をすべき登記記録（登記用紙）は，合併しようとする財団のうち既登記の抵当権の目的となっている甲財団の登記記録である。抵当権の目的となっている財団がないときは，いずれの財団の登記記録にしても差し支えない。しかし，移送を受けた登記記録があるときは，それには合併登記をしないで，管轄に属する甲財団の登記記録に合併登記をするのが相当である。

2:9:3:3:2 表題部の登記

① 合併登記をすべき甲財団の登記記録の表題部には，申請の受付年月日を記録し，合併後の財団の表示をし，末尾に「合併により合併前の乙（丙）財団の登記記録（登記第○号又は○地方法務局○出張所登記第○号）から移した」旨を記録して，前の表示（合併前の財団の表示）を抹消する記号

を記録する（工抵法42条ノ7第1項）。
② 合併された財団（登記記録が閉鎖される財団）が抵当権登記が全部抹消されたものである場合は，合併後の甲財団の登記記録の表題部に，合併前の財団が抵当権登記の全部が抹消されたものである旨及びその抹消（最後の抹消）の年月日を記録する（工抵規則33条1項）。

　この記録をする理由は，合併後の財団について消滅の時期を明確にさせるためである（工抵法8条3項）。合併後の財団についての6か月の期間（同法10条，8条3項）に関しては，合併前の各財団について最も長い残存期間によるものと解すべきだからである（工Q&A9）。

　しかし，合併しようとする財団が全て所有権の保存登記後に抵当権の設定登記を受けたことがない場合は，権利部（甲区事項欄）に移記される所有権に関する事項（所有権の保存登記の年月日も含まれる。）により所有権の保存登記の時期が明確になり，6か月の期間の起算点も明確になる。しかし，いったん抵当権の登記がされた後に全部抹消された場合は，移記される所有権に関する登記のみでは，抵当権の登記が全部抹消された時期が分からないから（合併登記においては権利部（乙区事項欄）の移記手続はない。），抵当権の登記が全部抹消された年月日を表題部に記録して，6か月の期間の起算点を登記記録上明確にする（精義1495）。
③ 財団の分割により抵当権が消滅した場合は，既に財団の登記記録の表題部に分割により抵当権が消滅した旨及びその年月日が記録されており（工抵規則28条2項），この記録が合併登記により移記されるから，特別にその旨の記録をする必要はない。

2:9:3:3:3　権利部（甲区事項欄）の登記

　合併登記をする登記記録中権利部（甲区事項欄）には，他の財団の登記記録から所有権に関する登記を移記し，移した旨及び移記した登記がその財団であった部分のみに関する旨並びに申請の受付年月日及び受付番号を記録して，登記官の識別番号を記録（登記用紙に登記官印を押捺）する措置をしなければならない（工抵法42条ノ7第4項，工抵規則33条5項）。

2:9:3:3:4　他の登記記録の閉鎖

　合併登記をした甲財団以外の乙（丙）財団の登記記録（他の登記所から移送を受けた登記記録を含む。）を閉鎖する。すなわち，登記記録の表題部に合併登記をした登記記録（合併後の登記第〇号）に移した旨（閉鎖の事由）及び年月日を記録して，乙財団の表示を抹消する記号を記録するほか，登記官の識別番号を記録（実際の取扱いは，登記用紙に登記官が押印し，さらに財団の表示を抹消して，これを財団登記簿から除去し，財団閉鎖登記簿に編綴する。）しなければならない（工抵法42条ノ7第3項，不登規則8条，工抵規則33条5項）。

2:9:3:3:5　財団目録

　財団の合併登記をしたときは，合併した各財団の財団目録に合併後の財団の目録とした旨（工抵法42条ノ7第2項），合併登記の申請の受付年月日及び受付番号，合併後の財団の登記番号を記録して，合併前の登記番号を抹消する記号を記録しなければならない（工抵規則33条3項）。

2:9:3:3:6　配置図面

　合併登記をした財団以外の合併前の財団に関する配置図面には，合併後の財団の登記番号を記録し，合併前の登記番号を抹消する記号を記録しなければならない（工抵規則33条4項）。

2:9:3:3:7　保存期間

　財団目録及び配置図面は，財団の登記記録を閉鎖した日から20年間保存しなければならない（鉱抵規則6条）。

2：10　財団の所有権の移転登記

① 　鉱業財団は，工場財団と同様に1個の不動産とみなされ（工抵法14条1項），所有権と抵当権の目的とすることができる。したがって，財団の設定後，売買等により所有権の移転登記をすることができる。その場合は，各組成物件についても権利の移転が生ずるが，採掘権については，鉱業原簿に移転の登記をしなければ移転の効力を生じない（鉱業法60条）。

② 財団の移転登記と鉱業権の移転登録のどちらを先にすべきかについては，採掘権は，財団に属した旨の登録がされており，財団の移転とともに移転する場合でなければ，移転登録はできないから，財団の移転登記を先にして，登記事項証明書を提供して採掘権の移転登録をすべきである。
③ 財団の所有権移転を第三者に対抗するためには，登記をしなければならない。組成物件についても移転の登記又は登録が必要である。登記又は登録は，財団の移転登記の後に，移転を証する登記記録により行うことになる。
④ 財団の所有権の移転登記については，登録免許税法に規定がないから，納付する必要はない。ただし，財団に属する登記又は登録のある組成物件の所有権の移転登記等については，登録免許税が課される。

2：11　財団の抵当権

2：11：1　財団の抵当権の効力

　財団は，抵当権（根抵当権を含む。以下同じ。）の目的とするため，所有権の保存登記により設定され不動産とみなされるが（工抵法9条，14条），抵当権の効力は，不動産の抵当権の効力と差異がない。
　採掘権を目的とする抵当権は，鉱業法（13条）が認めているが，財団という特定財産の集合を目的とするものではない。
　また，財団を設定することなく，単に鉱業施設いっさいに対して抵当権の設定契約をしただけでは，目的物件の特定性がなく，抵当権設定の効果が生じたとはいえない（昭35.7.16東京高決定・東高民時報11-7-213）。

2：11：2　財団の抵当権に関する登記手続

　財団を目的とする抵当権又は根抵当権に関する登記は，工場財団を目的とする抵当権又は根抵当権に関する登記と同じであって，登記手続も同じである。

2：12　財団の民事執行等

　財団は，所有権の保存登記により設定され，不動産とみなされるから（工抵法9条，14条1項），財団に対する民事執行法による強制競売及び担保権の実行としての競売並びに国税徴収法又はその例による滞納処分による公売に関しては，全て民事執行法又は国税徴収法等の不動産に関する諸規定による。また，仮差押え又は仮処分に関しても民事保全法等の不動産に関する保全処分の諸規定による（工抵法45条～47条）。ただし，財団に関する抵当権（根抵当権を含む。）の実行に関しては，次のとおりの特則が設けられている。

2：12：1　採掘権取消しの場合の抵当権の実行

① 財団に属する採掘権について採掘権取消しの登録（鉱業法52条～54条までの採掘権の取消しの場合を除く。）があった場合は，登録官庁である経済産業局長は，直ちにその旨を財団の抵当権者に通知し（鉱抵法4条1項），抵当権者は，直ちに抵当権を実行することができる（同条2項）。ただし，通知を受けた日から6箇月内に実行の手続をしなければならない（同条3項）。

② 抵当権の実行手続をしたときは，採掘権は，6箇月の期間内及び抵当権の実行手続の終了に至るまでは，抵当権の実行の目的の範囲内においてなお（登録の抹消にもかかわらず）存続するものとみなされる（鉱抵法4条4項）。

③ 競売の買受人が代金を納付して財団を取得したときは，採掘権の取消しが遡及して効力が生じなかったものとみなされ（鉱抵法4条5項），買受人は，採掘権を含めて財団の所有権を取得する。

2：12：2　採掘権放棄の場合の抵当権の実行

　採掘権は，物権とみなされ，原則として不動産に関する規定が準用されるから（鉱業法12条），その放棄により採掘権は消滅する。放棄により採掘権の消滅の登録がされた場合は，前項（2：12：1）の採掘権の取消しの登録がされた場合と同様，抵当権者が抵当権を実行し，競売による買受人が代金を納

付して財団を取得したときは、採掘権の放棄の効力が生じなかったものとみなされて、買受人は、採掘権を含めての財団の所有権を取得する（鉱抵法5条）。

2:12:3　財団競売の場合の未設立法人の買受参加

① 財団の抵当権実行の競売（強制競売を含む。）の場合は、日本の法律に従って法人の設立をして、財団を買い受けようとする者は、その旨を執行裁判所に申し出て、買受けの申出をすることができる（鉱抵法6条1項）。この場合、法人を設立しようとする者は、買受けの申出に関しては、連帯責任を負う（同条2項）。そして、未設立法人が財団の買受人となった場合は、売却許可決定の確定した日から3箇月内に法人を設立して、執行裁判所に届け出なければならず（同法7条）、法人設立の日から1週間以内に買受代金を執行裁判所に納付しなければならない（同法8条）。

② 財団の所有権は、その代金を納付した時に買受人によって設立された法人に移転する（鉱抵法9条）。ただし、売却許可決定の確定の日から3箇月内に法人設立の旨の届出がないとき又は民執法80条の期間内に競落代金の支払がないときは、執行裁判所は、財団の再競売を命ずる（同法10条）。

2:13　財団の消滅

財団の消滅事由は、財団を組成する全ての採掘権の分離、取消し又は放棄による採掘権の消滅のほかは、工場財団と同様である。

2:13:1　工抵法8条3項又は10条の準用による財団の消滅

財団については、鉱抵法3条により、工場財団の消滅に関する規定が準用されているので、これらの準用規定により、次のとおり消滅する。

① 財団の所有権の保存登記後6箇月内に抵当権の設定登記を受けないときは、所有権の保存登記は効力を失い、財団は消滅する（工抵法10条）。

② 財団の抵当権の登記が全部抹消された後6箇月内に改めて抵当権の設定登記を受けないときは、財団は消滅する（工抵法8条3項）。

③ 抵当権の登記がされている財団について分割登記がされたとき（工抵法

42条ノ2第1項）は，分割後の1個の財団を除くその余の財団については，抵当権は全て消滅するが（同条2項），分割登記により抵当権が消滅した財団は，消滅後（分割登記後）6箇月内に改めて抵当権の設定登記をしないときは，消滅する（同法8条3項）。

2：13：2　工抵法44条ノ2の準用による財団の消滅

財団について抵当権の登記が全部抹消されたとき又は財団の分割登記により分割後の1個を除くその他の分割後の財団について分割登記により抵当権が消滅したときは，その後6箇月内に改めて抵当権の設定登記をしないと財団は消滅するが（工抵法8条3項），財団の所有権の登記名義人は，6箇月の経過を待たずに財団の消滅登記を申請することができる（同法44条ノ2・8条3項後段）。ただし，財団に所有権の登記以外の登記（差押え等の処分制限の登記又は所有権に関する仮登記等）がされているときは，消滅登記を申請することができない（同条ただし書）。

2：13：3　採掘権の分離等による消滅

① 財団は，採掘権につき設定されるものであるから，財団に属する全ての採掘権を分離するときは消滅する。ただし，登記上は，この原因による財団の消滅登記は，受理できない。この場合は，財団そのものの消滅が登記原因となる。

② 採掘権の取消し（鉱業法52条～54条）の場合は，公益上採掘権自体がその存続を許されず，消滅し，財団も消滅する。

③ 鉱業法55条等による採掘権の取消しは，採掘権者に違法性があるため，採掘権が取り消された場合である。また，採掘権の放棄は，採掘権者がその有する採掘権をもってする鉱業を廃業する場合である。

　これらの場合，財団に属する採掘権は消滅するので，財団の上に何ら負担のないときは，②と同様，財団は消滅する。財団の上に抵当権があるときは，鉱抵法4条及び5条の特則により，抵当権者は，一定の要件の下に抵当権の実行ができるものとされ，採掘権は，抵当権実行の目的の範囲内で存続する。ただし，抵当権者が6箇月以内に競売の申立て（鉱抵法4条3

項）をしないときは，抵当権を実行できなくなり，当初の採掘権の取消し又は放棄は，終局的にその効力を生じ，採掘権は消滅し，財団は消滅する。

2:13:4 財団の消滅登記手続

2:13:4:1 意義

財団が，所有権の保存登記の失効（工抵法10条）又は抵当権の登記の全部の抹消後若しくは財団の分割登記による抵当権の消滅後6か月内に新たな抵当権の設定登記をしないことによって消滅した場合（同法8条3項）は，財団の登記記録にその旨を記録しなければならない（同法48条1項）。

財団について抵当権の登記が全部抹消されたとき又は抵当権が財団の分割登記により消滅したときに，所有者が6か月の経過による財団の消滅を待たないで，財団を消滅させようとする場合は，財団の消滅登記を申請することができる（同法44条ノ2本文）。ただし，財団の登記記録に所有権以外の登記があるときは，この限りでない（同条ただし書）。

2:13:4:2 消滅登記の要件

財団の消滅登記を申請することができる場合は，次のとおりである。

① 抵当権の登記の全部が抹消された財団であるか又は財団の分割によって抵当権が全部消滅したものであること

　財団の所有権の保存登記をした後，抵当権の登記がされていないだけの財団については，6か月の期間満了前には消滅の登記を申請することができない。

② 所有権の登記以外の登記がされていないこと

　所有権の登記以外の登記とは，所有権の移転又は移転請求権の仮登記，差押え，仮差押え，仮処分等の処分制限の登記，抵当権に関する登記，抵当権の設定又は設定請求権の仮登記をいう。

2:13:4:3 消滅登記の申請手続

2:13:4:3:1 申請情報の内容

財団の消滅登記の申請情報の内容は，次のとおりである。

① 登記の目的（工抵規則18条1項，不登令3条5号）

「鉱業財団消滅」と記載する。
② 登記原因及びその日付
　財団の消滅登記については，その登記が財団の消滅の成立要件である（財団がその消滅登記により消滅する。）から，登記原因はないので記載しない。
③ 申請人の表示（工抵規則18条1項，不登令3条1号）
　財団の消滅登記は，財団の所有権の登記名義人（又はその相続人など）の申請によってのみするのであって，それ以外の第三者が債権者代位等により申請することはできない（昭31.6.14民事甲1273号民事局長回答第三㈡）。
④ 添付情報の表示
⑤ 申請年月日
⑥ 登記所の表示
⑦ 代理人の表示
⑧ 登録免許税額
　財団の消滅登記の登録免許税は，「登記の抹消」として，1件（財団1個）につき6,000円である（税法別表第一・五㈧）。
⑨ 財団の表示（工抵法21条）
　消滅登記を申請しようとする財団を表示する。登記番号も記載する（工抵規則5条1項）。

2:13:4:3:2　添付情報
　財団の消滅登記の申請をする場合は，次に掲げる情報を提供しなければならない。
① （申請書の写し）
② 登記原因証明情報（不登法61条）
　財団消滅の場合は，登記原因を証する書面は初めから存在しないが，財団を消滅させる事由はあるので，その事由を記載した報告的な登記原因証明情報（原本）を提供する。
③ 会社法人等番号

④ 代理権限証明情報

[別記様式] 登記原因証明情報（抄）
　登記の原因となる事実又は法律行為
(1) 当該鉱業財団に設定されていた抵当権設定登記は，平成〇年〇月〇日抹消の登記がされた。
(2) よって，本件鉱業財団に設定されている抵当権の登記が全部抹消されたので，財団の消滅登記を申請するものである。

2:13:4:4　消滅登記の実行手続
① 財団の消滅登記をするときは，登記記録の表題部の登記事項を抹消する記号を記録し，登記記録を閉鎖しなければならない（工抵規則35条）。
　この場合は，財団目録の記録及び図面の適宜の箇所に「〇年〇月〇日登記記録閉鎖」と記録する（昭31.6.14民事1273号民事局長回答第二㈢）。
② 表題部に消滅登記をする場合の記録事項については，明文の規定がないが，申請の受付年月日，受付番号，登記の目的として消滅登記である旨を記録すべきであろう。登記原因は存在しないからその記録は必要ないし，登記の年月日の記録も必要ない。
③ 消滅登記により登記記録を閉鎖した場合は，工抵法44条の規定による手続をする（工抵法48条2項）。

3 漁業財団

　漁業法は，漁場の利用関係を規定した漁業に関する基本法で，一定の期間，一定の漁場で他人を排除して漁業を営む権利を漁業権と規定し，漁業財団の主な組成物件となっている。

　漁業法は，平成30年12月8日に大改正され，公布の日から起算して2年を超えない範囲において政令で定める日から施行される。

3：1　漁業の許可

3：1：1　大臣又は知事の許可・認可

① 「船舶により行う漁業」であって農林水産省令で定めるもの（「大臣許可漁業」という。）を営もうとする者は，船舶ごとに農林水産大臣の許可を受けなければならない（漁業法36条1項）。

　この省令は，漁業調整のため漁業者及びその使用する船舶について制限措置を講ずる必要があり，かつ，政府間の取決めが存在すること，漁場の区域が広域にわたること，その他の政令で定める事由により措置を統一して講ずることが適当であると認められる漁業について定める（同条2項）。

　大臣許可漁業以外の漁業であって農林水産省令又は規則で定めるものを営もうとする者は，都道府県知事の許可を受けなければならない（同法57条1項）。（注）

（注） 国又は都道府県は，それぞれ，どのような漁業を「所管」するかは，農林水産省令で定めるとし，同省令は，漁業調整のため漁業者及びその使用する船舶について制限措置を講ずる必要があり，かつ，漁場の区域が広域にわたることその他の「政令で定める事由」により当該措置を統一して講ずることが適当であると認められる漁業について定める，としているが，事例が抽象的すぎるし，少なくとも所管については，政令で定めるべきではないかと考える。

　現行旧法は，「船舶により行（な）う漁業であって政令で定めるもの（以下

「指定漁業」という。）を営もうとする者は，船舶ごとに（母船式漁業（製造設備，冷蔵設備その他の処理設備を有する母船及びこれと一体となって当該漁業に従事する独航船その他の農林水産省令で定める船舶（以下「独航船等」という。）により行（な）う指定漁業という。以下同じ。）にあっては，母船及び独航船等ごとにそれぞれ），農林水産大臣の許可を受けなければならない。」とし（52条1項），さらに，「指定漁業（母船式漁業を除く。）の許可を受けようとする者であって現に船舶を使用する権利を有しないもの（者）は，船舶の建造に着手する前又は船舶を譲り受け，借り受け，その返還を受け，その他船舶を使用する権利を取得する前に，船舶ごとに，あらかじめ起業につき農林水産大臣の認可を受けることができる。」（54条1項）としている。

　　なお，本書は可能な限り，改正法に基づき説明するが，現時点では不明な点が多いため，正確な説明ができない点があることを了承願いたい。

② 許可を受けようとする者であって現に「船舶」（知事許可漁業においては「船舶等」（船舶その他の漁業の生産活動を行う基本的な単位となる設備をいう（漁業法8条3項））。）を使用する権利を有しないもの（者）は，船舶（等）の「建造」（知事許可事業においては「建造又は製造」（同法58条））に着手する前又は船舶（等）を譲り受け，借り受け，その返還を受け，その他船舶（等）を使用する権利を取得する前に船舶（等）ごとに，あらかじめ起業につき農林水産大臣又は知事の認可（「起業の認可」という。）を受けることができる（同法38条，58条）。起業の認可を受けた者がその起業の認可に基づいて許可を申請した場合において，申請の内容が認可を受けた内容と同一であるときは，農林水産大臣又は知事は，同法40条1項各号のいずれかに該当する場合を除き，許可をしなければならない（同法39条，58条）。

③ 許可の有効期間は，漁業の種類ごとに5年を超えない範囲内において農林水産省令で定める期間とする（漁業法46条1項，58条）。

　　許可又は起業の認可を受けた者が死亡し，解散し，又は分割（許可又は

起業の認可を受けた船舶を承継させるものに限る。）をしたときは，その相続人（相続人が２人以上ある場合においてその協議により許可漁業を営むべき者を定めたときは，その者），合併後存続する法人若しくは合併によって成立した法人又は分割によって船舶を承継した法人は，許可又は起業の認可を受けた者の地位を承継する（同法48条1項）。**（注１）（注２）**

（注１） 漁業法48条は，知事許可漁業に準用していない（58条）。
（注２） 許可及び起業の認可に関する経過措置

　　　新法施行の際現に旧法（52条1項，65条1項又は66条1項）の許可を受けている者（以下「旧許可者」という。）の営む漁業が，新法（36条1項，57条1項又は119条1項）の許可を要する者に該当する場合，旧許可者は，施行日において新法の許可を受けたものとみなす（同法附則8条1項）。また，この法律の施行の際現に旧法（54条1項）の認可を受けている者が施行日後に営む漁業が，新法（36条1項）の許可を要するものに該当する場合は，当該認可を受けている者は，施行日において新法（38条）の認可を受けたものとみなす（同附則8条2項）。

　　　これにより受けたものとみなされる許可及び認可の有効期間は，旧法（52条1項，65条1項若しくは66条1項）の許可又は旧法（54条1項）の認可の有効期間の残存期間とする（同附則8条3項）。

3:1:2　漁業権
3:1:2:1　漁業権の種類

　漁業権には，漁具を定置して営む「定置漁業権」（漁業法60条3項），一定の区域内において営む3種の養殖業「区画漁業権」（同条4項），一定の水面を共同で利用して漁業を営む5種の「共同漁業権」（同条5項）の三つがある（同条2項）。存続期間は，5年又は10年である（同法75条1項）。

① 定置漁業とは，漁具を定置して営む漁業であって次のものをいう。

　a　身網の設置される場所の最深部が最高潮時において水深27メートル

（沖縄県にあっては，15メートル）以上であるもの（瀬戸内海におけるます網漁業並びに陸奥湾における落とし網漁業及びます網漁業を除く。）
　　b　北海道においてさけを主たる漁獲物とするもの
② 区画漁業とは，次に掲げる漁業をいう。
　　a　第1種区画漁業　一定の区域内において石，瓦，竹，木その他の物を敷設して営む養殖業
　　b　第2種区画漁業　土，石，竹，木その他の物によって囲まれた一定の区域内において営む養殖業
　　c　第3種区画漁業　一定の区域内において営む養殖業であってa，bに掲げる以外のもの
③ 共同漁業とは，次に掲げる漁業であって一定の水面を共同で利用して営むものをいう。
　　a　第1種共同漁業　藻類，貝類又は農林水産大臣の指定する定着性の水産動物を目的とする漁業
　　b　第2種共同漁業　海面（海面に準ずる湖沼の水面を含む。）のうち農林水産大臣が定めて告示する湖沼に準ずる海面以外の水面（「特定海面」という。）において網漁具（えりやな類を含む。）を移動しないように敷設して営む漁業であって定置漁業以外のもの
　　c　第3種共同漁業　特定海面において営む地びき網漁業，地こぎ網漁業，船びき網漁業（動力漁船を使用するものを除く。），飼付漁業又はつきいそ漁業（aに掲げるものを除く。）
　　d　第4種共同漁業　特定海面において営む寄魚漁業又は鳥付こぎ釣漁業
　　e　第5種共同漁業　内水面（海面以外の水面をいう。）又はbの湖沼に準ずる海面において営む漁業であってaに掲げるもの以外のもの

3:1:2:2　海区漁場計画

都道府県知事は，その管轄に属する海面について，5年ごとに漁業権について次の事項を定める（漁業法62条）。
　　a　漁場の位置及び区域

b　漁業の種類
　　c　漁業時期
　　d　存続期間（法定期間（10年又は5年・同法75条）より短い場合）
　　e　区画漁業権については，個別漁業権又は団体漁業権の別
　　f　団体漁業権については，その関係地区（漁業権に係る漁場が属する地区）
　　g　そのほか，漁業権の設定に関し必要な事項

3:1:2:3　漁業の免許

① 定置漁業及び区画漁業は，漁業権又は入漁権に基づくものでなければ営むことはできない（漁業法68条）。「入漁権」とは，設定行為に基づき，他人の区分漁業権又は共同漁業権（これらを「団体漁業権」という。）に属する漁場において団体漁業権の内容である漁業の全部又は一部を営む権利をいい（同法60条7項），漁業協同組合及び漁業協同組合連合会以外の者は，入漁権を取得することができない（同法97条）。（注1）

② 漁業権の内容である漁業の免許を受けようとする者は，都道府県知事に申請しなければならず，免許を受けた者は，漁業権を取得する（漁業法69条）。

③ 同一の漁業権について免許の申請が複数あるときは，都道府県知事は，次に定める者に対して免許を付与する（漁業法73条）。（注2）
　　a　漁業権の存続期間の満了に際し，漁場の位置及び区域並びに漁業の種類が満了する漁業権（以下「満了漁業権」という。）とおおむね等しいと認められるものとして設定される漁業権について満了漁業権を有する者による申請がある場合であって，その者が満了漁業権に係る漁場を適切かつ有効に活用していると認められる場合はその者
　　b　a以外の場合は，免許の内容たる漁業による漁業生産の増大並びにこれを通じた漁業所得の向上及び就業機会の確保その他の地域の水産業の発展に最も寄与すると認められる者

(注１) 「入漁権」の定義について，旧法（7条）は，設定行為に基づき，他人の共同漁業権又はひび建養殖業，藻類養殖業，垂下式養殖業（縄，鉄線その他これらに類するものを用いて垂下して行う水産動物の養殖業をいい，真珠養殖業を除く。），小割り式養殖業（網いけすその他のいけすを使用して行う水産動物の養殖業をいう。）若しくは第3種区画漁業たる貝類養殖業を内容とする区画漁業権（以下「特定区画漁業権」という。）に属する漁場においてその漁業権の内容たる漁業の全部又は一部を営む権利をいう，としていた。

(注２) 旧法は，漁業者又は漁業従事者等に免許を優先するとしていたが（15条～19条），廃止された。そのため，「地域の水産業の発展に最も寄与すると認められる者」として，企業（場合によっては外国企業も）の参入が可能となった。ただし，共同漁業権（漁業法60条2項）は，現行と同様に漁協のみに優先して免許を付与するとし，また，養殖に係る区画漁業権は，既存の漁業権者（漁協等）が水域を適切かつ有効に活用しているときは，その者に優先して免許する（73条2項1号），としている。

3:1:2:4　漁業権の性質

① 漁業権の存続期間は，免許の日から起算して，区画漁業権（真珠養殖業を内容とするものその他の農林水産省令で定めるものに限る。）及び共同漁業権については10年，その他の漁業権については5年とする（漁業法75条）。(注)

② 漁業権は，物権とみなされ，土地に関する規定が準用される（漁業法77条1項）。漁業権は，相続又は法人の合併若しくは分割（同法76条）による場合を除き，移転の目的とすることができない。ただし，個別漁業権については，滞納処分による場合，先取特権者若しくは抵当権者がその権利を実行する場合等において，この限りでない（同法79条1項）。

③ 漁業権は，貸付けの目的とすることができない（漁業法82条）。また，漁業権の各共有者は，他の共有者の3分2以上の同意を得なければ，持分を処分することができない（同法84条）。

④ 個別漁業権について抵当権を設定した場合において，漁場に定着した工作物は，漁業権に付加してこれと一体を成す物（民法370条）とみなす。個別漁業権が先取特権の目的である場合も同様である（漁業法78条1項）。また，個別漁業権を目的とする抵当権の設定は，都道府県知事の認可を受けなければ，効力を生じない（同条2項）。

3:1:2:5 免許漁業原簿

漁業権並びにこれを目的とする先取特権，抵当権及び入漁権の設定，取得，保存，移転，変更，消滅及び処分の制限並びに漁業権の行使の停止（漁業法92条2項）及びその解除（同法93条1項）は，免許漁業原簿に登録する（同法117条1項）。この登録は，登記に代わるものとする（同条2項）。

(注) 漁業権に関する経過措置
① 新法施行の際現に旧法（10条）の免許を受けている者は，施行日において新法（69条1項）の免許を受けたものとみなす（同附則9条1項）。受けたものとみなされる免許に係る漁業権の存続期間は，旧法（10条）の免許に係る漁業権の残存期間とする（同条2項）。
② 新法施行日前に旧法（11条5項）による公示がされ，施行日以後に行われる免許については，なお従前の例による（同附則10条）。
③ 新法施行の際現に旧法（26条1項ただし書）の認可を受けている者は，施行日において新法（79条1項ただし書）の認可を受けたものとみなす（同附則11条）。

3:2 財団の設定

① 漁業財団は，漁業財団抵当法（以下「漁抵法」という。）により設立されるが，a 個別漁業権，b 漁業の用に供する登記した船舶，c 水産物の養殖場を基本とし，これに加えて，漁業を経営するための各種の物件をもって組成される（漁抵法1条）。財団は，所有権の保存登記により成立す

る。
② 財団に関しては，原則として，工場財団に関する工抵法の規定が準用され（漁抵法5条），法律的取扱いは，ほとんど工場財団と同様である。ただし，漁抵法は，漁業権の特殊性から特別の規定（3条ノ2，4条）を設けている。
③ 財団は，所有権及び抵当権以外の権利の目的とすることができない（漁業法5条・工抵法14条）。また，漁業権は賃貸することができないから（漁業法82条），漁業権を組成物件とする財団は賃貸することができない。

3：3　財団に関する登記

　財団は，所有権の保存登記により成立し，1個の不動産とみなされるが，所有権及び抵当権以外の権利の目的とすることはできない。財団の権利に関する登記は，2：2のとおりである。

3：3：1　財団登記簿

　財団に関する登記をするため，財団登記簿が設けられ，登記記録は，工場財団登記簿と同様，表題部，権利部（甲区及び乙区）から成り立っている（工抵規則5条，2：2：1②参照）。

3：3：2　管轄登記所

　財団の所有権の保存登記の管轄登記所については，工抵法17条が準用され，a　個別漁業権の漁場に最も近い沿岸の属する市町村等の行政区画，b　漁業の用に供する登記船舶の船籍港，c　水産物の養殖場（漁抵法1条）の所在地，をそれぞれ管轄する登記所に申請する（同法5条）。
　所在地等が数個の登記所の管轄にまたがる場合又は数個の登記所の管轄地内にある場合は，数個の登記所が同一の法務局又は地方法務局の管内の登記所であるときはその法務局又は地方法務局の長に，数個の登記所が同一の法務局の管轄区域（法務省設置法18条の事務に関する管轄区域をいう。）内の登記所であるときは法務局の長に，数個の法務局の管轄区域内にあるときは法務大臣にそれぞれ管轄登記所の指定を申請し，指定された登記所が管轄登記

所となる（工抵法17条2項，管轄指定省令2条・1条，2：2：2）。

3：3：3 財団の組成物件

　財団の組成物件は，漁抵法2条により，「同一人ニ属スルモノノ全部又ハ一部ヲ以テ之ヲ組成」することができ，同条各号掲記の物件以外の物件は，財団に属させることができない。

① 個別漁業権（1号）

　個別漁業権（団体漁業権以外の漁業権，漁業法62条2項1号ホ）は，財団を設定する基本の物件として組成物件となり得る。なお，団体漁業権とは，他人の区画漁業権（漁業を自ら営まない漁業協同組合又は漁業協同組合連合会が免許を受けたものに限る。）又は共同漁業権をいう（同条7項）。

　漁業権は，貸付けの目的とすることはできず（同法82条），個別漁業権を目的とする抵当権の設定は，都道府県知事の認可を受けなければ効力を生じないし（同法78条2項），財団に属させることもできない（漁抵法3条ノ2）。

　個別漁業権を基本として財団を設定する場合は，漁場に定着した工作物は，財団の組成物件となり得るが，組成物件としない場合でも，財団の抵当権の効力は及ぶ（同法3条1項）。

② 船舶並びにその属具及び附属設備（2号）

　船舶は，登記できる船舶のみならず登記できないものも財団の組成物件となり得るが，登記した船舶は，漁業財団の基本物件として財団を設定することができる（漁抵法2条1項2号）。

　船舶の附属設備も，財団の組成物件となるし，船舶の属具（属具目録に記載したものは船舶の従物と推定される（商法685条））も組成物件とすることができる。船舶が財団に属するときは，属具を財団の組成物件としない場合でも，財団の抵当権の効力は，属具に及ぶ（漁抵法3条2項）。しかし，属具を財団の組成物件としないときは，組成物件であることによるその処分制限はされないことになる。

③ 土地及び工作物（3号）

土地及び工作物（漁業の用に供するもの）は，財団の組成物件となり得る。工作物とは，建物その他土地に建設した施設をいう。個別漁業権が財団に属するときは，その漁場に定置した工作物が財団の組成物件でないときも，財団の抵当権の効力はそれに及ぶ（漁抵法3条1項）。もっとも，工作物を財団の組成物件としないときは，組成物件であることによる処分制限はない。

④　地上権及び土地若しくは水面の使用又は引水若しくは排水に関する権利（4号）

地上権及び土地の使用に関する権利又は水面の使用若しくは引水若しくは排水に関する権利は，財団の組成物件とすることができる。

a　地上権は，漁業の用に供する工作物の設置のために設定されたものである。

b　土地の使用に関する権利とは，漁業のために土地を使用する権利（賃借権，地役権）である。

c　水面の使用又は引水若しくは排水に関する権利とは，官公署の許可，認可又は慣習により水面（公水，私水を含む。）を使用する権利，引水又は排水のための地役権等の権利をいう。官公署の許可又は認可による水面の使用等に関する権利で，移転について官公署の許可等が必要なものは，許可等がない限り，財団に属させることはできない（漁抵法2条2項）。

⑤　漁具及び副漁具，機械，器具その他の附属物（5号，6号）

漁具及び副漁具，機械，器具その他の附属物は，財団の組成物件とすることができる。これらの機械，器具等は，もちろん漁業の用に供されるものである。

⑥　物に関する賃借権（7号）

物に関する賃借権とは，不動産又は動産の賃借権をいうが，それらの賃借権は，賃貸人の承諾を得た場合に限り，財団の組成物件とすることができる。

⑦　工業所有権（8号）

　工業所有権は，財団の組成物件とすることができる。特許権，実用新案権，意匠権及び商標権並びにこれらに関する実施権（専用実施権及び通常実施権）及び使用権（専用使用権及び通常使用権）がある。

　工業所有権は，いずれも登録によって発生する権利であるから，財団の組成物件であるためには，登録がされていなければならない（工抵法23条4項）。

3：3：4　組成物件の要件

　財団の組成物件とすることができるのは，前掲（3：3：3）の物件であるが，これらの物件を財団に属させるためには，次の要件が必要である（2：3：2）。

① 登記又は登録のある物件については，所有権等の登記又は登録がされていること。
② 全ての物件について他人の権利又は差押え，仮差押え，仮処分の目的となっていない（そのような登記の存しない）こと（工抵法12条，13条1項）。
③ これらの財産権（個別漁業権を除く。）で移転について行政庁の許可又は認可を必要とするものは，財団に属させることの許可又は認可を得たものであること。賃借権については，賃貸人の承諾を得たものでなければならない（漁抵法2条2項）。
④ 個別漁業権については，都道府県知事の認可を得たものであること（漁抵法2条3項）。

3：3：5　組成物件の処分制限

　財団の組成物件となったものについては，これを譲渡し，又は所有権以外の権利の目的とすることができない。さらに第三者がこれを差押え，仮差押え又は仮処分の目的とすることもできない（工抵法13条2項，2：3：3，4）

3:3:5:1　所有権の保存登記前の処分制限

　財団の所有権の保存登記の申請があった後，所有権の保存登記がされれば，それらの物件は財団の組成物件となる。しかし，その間に物件が個々的に処

分され，他人の権利の目的となり，又は差押え等の処分制限の目的となると財団の設定ができなくなる。

　このような処分制限は，第三者の権利を害するおそれがあるので，登記又は登録の制度のある物件については，登記簿又は登録原簿に財団に属すべきものとして，財団について所有権の保存登記の申請があった旨等を記録又は記載をし（工抵法23条1項），また，登記又は登録の制度のない動産については財団に属すべきものとして，財団の所有権の保存登記の申請があったことの公告をし（同法24条），記録又は公告があったときから処分が制限される。

　したがって，財団の所有権の保存登記の申請後であっても，記録若しくは記載又は公告がされるまでの間は処分は制限されない（同法29条，33条）。これは，物件を追加する財団目録の記録の変更登記の申請があった場合も，同様である。

3:3:5:2　所有権の保存登記後の処分制限

① 　工抵法13条2項は，「財団ニ属スルモノハ之ヲ譲渡シ又ハ所有権以外ノ権利，差押，仮差押若ハ仮処分ノ目的ト為スコトヲ得ス但シ抵当権者ノ同意ヲ得テ賃貸ヲ為スハ此ノ限ニ在ラス」と規定して，財団の組成物件となったものの処分を制限している。財団の単一体としての価値を維持し，財団の担保価値を把握する抵当権者を保護しようとするものである（2:3:4）。

② 　この点は，抵当権の効力の及ぶ機械，器具等の処分を自由とし，抵当権の追及力を認めるにすぎない工抵法2条における工場抵当の抵当権者よりも厚く保護している。そして，これらの処分制限による取引の安全を図るために工抵法は，財団に属する組成物件で登記又は登録のあるものについては，財団の所有権の保存登記をしたときは，登記簿又は登録原簿にその物件が財団に属するものである旨を記録・記載をし（工抵法34条），また，登記又は登録の制度の存しない一般の動産については，財団の所有権の保存登記の申請があったときに，動産が財団に属すべきものとして財団の所有権の保存登記の申請があった旨を公告して（同法24条），第三者に処分

制限を公示している。
③ さらに，財団の所有権の保存登記をして財団が設定された後に，財団に新たに属するに至った物件についても，同様の記録・記載又は公告をすべきものとし（工抵法43条），登記又は登録のあるものが財団に属さないことになったときは，財団に属する旨の記録を抹消するとしている（同法44条1項）。

3:3:5:3 財団の所有権移転と組成物件の権利移転

財団の所有権が移転した場合は，組成物件の個々についても権利の移転が生ずる。
① 個々の登記又は登録のある組成物件の権利移転の第三者対抗要件としては，移転の登記又は登録がされることが必要である。財団そのものの移転登記のみでは，個々の物件についての第三者対抗要件を具備したとはいい難い。もっとも，その物件については，財団に属した旨の記録がされ，処分は制限されているから，正当な取引関係にある第三者が出現することはないので，移転登記又は登録は，実際には重要ではないであろう。
② 個々の物件についての移転登記又は登録の手続については，財団そのものの移転がない限り，することができない（工抵法29条）。まず，財団そのものの移転登記をし，移転登記を証する登記事項証明書等を提供して，個々の組成物件の移転登記又は登録を申請すべきである。この場合，登記又は登録の原因は，財団そのものの移転である。

3：4 財団目録

財団に属する物件を明確にするため，財団の所有権の保存登記を申請する場合は，物件を表示した財団目録を提供し，内容に変更を生じた場合は，目録の記録の変更登記を要するとしていることは，鉱業財団と同様である（2：4）。

財団目録の作成は，工場財団目録（工抵法22条，工抵規則25条）に準じてされるが，次の諸点を注意すべきである。

① 目録の作成

数個の個別漁業権又は登記船舶若しくは水産物の養殖場を基本として設定される漁業財団目録は，各個別漁業権又は登記船舶若しくは養殖場ごとに作成する（工抵規則 15 条）。

② 組成物件の記録方法

組成物件の記録方法は，漁抵規則の定めによる。

a 漁業権→存続期間，漁場の位置，漁業の種類及び名称，漁獲物の種類，漁業の時期，免許に付した条件又は制限，免許の年月日及び免許番号（3 条）

b 土地の使用権（地上権及び賃借権を除く。）→土地の所在する市，区，郡，区，町，村及び字並びに土地の地番，使用の目的，使用の範囲，使用の時期及び期間，許可の年月日，使用料又は補償金及びその支払時期（4 条）

c 水面の使用権→水面の位置及び面積，使用の目的，使用の時期及び期間，許可の年月日（行政庁の許可，認可により使用を認められるものに限り，許可の年月日並びに使用料及びその支払時期）（5 条）

d 引水又は排水に関する権利（地役権を含まない。）→存続期間，水路の位置，水量（水量を記録することができないきは，引水権にあっては水路の取入口，排水権については排出口における水路の断面積及び流速），許可の年月日（許可にかからないものについては記録する必要がない。），使用料及び支払時期（6 条）

e 漁網→大きさ及び個数（7 条）

f 登記をすることができない船舶→船名，船舶の種類，総トン数，進水年月（8 条本文）

g 端舟その他の舟であって，f の各事項を記録できないもの→船舶の長さ，幅及び隻数（8 条ただし書き）

h ひび→柵の数及び 1 柵当たりの株数（9 条）

i 地役権→その目的である土地の所在及び地番を表示するほか，地役権

の範囲及び設定登記の順位番号

 ｊ 土地，工作物，機械，器具，登記した船舶，地上権，賃借権，工業所有権及び登録自動車→工抵規則7条ないし13条の工場財団（エ4：3：12：3）と同じ

③ 漁場の図面及び工作物の配置図面並びにその変更

 財団の所有権の保存登記を申請する場合，漁業権をもって漁業財団を設定するときは漁場の図面，漁場外に建設した工作物があるときは工作物の配置を記録した図面を提供する（漁抵規則10条1項）。

 漁業権は，物権とみなされているので，漁場の区域は，明確でなければならない。したがって，海面に基点を定めて方位及び距離によって沖合の点を定め，これらの点を結び合わせることによって，その区域を定めなければならない。基点は，基準点又は燈台，橋梁等の基柱，碑，岩石，岬角等の不動物を選定することが相当である。

 これらの図面は，漁業権ごとに作成し，申請人が記名するとともに作成者が署名，又は記名押印する（同条2項，3項・不登規則74条2項）。この図面の作成方法は，工場財団の工場図面と同じである（工抵規則22条，財団準則附録17号）。

3：5 財団の所有権の保存登記

3：5：1 財団の設定者

 財団は，個別漁業権，登記した船舶又は水産物の養殖場を基本として「同一人」に属する漁抵法2条1項各号に掲げる物件又は権利をもって組成されるから，財団を設定し得る者は，次のとおりである。

 なお，共同漁業権（漁業法60条5項）又は団体漁業権（同条7項）を有する者は，財団を設定することができない。

① 個別漁業権（漁業法60条3項の定置漁業権及び4項の区画漁業権）を有する者。ただし，漁業協同組合又は漁業協同組合連合会が有するものを除く。

個別漁業権を組成物件とする財団について抵当権を設定するためには，都道府県知事の認可が必要であるが（漁抵法3条ノ2第1項），知事は，抵当権の設定が漁業の経営に必要な資金の融通のため，やむを得ないと認められる場合でなければ認可することができない（同条2項，同法2条4項）。
② 漁業の用に供する登記した船舶を有する者
③ 水産物の養殖場を有する者
　真珠の養殖業を営む者は，区画漁業権を分離し，その他の物件をもって，「水産物の養殖場」を基本とする財団を設定することができるとされている（昭34.11.18民事甲2564号民事局長回答）。

3：5：2　財団の設定範囲

　財団は，財団を設定し得る個別漁業権，漁業用の登記した船舶又は水産物の養殖場を基本として設定される。これらの漁業権，船舶又は養殖場が工場財団における工場に相当する。以下，これらを「基本組成単位（施設）」という。
　基本組成単位のうち1又は2以上を基本として，それによる漁業に関する漁抵法2条1項各号の物件又は権利をもって，財団が設定される（2：5：2）。

3：5：3　財団の所有権の保存登記の申請手続

　財団は，財団登記簿に所有権の保存登記をすることによって設定される（工抵法9条，2：5：3）。そして，それは1個の不動産とみなされる（同法14条1項）。
　財団は，抵当権の目的とするために設けられた制度であるから（同法8条1項），所有権及び抵当権（根抵当権を含む。）以外の目的とすることはできない（同法14条2項）。ただし，抵当権者の同意を得てこれを賃貸することは，この限りでない（同項ただし書）。

3：5：3：1　管轄登記所

　財団の所有権の保存登記の申請は，財団を組成する施設（基本組成物件）の次の「所在地」の法務局若しくは地方法務局又はその支局若しくは出張所が管轄登記所になる（工抵法17条1項，2項，2：5：3：1）。

a　個別漁業権をもってする財団は，漁場に最も近い沿岸の属する市町村又はこれに相当する行政区画
　　b　登記船舶をもってする財団は，船籍港
　　c　水産物の養殖場をもってする財団は，養殖場
　財団を設定しようとする施設が数個の登記所の管轄地にまたがり，又は数個の施設が数個の登記所の管轄地内にある場合は，あらかじめ所有権の保存登記を申請すべき登記所の指定を受けておかなければならない（同条2項）。

3:5:3:2　申請情報の内容

　財団の所有権の保存登記の申請情報の内容についても，工抵法21条が準用される（2:5:3:2）。

① 登記の目的（漁抵規則1条，工抵規則18条1項，不登令3条5号）
　登記の目的としては，「所有権保存」と記載する。
② 所有者の表示（工抵規則18条1項・不登令3条1号，2号）
　所有者（申請人）として，個別漁業権，漁業の用に供する登記船舶又は水産物の養殖場の所有者又は権利者を表示する。
③ 代理人の表示（不登令3条3号）
④ 添付情報の表示
⑤ 申請年月日（不登規則34条1項7号）
⑥ 登記所の表示（不登規則34条1項8号）
⑦ 登録免許税額（不登規則189条1項）
　財団の所有権の保存登記の登録免許税は，財団の数を課税標準として，その1個につき3万円である（税法別表第一・五㈠）。
⑧ 設定しようとする財団の表示
　財団の所有権の保存登記の申請情報の内容として，次のとおり登記記録の表題部に記録されるべき財団の表示事項を記載する（漁抵規則2条1項各号，工抵規則18条2項，附則9条1項・不登規則附則15条2項）。数個の漁業権，登記船舶又は養殖場につき1個の漁業財団を設定する場合は，各事項をそれぞれ記載する。

a　漁業権→漁業の種類，名称，免許番号，漁場の位置及び主たる営業所
　　b　登記船舶→船舶の種類，船名，船籍港，漁業の種類及び主たる営業所
　　c　水産物の養殖場→養殖場の名称，位置，漁獲物の種類及び主たる営業所

「主たる営業所」は，漁業を経営するための主要な営業所である。会社その他の法人が申請人である場合でも，必ずしも本店又は主たる事務所ではない。

3:5:3:3　添付情報

① 申請書の写し（不登規則附則15条2項，2:5:3:3①）

　漁業財団の登記事務についてオンライン指定がされるまでの間は，申請書の写し（「不登規則附則第15条第2項ノ規定ニ依リ提出セラレタル書面」工抵規則附則9条2項）を提供する。ただし，登記済証の交付を希望しない場合は添付を要しない。

　申請書の写しには，申請書に添付して提供される財団目録の写しを合綴する。

② 財団目録

　財団の組成物件の表示を掲げた財団目録（工抵法22条，3:4）を提供する。

　数個の漁業権，登記船舶又は水産物の養殖場につき財団を設定する場合は，漁業権，登記船舶若しくは養殖場ごとに財団目録を別つづりとして作成し，申請人が署名，押印して提供する（工抵規則25条，別記第2号，15条）。

　財団の所有権の保存登記がされたときは，財団目録は，登記記録の一部（表題部の一部）とみなされ，その記録は，登記（漁業財団の表示に関する登記）とみなされる（改正前工抵法35条）。

③ 図面（配置図面）

　漁場の図面（漁業権が財団に属する場合）及び漁場外に建設した工作物があるときは，その工作物の配置を記録した図面を作成し（漁抵規則10条1項），申請人が署名，押印して提供する（不登規則74条2項，財団準則13条

〔漁場及び工作物配置図面〕

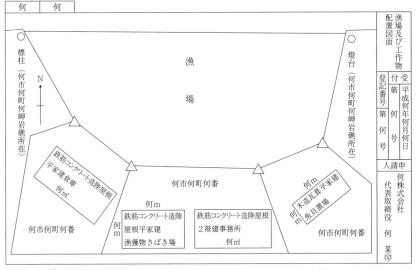

附録第17号)。

④ 個別漁業権を財団に属させる場合の都道府県知事の認可を証する情報(漁抵法2条3項)

　　大臣(漁業法36条1項)又は知事(同法57条1項)の許可(3:1:1)及び知事の免許(同法69条, 3:1:2:3)を証する情報は必要ないものと考える。

⑤ 地上権及び土地又は水面の使用権又は水面の引水若しくは排水に関する権利で,移転につき行政庁の許可又は認可を要するものを漁業財団に属させる場合の行政庁の許可又は認可を証する情報(漁抵法2条2項)

⑥ 賃借権を組成物件とする場合の賃貸人の同意証明情報

　　物の賃借権を財団に属させる場合(漁抵法2条1項7号,2項)は,賃借権の登記においてあらかじめ譲渡を許す旨の特約の登記がある賃借権を除き,賃貸人の同意証明情報を提供する。

⑦ 会社法人等番号又は登記事項証明書

⑧　住所証明情報（工抵規則21条，不登令別表28添付情報ニ，29添付情報ハ）
⑨　代理権限証明情報
⑩　管轄登記所指定情報
　　財団の所有権の保存登記を申請する場合において，管轄登記所の指定を要するときは，その指定のあったことを証する情報を提供する（工抵規則19条，財団準則2条～6条）。

3：5：4　所有権の保存登記の実行手続

　財団の所有権の保存登記の申請があった場合の手続及び登記の実行手続については，特別の定めがあるほかは工場財団に関する工抵法及び工抵規則が準用され，不登法及び同規則等の適用がある。したがって，この点に関しては，鉱業財団の所有権の保存登記の実行手続（2：5：4）と同様である。

3：5：4：1　却下事由の審査

　財団の所有権の保存登記の申請についても，不登法25条の却下事由があれば，登記官が定めた相当の期間内に補正されない限り，申請は却下される。

3：5：4：2　登記・登録があるものについての手続

　財団の所有権の保存登記の申請があった場合は，財団に属すべき物件の処分が制限され（工抵法29条，33条），また，処分制限のあることを公示する。さらに，財団に属させるものについては，要件の有無を審査する必要があるので，財団に属すべきもので登記又は登録のあるものについては，次のような手続を定めている。

① 登記がされているもので，財団の所有権の保存登記の申請があった管轄登記所に属するものについては，登記官は，職権をもって登記記録（用紙）中権利部（相当区事項欄）に「財団ニ属スヘキモノトシテ其ノ財団ニ付所有権保存ノ登記ノ申請アリタル旨，申請受付ノ年月日及受付番号」を記録する（工抵法23条1項）。

② 財団に属すべきもので登記又は登録のある物件が登記記録上他人の権利の目的となっていること又は差押え，仮差押え若しくは仮処分の目的となっているため，財団の所有権の保存登記の申請を却下すべきことが明白

である場合は，直ちに工抵法27条1号により申請を却下すべきである。
③　財団の組成物件中登記がされているもので，所有権の保存登記の管轄登記所以外の登記所に属するものがある場合，登記官は，物件の管轄登記所に対して遅滞なく，その物件が財団に属すべきものとして所有権の保存登記の申請があった旨，申請の受付年月日及び受付番号を通知する（工抵法23条2項，財団準則13条附録第9号通知書）。
④　通知を受けた登記所は，①と同様の手続をして，登記事項証明書（抹消にかかる事項を記載することを要しない。）を通知を発した登記所に送付する（工抵法23条3項，財団準則14条附録第10号送付書）。
⑤　工業所有権，自動車及び小型船舶が財団に属すべきものとして，財団につき所有権の保存登記の申請があった場合は，登記官は，③の場合と同様，管轄する登録官庁に財団につき「記録スベキ事項」すなわち所有権の保存登記の申請があった旨，申請の受付年月日及び受付番号を遅滞なく通知する（工抵23条4項）。

3:5:4:3　公告手続

財団に属すべき動産で登記又は登録の制度のあるもの（小型船舶及び自動車）以外のものについても，処分制限のあることを公示する目的と財団の組成物件とすることができる要件の有無を審査するために，公告手続を設けている（工抵法24条，2:5:4:3）。

3:5:4:4　申請の却下

財団の所有権の保存登記の申請は，不登法25条各号及び工抵法27条各号所定の却下事由の有無を審査し，それがある場合は却下する（工抵法27条，2:5:4:4）。

3:5:4:5　却下した場合の手続

登記官は，所有権の保存登記の申請を却下したときは，登記所の管轄に属する物件について，工抵法23条1項の規定によりした記録（事項）を職権で抹消する（工抵法28条1項）。また，所有権の保存登記の申請を公告期間の満了前に却下したときは，遅滞なく，公告を取り消さなければならない（同

法24条2項，2：5：4：5）。

3：5：4：6　所有権の保存登記の時期

　財団の所有権の保存登記については，登記の実行前に工抵法23条及び24条に定める手続をするから，受付番号の順に所有権の保存登記をすることはできない。公告期間中に申請された他の土地，建物についての登記は，財団登記の完了を待たずにすることになる。すなわち，この限りでは，「受付番号の順序に従ってする」とする不登法20条の規定は適用はされない。しかし，工抵法23条所定の記録（登記）は，受付番号の順序によりすべきである。財団の所有権の保存登記の実行時期は，いわゆる公告期間との関係で注意する。

　そこで，工抵法10条との関係から所有権の保存登記がいつされたかが問題になるので，所有権の保存登記の末尾に登記の年月日を記録する（財団準則24条）。

3：5：4：7　財団登記簿への記録（記載）

　財団の所有権の保存登記は，次のとおり財団登記簿に記録する（工抵法9条）。

①　財団登記簿の表題部に財団の表示をする。表示は，漁抵規則2条に定める事項で，所有権の保存登記の申請情報の内容に従って記録する（工抵法21条）。

　　なお，各別の所有者に属する数個の基本組成物件（施設）について設定される財団については，申請情報の内容に従って各所有者別に表示事項を記録する（工抵規則24条1項，2項）。このほか，登記の年月日も記録（記載して登記官が押印）する（不登法27条2号（旧不登法51条））。

②　登記記録の表題部に財団の表示に関する事項について（工抵法20条2項）登記をした順序，すなわち，その登記所において財団の所有権の保存登記をした順序に登記番号を記録する（工抵規則5条1項）。

③　登記記録の権利部の相当区（甲区事項欄）には，所有権に関する事項を記録する（工抵法20条3項）。

各別の所有者に属する数個の施設について財団を設定する場合は，同事項欄に所有者の氏名（又は名称及び住所（又は主たる事務所），を列記する。
　　なお，所有権の保存登記をした年月日を登記の末尾及び受付帳に記録する（財団準則24条1項，2項）。

3:5:4:8　財団目録及び（配置）図面への記録
　財団の所有権の保存登記を申請する場合は，「財団目録ニ記録スベキ情報」（工抵法22条）及び（配置）図面を提供する。財団目録未指定登記所については2:5:4:8参照。

3:5:4:8:1　財団目録
　財団の組成物件として財団目録に記録する物件は，漁抵規則に定める漁業権，土地の使用権，引水又は排水に関する権利，漁網，登記又は登録されていない船舶及びひび（3:4②）の他は工場財団と同じである。

3:5:4:8:2　図面
　図面は，次により漁場ごとに作成する（3:5:3:3③）。
　a　漁業権があるときは，漁場の図面
　b　漁場の外に建設された工作物の配置図面

3:5:4:9　財団に属した旨の登記
①　登記官が財団の所有権の保存登記をしたときは，財団に属したもののうち，登記があるもので登記所の管轄に属するものについては，職権により登記記録中権利部（甲区事項欄）に財団に属した旨を記録する（工抵法34条1項）。
②　財団に属した登記があるもので他の登記所の管轄に属するもの及び登録があるものについては，物件が財団に属した旨を遅滞なくその登記所又は所轄官庁に通知する（工抵法34条2項・23条2項）。
③　通知を受けた登記所又は所轄官庁は，登記簿又は登録原簿の相当欄に財団に属した旨を記録する（工抵法34条2項・23条3項，4項）。

3:5:4:10　登記識別情報の通知（登記済証の交付）

　財団の所有権の保存登記を完了したときは，登記官は申請人に対して，登記識別情報及び登記番号を通知する（工抵規則38条，不登法21条本文）。ただし，6条指定がされるまでの間は，申請書に添付された申請書の写し（財団目録の写しの合綴されたもの）に申請書の受付年月日，受付番号，順位番号及び登記済の旨並びに登記番号を記載し，登記官印を押捺して，これを登記済証として申請人に交付する（工抵規則附則9条3項，工抵規則38条）。

3：6　財団目録の記録の変更登記

　財団の基本組成単位である各施設の改廃は，経営上当然行われるところであり，金融取引上新たな組成物件を財団に追加して属させ，若しくは組成物件を分離して，財団に属させないこととし，又は組成物件が自然的，人為的に滅失若しくは消滅し，又はその内容の変更をすることがある。この場合は，遅滞なく財団目録の記録を変更する必要があるので，漁抵法5条により工抵法38条から42条までを準用し，財団目録の記録の変更登記の手続を規定している（2：6）。

① 「財団目録ニ掲ケタル事項ニ変更ヲ生シタルトキ」（工抵法38条1項）は，財団目録の記録の変更登記を申請すべきである。財団目録の記録そのものに変更が生じた場合のみならず，財団目録の内容自体に変更が生ずる場合，例えば，新しい機械を財団に属させるために財団目録に新たに記録する必要がある場合なども含まれる。

② 記録に変更を生じたかどうかは，財団目録が財団の基本組成単位ごとに別つづりとして調製されているから（工抵規則15条），財団の基本組成単位ごとの目録について見るべきである。

3:6:1　組成物件の変更

3:6:1:1　変更登記をすべき場合

　工作物や機械，器具等の物件がある財団の基本組成単位である施設が変更された場合は，それらの物件の表示について変更はないが，財団目録が施設

ごとに作成されている関係上，A施設の目録から除いてB施設の目録に掲げなければならない。この場合は，施設の変更を登記原因として，表示の変更による財団目録の記録の変更登記をすることになる。

従前の目録については，物件の表示を施設の変更を原因として抹消し，新たに属するに至ったB施設の目録に登録する。もっとも，新たに物件が属することになった施設が財団の組成施設でない場合は，それらの物件について分離の手続のされない限り，依然としてその財団に属しているが，記録されるべき施設の目録は，別に存在しないので，分離による財団目録の記録の変更登記を申請することになる。

3:6:1:2　財団目録の記録の変更更正登記の申請手続

3:6:1:2:1　申請情報の内容

財団目録に掲げた物件の表示の変更による財団目録の記録の変更更正登記の申請情報の内容は，次のとおりである。

① 登記の目的（工抵規則18条1項，不登令3条5号）

　登記の目的として，「漁業財団目録の記録変更（又は更正）」と記載する。

② 登記原因及びその日付（工抵規則18条1項，不登令3条6号）

　登記原因及びその日付として，変更を生じた事由とその変更の日付を記載する。表示の更正の場合には，「錯誤（又は遺漏）」と記載し，日付は記載しない。

③ 物件の変更更正前の表示と変更更正後の表示

　どの物件について登記を申請するかを明確にするため，登記の目的の記録の一部として物件の変更更正前と変更更正後の表示をする。実務上は，「別紙変更目録記載のとおり」と記載し，目録を添付している（2:6:1:2:1③）。

④ 申請人の表示（工抵規則18条1項，不登令3条1号，2号）

⑤ 申請年月日及び登記所の表示（不登規則34条1項7号，8号）

⑥ 代理人の表示（工抵規則18条1項，不登令3条3号）

⑦ 登録免許税額（不登規則189条1項）

表示の変更更正による目録の記録の変更更正登記の登録免許税は，税法別表第一・五(七)により，財団の数を課税標準として，1個につき6,000円である。表示の変更又は更正の登記をすべき物件が数個であっても，同一申請情報で申請する限り6,000円で足りる。
⑧　財団の表示（漁抵規則2条，工抵法21条3項，工抵規則18条2項）
　　財団の登記番号も記載する。

3:6:1:2:2　添付情報

① （申請書の写し）
② 変更目録（工抵法39条）
　　変更した（又は更正する）物件の表示を掲げた財団目録を提供する。この目録には，変更した（又は更正する）物件の変更（又は更正）後の表示（現在の表示）を掲げるが，記載方法は，各財団目録の各物件の記載方法による。
　　この変更目録も財団の基本組成単位（施設）ごとに作成する（工抵法39条）。すなわち，属する基本組成単位を異にする物件について同時に変更更正登記を申請する場合は，変更目録を基本組成単位ごとに作成する。同一の基本組成単位に属する物件を変更するものと更正すべきものがある場合にも，変更目録として同一の目録に記載して差し支えない。
③ 抵当権者の同意証明情報（印鑑証明書付）（工抵法38条2項）
④ 会社法人等番号（不登令7条1項1号イ）
⑤ 代理権限証明情報（書面）（不登令7条1項2号）
⑥ 変更後の漁場の図面（及び工作物の配置図面）（漁抵規則10条，工抵規則34条）

3:6:1:3　目録の変更更正登記の実行手続

① 従前の目録への記録
　　従前の目録中その物件の表示の側に「変更ヲ生シタル旨（又は更正する旨），申請ノ受付ノ年月日及受付番号」を記録する（工抵法40条）。
② 変更目録（又は更正目録）のつづり込み

申請の受付の年月日及び受付番号を記録する。登記番号の記録は必要でない（工抵規則 17 条）。この追加目録は，従前の施設（漁場）についての財団目録につづり込み，登記官がそのつづり目に契印するのが相当である（平成 16 年に削除された工抵法 39 条 2 項の趣旨）。
③　変更更正後の配置図面の記載

配置図面に変更更正があるときは，変更更正後の図面を提供する（工抵規則 34 条 1 項）。登記官が申請に基づき登記をしたときは，配置図面に申請の受付の年月日及び受付番号を記録する（同条 2 項）。この図面は，変更前の図面につづり込んでおく。

3:6:2　組成物件の追加
3:6:2:1　変更登記をすべき場合

財団の基本組成単位となっていない施設の組成物件を財団に属させる場合（施設を組成施設とする場合）又は新たに施設を新設し，施設を既存の財団の組成施設として，組成物件を財団に属させる場合も，新たに物件を追加する財団目録の記録の変更登記による（工抵法 39 条）。この場合には，財団の表題部の変更登記を併せて申請する（2:6:2:1）。

3:6:2:2　追加による目録の記録の変更登記の申請手続
3:6:2:2:1　管轄登記所

追加による財団目録の記録の変更登記の管轄登記所は，財団を管轄している登記所である。新たに追加する物件（不動産等）が他の登記所の管轄に属している場合においても，現にその財団の管轄登記所である登記所に申請すればよい。所在地が他の登記所の管内にある基本組成単位である施設（養殖場など）を属させる場合も同様である（昭 26.5.17 民事甲 1005 号民事局長通達）。

3:6:2:2:2　申請情報の内容

追加による財団目録の記録の変更登記の申請情報の内容は，次のとおりである。
①　登記の目的（工抵規則 18 条 1 項・不登令 3 条 5 号）

「漁業財団目録の記録変更」と記載する。

② 登記原因及びその日付（工抵規則18条1項・不登令3条6号）

　物件を新たに財団目録に記録することにより，物件は財団に属するから，追加による目録の記録の変更登記の登記原因は存在しないので，登記原因及びその日付は記載しない。

③ 追加する物件の表示

　登記の目的の記録の一部として，追加物件を表示する。追加による目録の記録の変更登記を申請する場合は，追加目録を提供するから，追加目録の記載を援用し，「追加目録記載のとおり」と記載して差し支えない。

　新たな基本組成単位を組成施設とするための組成物件の追加による財団目録の記録の変更登記を申請する場合は，基本組成単位を追加する財団の表題部の変更登記の申請を併せてする。

④ 申請人の表示（工抵規則18条1項・不登令3条1号，2号）

⑤ 添付情報の表示（不登規則34条1項6号）

⑥ 申請年月日及び登記所の表示（不登規則34条1項7号，8号）

⑦ 代理人の表示（不登令3条3号）

⑧ 登録免許税額（不登規則189条1項）

　登録免許税は，追加物件の個数に関係なく財団の数を課税標準として，1個につき6,000円である（税法別表第一・五(七)）。

⑨ 漁業財団の表示（漁抵規則2条，工抵法21条3項，工抵規則18条2項）

　財団の登記番号も記載する。

3:6:2:2:3　添付情報

① （申請書の写し）

② 追加物件目録

　追加による財団目録の記録の変更登記を申請する場合は，追加する物件の表示を掲げた目録を提供する（工抵法39条）。この目録も基本組成単位（施設）ごとに作成する。

③ 抵当権者の同意証明情報（工抵法38条2項）

④ 会社法人等番号（不登令7条1項1号イ）

⑤ 代理権限証明情報（不登令7条1項2号）
⑥ 印鑑証明書（不登令19条）
⑦ 変更後の図面（工抵規則34条）
　図面は，基本組成単位（施設）ごとに作成する（同規則22条2項）。新たに基本組成単位を追加する場合も，基本組成単位に関する図面を提供する。

3:6:2:3　追加による変更登記の実行手続

却下事由（不登法25条各号，工抵法27条1号，2号）のない場合は，次のとおり財団目録の記録の変更登記をする（2:9:2:3:5）。

① 追加された物件の属する基本組成単位についての財団目録の末尾に「新ニ他ノモノヲ財団ニ属セシメタル旨，申請ノ受付ノ年月日及受付番号」を記録し（工抵法41条），登記官印を押捺する。
② 追加目録には，申請の受付年月日及び受付番号を記録して，これを前の目録につづり込み，登記官印を押捺する（工抵規則17条）。
　新たに基本組成単位を追加した場合，追加目録は，追加施設のものであるから，目録には申請の受付年月日及び受付番号のほか，財団の登記番号を記録する。
③ 変更後の図面の提供があった場合は，図面に申請の受付年月日及び受付番号を記録する（工抵規則34条）。基本組成単位を追加した場合の追加目録には，財団の登記番号も記録するが，つづり込みは必要でない。
④ 追加による目録の記録の変更登記をしたときは，追加物件についての登記簿又は登録原簿に物件が財団に属した旨の記載・記録をする（工抵法43条・34条）。管轄登記所は，管轄に属する物件の登記記録の権利部（甲区事項欄）に記録するとともに，他の登記所又は登録官庁の管轄に属する物件については，その登記所又は登録官庁に財団に属した旨を通知し，通知を受けた登記所又は登録官庁は，同じく財団に属した旨の記録又は登録をする。

3:6:2:4　失効した登記の抹消手続

① 追加による目録の記録の変更登記をした場合は，追加物件について記録

した後にされた差押え，仮差押え，仮処分又は先取特権の保存登記は，効力を失うから，その登記を抹消する（工抵法43条・37条）。

抵当権の登記がされていない場合は，追加による目録の記録の変更登記をしただけでは，効力を失わないから，直ちに抹消すべきではない。

② 抵当権の登記がされている場合は，管轄登記所は，追加物件について差押え等の登記がされているときは，直ちにこれを抹消すると同時に，他の登記所又は登録官庁にも，登記又は登録があれば抹消すべき旨を通知し（通知は，財団に属した旨の通知とともにすればよい。），通知を受けた登記所又は登録官庁は，差押え等の登記又は登録を抹消する。

③ 抵当権の登記がされていない場合は，追加による変更登記をしても，管轄登記所自ら差押え等の登記を抹消すべきでないし，また，抹消すべき旨の通知をすべきでない。後にその財団について抵当権の設定登記がされたときに抹消し，又はその旨の通知をし，他の登記所又は登録官庁は，登記又は登録を抹消する。

3:6:2:5 財団の表題部の変更登記が必要な場合

財団の基本組成単位（A施設）となっていないB施設に属している物件を追加するときは，追加する物件で一つの基本組成単位（B施設）として一つの財団を設定できる範囲の組成物件を追加する。

例えば，B施設に属している動産のみを追加することはできないのであって，必ずB施設に属する不動産等を含んでいる必要がある。ということは，基本組成単位（B施設）を追加することになるから，追加による目録の記録の変更登記の申請と同時に表題部の変更登記を申請する。

なお，追加による目録の記録の変更登記の申請がされ，登記が完了しない間に，財団について抵当権の設定登記の申請があった場合は，却下事由の存しない限り，変更登記の完了を待たずに抵当権の設定登記をして差し支えない。

3:6:3 組成物件の分離
3:6:3:1 分離による変更登記をすべき場合
「財団ニ属シタルモノカ‥‥財団ニ属セサルニ至リタル」場合（工抵法42条）は，財団目録の記録の変更登記を申請する（同法38条1項，2:6:3:1）。
3:6:3:2 分離による変更登記をすることができない場合
　財団は，基本組成単位（施設）に設定されるから，施設を組成する必要最小限の物件又は権利，すなわち，個別漁業権，登記船舶又は水産物の養殖場が財団に属していなければならない。

　したがって，1個のA基本組成単位について設定された財団の組成物件から，必要不可欠な組成物件の全部が存在しなくなるような分離による変更登記はできない。また，数個の基本組成単位について設定された財団で，そのうちのA基本組成単位について必要的組成物件の全部を分離した場合は，機械，器具等の動産のみを組成物件として残すことはできないから，A基本組成単位の組成物件の全部を分離する。

　なお，数個の基本組成単位について設定されている財団のうち，A基本組成単位の組成物件の全部を分離することによる財団目録の記録の変更登記を申請する場合は，同時に財団の表題部の変更登記を申請する。
3:6:3:3 分離による財団目録の変更登記の申請手続
3:6:3:3:1 申請情報の内容
① 登記の目的（工抵規則18条1項・不登令3条5号）
　「漁業財団目録の記録変更」と記載する。
② 登記原因及びその日付（工抵規則18条1項・不登令3条6号）
　　抵当権者の同意を得て分離する場合（工抵法15条1項）の登記原因は，分離した日を原因日付として差し支えない。第三者が物件を収用，時効取得又は即時取得を原因として所有権又は質権等を取得したことにより，財団に属しなくなった場合は，第三者が権利を取得した日を登記原因の日付とし，「年月日分離」とする。
③ 分離物件の表示

財団から分離する（した）物件を記載する。数個の基本組成単位について設定されている財団の場合は，所属する基本組成単位の名称を付記する。
④　申請人の表示（工抵規則18条1項・不登令3条1号，2号）
⑤　添付情報の表示（不登規則34条1項6号）
⑥　申請年月日及び登記所の表示（不登規則34条1項7号，8号）
⑦　代理人の表示（不登令3条3号）
⑧　登録免許税額（不登令189条1項）
　　　分離による財団目録の記録の変更登記の登録免許税は，物件の個数に関係なく6,000円であるから（税法別表第一・五(七)），その登録免許税額を記載する。
⑨　財団の表示（漁抵規則2条，工抵法21条3項，工抵規則18条2項）
3:6:3:3:2　添付情報
①　（申請書の写し）
②　抵当権者の同意証明情報（工抵法15条，38条2項，2:9:3:3:2②）
③　（管轄指定を証する情報（工抵規則19条，2:9:3:3:2③））
④　会社法人等番号（不登令7条1項1号イ）
⑤　代理権限証明情報（工抵規則18条1項，不登令7条1項2号）
⑥　印鑑証明書（不登令19条）
⑦　変更後の配置図面（工抵規則34条1項）
3:6:3:4　分離による財団目録の記録の変更登記手続
3:6:3:4:1　却下事由の有無の審査
　　　分離等による変更登記の申請についての却下事由に関しては，一般の場合と同様である。ただし，前述した分離等のできない場合に該当する申請があったときは，申請が登記事項以外の事項を目的とするとき（不登法25条2号）に該当するものとして却下すべきである。
3:6:3:4:2　財団目録への記録
　　　財団目録中財団に属さなくなった物件の表示の側に「財団ニ属セサルニ至リタル旨，申請ノ受付ノ年月日及受付番号」を記録して，物件の表示を抹消

する記号を記録する（工抵法42条）。

3:6:3:4:3　所有権の保存登記の申請があった旨及び財団に属した旨の記録の抹消登記

　財団の組成物件については，処分が制限されているので（工抵法29条，13条2項），登記又は登録の制度のある物件については，登記記録又は登録原簿にその物件につき財団に属すべきものとして財団の所有権の保存登記申請があった旨（同法23条1項）及び物件が財団に属した旨の記録（登記又は登録，同法34条）がされている。したがって，物件が財団に属さなくなったときは，記録を抹消する（同法44条1項）。

① 　財団に属さなくなった登記のある物件が，分離による財団目録の記録の変更登記の登記所の管轄に属する場合は，変更登記をした後，物件の登記記録中工抵法23条及び34条による記録がされている事項欄に，物件が財団に属さなくなったことによる財団目録の記録の変更登記の申請があった旨を記録するほか，申請の受付年月日，受付番号及び工抵法23条及び34条の記録を抹消する旨を記録して，登記官が押捺し記録を抹消する（工抵法44条1項）。

② 　①の物件が，他の登記所又は登録官庁の管轄に属するときは，登記所は，物件の管轄登記所又は登録官庁に，物件が財団に属さなくなった旨を遅滞なく通知する（工抵法44条2項，4項，財団準則22条）。

③ 　②の通知を受けた登記所又は登録官庁は，物件の登記記録又は登録原簿における工抵法23条及び34条による記録がされている欄に，通知の受付年月日，受付番号及び財団に属さなくなった旨を記録し，記録・記載を抹消する（工抵法44条3項，4項）。

3:6:3:4:4　管轄指定の登記所への移送手続

　分離等による財団目録の記録の変更登記をした結果，分離等の後の財団の基本組成単位が登記所の管轄地内に存在しなくなったときは，財団に関する登記記録及びその附属書類（図面を含む。）又は謄本並びに財団目録を，残余の基本組成単位の所在地を管轄する登記所又は管轄指定を受けた登記所に

移送する（不登規則32条，不登準則8条，旧工抵法17条ノ3・17条ノ2）。
3：6：3：4：5　財団の表題部の変更登記をすべき場合

　数個の基本組成単位について設定されている財団から，1又は2以上の基本組成単位（に属する物件全部）を分離する財団目録の記録の変更登記を申請する場合は，同時に財団の表題部の変更登記を申請する。

3：6：4　組成物件の滅失

3：6：4：1　変更登記をする場合

　財団に属している物件，例えば，工作物又は機械，器具等が滅失したとき及び地上権，賃借権等の権利が消滅したときは，財団目録の記録の変更登記を申請する（工抵法38条，42条，2：6：4：1）。

3：6：4：2　組成物件の滅失等と財団の消滅

　財団に属している物件が滅失したことにより，残存する物件のみでは基本組成単位を構成することができない場合は，財団は，消滅（工抵法44条ノ2）に準じて取り扱われる。

① 　数個の基本組成単位について設定されている財団の一部であるA基本組成単位について必要不可欠な物件又は権利が存在しなくなったときは，A基本組成単位が財団の基本組成単位でなくなったものとして財団の表題部の変更登記も申請する。

② 　1個の基本組成単位について設定されている財団の必要不可欠な物件又は権利が滅失又は消滅した場合は，登記した抵当権が存するときの抵当権者全員の同意証明情報を提供して滅失等による財団目録の記録の変更登記を申請すると同時に，財団の消滅登記（工抵法44条ノ2）を申請する。この場合，所有権及び抵当権の登記以外の登記がされているときは，その登記名義人の同意証明情報も提供する。

③ 　滅失した物件に火災保険が付されているときは，財団の抵当権は，その保険金請求権に物上代位をすることができる。

3:6:4:3　滅失又は消滅による財団目録の記録の変更登記の申請手続
3:6:4:3:1　申請情報の内容
　財団に属するものの滅失又は消滅による財団目録の記録の変更登記の申請情報の内容は，分離等によるそれとほぼ同様であり，分離等した物件の代わりに滅失又は消滅した物件又は権利を記載する。
3:6:4:3:2　添付情報
　添付情報についても，分離の場合と全く同様である。
3:6:4:4　滅失又は消滅による変更登記の実行手続
　滅失又は消滅による変更登記の実行手続についても，分離に準じてされるが，登記又は登録の制度のある滅失物件又は消滅権利について，登記簿又は登録原簿に既に滅失又は消滅の登記又は登録がされ，したがって，登記簿又は登録原簿が閉鎖されているときは，工抵法23条及び34条の準用による記録の抹消は問題にならない。
3:6:4:5　滅失又は消滅による財団の表題部の変更登記
　数個の基本組成単位について設定されている財団のうちの一つを残して他の基本組成単位に属する物件又は権利が全て滅失又は消滅した場合は，財団目録の記録の変更登記の申請と同時に，財団の表題部の変更登記を申請する（2:6:4:5）。
3:6:4:6　財団の消滅の登記を申請する場合
　財団を組成する必要不可欠な物件又は権利が全て滅失又は消滅した場合は，財団が消滅することは既述のとおりであるが，この場合は，抵当権者全員の同意証明情報を提供して，滅失又は消滅による財団目録の記録の変更登記の申請をすると同時に，財団を目的とする所有権及び抵当権の登記以外の登記（差押えの登記等）があるときは，その登記名義人の承諾証明情報を提供して，財団の消滅登記を申請する。

3:6:5　財団目録の記録の更正登記

3:6:5:1　更正登記をする場合
　登記簿の一部とみなされた財団目録の記録に錯誤又は遺漏がある場合は，

財団目録の記録の更正登記をする（2：6：5：1）。

3：6：5：2　目録の記録の更正登記の申請手続

3：6：5：2：1　申請情報の内容

① 登記の目的（工抵規則18条1項・不登令3条5号）

「漁業財団目録の記録更正」と記載する。

② 登記原因及びその日付（工抵規則18条1項・不登令3条6号）

「錯誤」又は「遺漏」と記載する。日付は記載しない。

③ 更正前及び更正後の物件の表示

記録物件の表示更正の場合は，更正前の物件の表示をして（この表示は，財団目録における物件の表示と符合していなければならない。），更正後の物件の表示をする。数個の基本組成単位をもって組成された財団の場合は，物件の属する基本組成単位の名称を付記する。

④ 申請人の表示（工抵規則18条1項・不登令3条1号，2号）

⑤ 添付情報の表示（不登規則34条1項6号）

⑥ 申請年月日及び登記所の表示（不登規則34条1項7号，8号）

⑦ 代理人の表示（不登令3条3号）

⑧ 登録免許税額（不登規則189条1項）

登録免許税は，財団の数を課税標準として，1個につき6,000円である（登免税法別表第一・五(七)）。

⑨ 漁業財団の表示（漁抵規則2条，工抵法21条3項，工抵規則18条2項）

3：6：5：2：2　添付情報

① （申請書の写し）

② 表示の更正目録又は追加目録

③ 抵当権者の同意証明情報（工抵法15条，38条2項）

④ 会社法人等番号（不登令7条1項1号イ）

⑤ 代理権限証明情報（工抵規則18条1項，不登令7条1項2号）

⑥ 印鑑証明書（不登令19条）

3:6:5:3　財団目録の記録の更正登記の手続
　財団目録の記録の更正登記の手続は，次のとおりである。
① 　表示更正の場合は，表示の変更登記の手続に準じてする。
② 　錯誤による滅失又は分離による登記を更正する場合は，新たに物件を追加した場合の手続に準じてする。
③ 　財団に属していない物件が目録に記載されていたのを更正する場合は，分離による目録の記録の変更登記に準じてする。

3:6:6　財団目録の記録の変更更正の登記の効力
3:6:6:1　分離による変更登記
　財団に属する物件を抵当権者の同意を得て財団から分離したときは，抵当権は，その物件につき消滅するが，この場合にする変更登記は，物件が財団に属さないものとなることの成立要件である。
3:6:6:2　追加による変更登記
　追加による変更登記は，追加物件が財団の組成物件となるための成立要件であって，変更登記により，物件は財団に属する。
3:6:6:3　更正登記
　表示の更正登記は，表示の変更登記と同一の効力を有する（2:6:6:3）。

3:7　財団の表題部の変更更正登記

　財団を設定する場合の基本組成物件，すなわち，個別漁業権，登記した船舶又は水産物の養殖場を，新たに既存の財団に追加し，又はこれらの基本組成物件の数個をもって設定されている既存の財団から一部の基本組成物件を分離（財団目録の記録の変更登記による。）した場合は，財団の表示に変更が生ずるので，財団の表題部の変更登記を申請する（工抵規則27条1項，2：7）。
　また，既存の財団の数個の基本組成物件が消滅又は滅失した場合も，同じく財団の表題部の変更登記を申請する。財団の表示事項に初めから誤り又は遺漏がある場合は，財団の表題部の更正登記を申請する。

3:7:1 財団の表題部の変更更正登記の申請手続
3:7:1:1 申請情報の内容
① 登記の目的（工抵規則18条1項，不登令3条5号）

「漁業財団の表題部変更（又は更正）」と記載する。

② 登記原因及びその日付（工抵規則18条1項，不登令3条6号）

　a　登記原因及びその日付として，財団の表示事項が変更したときは，表示事項を具体的に記載し，変更の旨と変更の生じた日を記載する。財団の表題部の更正登記については，登記原因として，「錯誤」又は「遺漏」と記載し，日付は記載しない。

　b　財団の基本組成物件（施設）とそれに関する組成物件の全部の分離（又は組成物件である要件の喪失）又は滅失による場合は，「○○分離（又は滅失）」と記載して，分離した日又は滅失の日を記載する。

　c　財団の基本組成物件とそれに関する組成物件の追加による場合は，「○○追加」と原因を記載するが，日付は記載しない。追加による目録の記録の変更登記の日の記載は無理である。

③ 申請人の表示（工抵規則18条1項・不登令3条1号，2号）

④ 添付情報の表示（不登規則34条1項6号）

⑤ 申請年月日及び登記所の表示（不登規則34条1項7号，8号）

⑥ 代理人の表示（不登令3条3号）

⑦ 登録免許税額（不登規則189条1項）

鉱業財団の表題部の変更更正の登記の登録免許税は，財団の数を課税標準として，1個につき6,000円であるから（税法別表第一・五(七)），この登録免許税額を記載する。

⑧ 漁業財団の表示（漁抵規則2条，工抵法21条3項）

変更更正前の財団を表示し（登記番号も記載する。），次に変更更正後の財団を表示する。

3:7:1:2 添付情報
① （申請書の写し）

② 抵当権者の同意証明情報（工抵法15条，38条2項）
③ 会社法人等番号（不登令7条1項1号イ）
④ 代理権限証明情報（不登令7条1項2号）
⑤ 印鑑証明書（不登令19条）
⑥ 管轄指定を証する情報（工抵規則19条）

　財団の基本組成物件若しくは権利の分離又は滅失等による財団目録の記録の変更登記の申請と同時にされる財団の表題部の変更登記を申請する場合に，変更後の財団の管轄登記所を定める基準のもの（財団の漁業権の漁場の最寄りの市町村等又は船舶の船籍港）が従前の登記所の管轄地内に存在しなくなるときは，変更後の財団の管轄登記所が定まる場合を除き，管轄指定の申請をして（工抵法17条1項，2項），指定書を提供する。

3:7:2　表題部の変更更正登記の実行

　表題部の変更更正登記の記録をするには，変更又は更正に係る登記事項のみを記録する（工抵規則27条1項）。

　財団の表示として，登記記録（表題部）には，漁抵規則2条の事項（3:5:3:2⑧）を記録する。

　これらの表示事項に変更を生じた場合は，財団の表題部の変更登記をし，また，表示事項に当初から錯誤又は遺漏があって真実の表示と不一致の場合は，財団の表題部の更正登記をする。

　なお，改正漁業法の漁業権は，その分割，変更を定めているが（漁業法76条），財団の分割の場合のほかは，これまでは，事実上そのような分割等がされたことはなかった。財団に関する何らかの登記を規定する必要があろう。

3:7:3　財団の登記名義人の表示の変更更正登記

　財団の所有権の登記名義人又は抵当権の登記名義人等の表示に変更が生じたときは，登記名義人の表示の変更登記を申請し，また，表示に錯誤又は遺漏があるときは，登記名義人の表示の更正登記を申請する。

　申請手続は，一般の土地又は建物の場合と同様である。所有権の登記名義人の表示の変更更正登記をしたときは，財団登記簿の目録の記録について所

要の変更手続をする。

3：8　財団の分割

　数個の漁業権，数個の登記した船舶若しくは数個の水産物の養殖場を基本として組成された財団又はこれら基本単位のうちの2以上（例えば，漁業権と登記した船舶）をもって組成された財団は，所有者の申請による分割の登記によって，数個の財団とすることができる（工抵法42条ノ2，42条ノ4～42条ノ6）。

　財団の分割の単位は，組成の基本である漁業権，登記した船舶又は水産物の養殖場であるから，分割後の各漁業財団は，少なくとも1個の漁業権，登記した船舶又は水産物の養殖場をもって組成されなければならない。

3：8：1　財団の分割の要件

　財団の分割の要件は，次のとおりである（2：8：1）。

① 数個の基本組成単位について設定されている財団であること

　　分割することができる財団は，数個の基本組成単位（漁業権，登記した船舶又は水産物の養殖場）をもって組成された財団である。個別漁業権の分割（漁業法79条）により数個の基本組成単位となる場合もあり得る。

② 抵当権者が分割後の特定の1個の財団を除く他の財団につき抵当権の消滅を承諾すること（工抵法42条ノ2第3項）

3：8：2　財団の分割登記申請手続

　財団は，分割登記をすることによって分割されるから（工抵法42条ノ4），財団の分割は，登記が効力発生要件である。

3：8：2：1　申請情報の内容

① 登記の目的（工抵規則18条1項，不登令3条5号）

　　「漁業財団分割」と記載する。財団の分割は，登記をすることによって効力が生ずるから，登記原因は記載しない。

② 申請人の表示（工抵規則18条1項・不登令3条1号，2号）

　　財団の所有権の登記名義人を表示する。

③ 添付情報の表示（不登規則34条1項6号）
④ 申請年月日及び登記所の表示（不登規則34条1項7号，8号）
　申請年月日と管轄登記所を記載する。財団の分割登記の管轄登記所は，分割しようとする甲財団の管轄登記所（財団が現に登記されている登記所）である。分割後の財団のうち，基本組成単位が管轄地内に存在しなくなる場合でも，分割登記の申請は，分割前の甲財団の管轄登記所にする。
⑤ 代理人の表示（不登令3条3号）
⑥ 登録免許税額（不登規則189条1項）
　財団の分割登記の登録免許税は，「変更の登記」に該当するものとして，財団（分割前）の数を課税標準として，1個につき6,000円である（税法別表第一・五(七)）。
⑦ 分割前の財団の表示（工抵法21条1項）
　分割前の財団を表示する（注）。登記番号も記載する。
⑧ 分割後の財団の表示（工抵法42条ノ5前段）
　分割後の財団の表示として，各分割後の財団についての表示事項を記載する。分割後の財団が2個以上の基本組成単位をもって組成されるときは，組成基本単位ごとに表示事項を記載する。
　なお，分割後の財団のうち抵当権が存続する財団（1個である。）については，従前の財団の登記番号を付記する。
⑨ 抵当権の消滅する財団の表示（工抵法42条ノ5後段）
　分割前の財団が抵当権の目的となっているとき（登記がされているとき）には，分割によって抵当権の消滅する財団を明らかにし，財団の表示に抵当権が消滅する旨を付記する。

　（注）　登記記録上財団が1個の基本組成単位について設定されているように記録されているが，それが数個の単位に変更していたり，当初から数個の単位であるにもかかわらず1個として登記されている場合は，財団の表題部の変更更正登記を申請する。

3:8:2:2　添付情報

財団の分割登記の申請をする場合に提供すべき情報は，次のとおりである（2:8:2:2）。

① （申請書の写し）
② 抵当権者の承諾証明情報（工抵法 42 条ノ 2，42 条ノ 5 後段）
③ （社債権者集会の同意する決議を証する情報）
④ （分割後の財団の管轄登記所の指定を証する情報（工抵規則 19 条））
⑤ 会社法人等番号（不登令 7 条 1 項 1 号イ）
⑥ 代理権限証明情報
⑦ 印鑑証明書

3:8:3　財団の分割登記の実行手続

財団の分割登記の実行手続については，工抵法 42 条ノ 6 及び工抵規則 27 条ないし 31 条に規定されている（2:8:3）。

3:8:3:1　却下事由の有無の審査

財団の分割登記の申請について不登法 25 条各号の却下事由が存在する場合は，相当の期間内に補正した場合を除き却下される（2:8:3:1）。

3:8:3:2　表題部の登記

分割後の財団に新たな登記記録（登記用紙）を設け，表題部に申請の受付年月日及び分割後のそれぞれの財団の表示事項を記録して，記録の末尾に「分割により分割前の財団の登記記録から移した」旨を記録する（工抵法 42 条ノ 6）。そして，登記番号を「登記第〇号」と記録する。

3:8:3:3　権利部（甲区事項欄）の登記

新たに登記記録を設けた分割後の乙財団の表示をした登記記録の権利部（甲区事項欄）に，分割前の甲財団の登記記録の権利部（甲区事項欄）から所有権に関する事項（所有権の保存登記の年月日を含む。）を転写し，申請の受付年月日及び受付番号を記録し，順位番号欄に番号を記録する（工抵法 42 条ノ 6 第 4 項）。この場合，登記記録に登記官の識別番号を記録する措置

（登記官印の押捺）をする（工抵規則29条4項）。

3:8:3:4　財団目録の分離

財団の分割登記をするときは，分割前の財団の財団目録（基本組成単位（施設）ごとに別つづりとなっている。）のうち分割後の各財団に属する施設についての財団目録を分離して，それぞれ分割後の財団の財団目録とする（工抵法42条ノ6第2項）。

3:8:3:5　（配置）図面の処理

財団目録の分離手続をしたときは，登記官は分割後の財団を組成する（配置）図面に，財団の登記番号及び分割前の財団の登記番号を抹消する記号を記録する（工抵規則29条2項）。

3:8:3:6　移送手続

財団の分割登記をした場合に，分割後の乙財団の施設が管轄地内に存在しなくなったときは，登記官は分割登記をした後，遅滞なく乙財団を管轄する登記所に，登記記録及びその附属書類（図面を含む。）又は謄本並びに財団目録を移送する（工抵規則31条，財団準則7条）。

3：9　財団の合併

財団の合併とは，同一の所有者に属する数個の財団を所有者の申請による合併の登記によって1個の財団とすることである（工抵法42条ノ3～42条ノ5，42条ノ7）。

3：9：1　財団の合併の要件

財団の合併ができるのは，次の三つの要件が全て充足された場合であって，一つの要件を欠いても合併はできない（2:9:1）。

　a　合併しようとする財団が同一の所有者に属すること（漁抵法2条1項）
　b　合併しようとする財団の全ての登記記録に所有権及び抵当権の登記以外の登記がないこと
　c　合併しようとする数個の財団のうち2個以上の財団に抵当権（根抵当権を含む。）の登記がないこと

3:9:2　財団の合併登記の申請手続

財団の合併は，合併登記によって成立する（2:9:2）。

3:9:2:1　合併登記の管轄登記所

① 同一の登記所の管轄に属する数個の財団を合併する場合

　合併しようとする数個の財団が全て同一の登記所の管轄に属している場合（管轄指定により管轄権を有する場合であっても差し支えない。），その登記所が合併登記についても管轄権を有する。

② 合併しようとする数個の財団のうち既登記の抵当権の目的である甲財団がある場合

　甲財団の管轄登記所が管轄登記所となる（工抵法17条3項ただし書）。

③ 既登記の抵当権の目的である財団を含まない管轄登記所を異にする数個の財団を合併する場合

　合併登記の管轄登記所の指定を受けた登記所が管轄登記所となる（工抵法17条3項本文・2項）。

3:9:2:2　申請情報の内容

① 登記の目的（工抵規則18条1項，不登令3条5号）

　「漁業財団合併」と記載する。

② 登記原因及びその日付

　財団の合併は，合併登記がされたときに効力が生ずるから，登記原因及びその日付は記載しない。

③ 申請人の表示（工抵法18条1項・不登令3条1号，2号）

　財団の所有権の登記名義人（合併しようとする数個の財団につき同一である。）を表示する。この表示は，合併しようとする各財団の所有権の登記名義人の表示と符合している必要がある。

④ 添付情報の表示（不登規則34条1項6号）

⑤ 申請年月日及び管轄登記所の表示（不登規則34条1項7号，8号）

⑥ 代理人の表示（不登令3条3号）

⑦ 登録免許税額（不登規則189条1項）

財団の合併登記の登録免許税は，関係財団（合併前）の数を課税標準として，1個につき6,000円であるから，2個の財団を合併する場合は1万2,000円と記載する（税法別表第一・五(七)）。
⑧　財団の表示（漁抵規則2条，工抵法21条）
　a　合併前の財団の表示
　　合併しようとする各財団を基本組成単位（施設）ごとに記載する（工抵法21条3項，工抵規則18条2項）。各財団の登記番号も記載する。
　b　合併後の財団の表示
　　合併後の財団を基本組成単位ごとに記載する。

3:9:2:3　添付情報
①　（申請書の写し）
②　（管轄指定を証する情報）
③　会社法人等番号（不登令7条1項1号イ）
④　代理権限証明情報

3:9:3　財団の合併登記の実行手続

3:9:3:1　他の登記所への通知及び他の登記所からの移送手続（2:9:3:1）
①　他の登記所への通知
　　甲財団について合併登記の申請があった登記所以外の登記所の管轄に属する乙財団があるときは，登記官は，その登記所に乙財団について合併登記の申請があった旨を通知する（工抵規則32条1項，財団準則11条）。
②　通知を受けた登記所の移送手続等
　　通知を受けた登記所の登記官は，乙財団の登記記録を審査し，「所有権の登記以外の登記」がされていないときは，遅滞なく，財団の登記記録及び附属書類（申請書及びその添付書類，図面を含む。）又は謄本（1個の申請書でその財団についての申請を含む数個の申請がされている場合は，申請書を送付することはできないから，謄本を作成して送付する。）並びに財団目録を通知を発した管轄登記所に移送する（工抵規則32条2項本文）。ただし，乙財団の登記記録に「所有権の登記以外の登記」がされていると

きは，このような財団を含む合併登記の申請は，却下されるべきであるから，移送手続をすることなく速やかに，その旨を管轄登記所に通知する（同条2項ただし書，3項）。

3:9:3:2 合併登記の実行手続

申請に却下事由（不登法25条）がないときは，合併の登記を実行する（2:9:3:3）。

3:9:3:2:1 合併登記をする登記記録（登記用紙）

合併登記をすべき登記記録（登記用紙）は，合併しようとする財団のうち既登記の抵当権（抵当権の設定又は設定請求権の仮登記を含む。）の目的となっている甲財団の登記記録である。抵当権の目的となっている財団がないときは，いずれの財団の登記記録にしても差し支えない。しかし，移送を受けた登記記録があるときは，それには合併登記をしないで，管轄に属する財団の登記記録に合併登記をするのが相当である。

3:9:3:2:2 表題部の登記

① 合併登記をすべき甲財団の登記記録の表題部には，申請の受付年月日を記録し，合併後の財団の表示をし，末尾に「合併により合併前の乙（丙）財団の登記記録（登記第〇号又は〇地方法務局〇出張所登記第〇号）から移した」旨を記録して，前の表示（合併前の財団の表示）を抹消する記号を記録する（工抵法42条ノ7第1項）。

② 合併された乙財団（登記記録が閉鎖される財団）の抵当権登記が全部抹消されたものである場合は，合併後の甲財団の登記記録の表題部に，合併前の乙財団の抵当権登記全部が抹消されたものである旨及び抹消（最後の抹消）の年月日を記録する（工抵規則33条1項）。

③ 財団の分割により抵当権の消滅した財団の合併の場合は，既にその財団の登記記録の表題部に分割により抵当権の消滅した旨及び年月日が記載されており（工抵規則28条2項），この記録が合併登記により移記されるから，特別にその旨の記録をする必要はない。

3:9:3:2:3 権利部（甲区事項欄）の登記

合併登記をする登記記録中権利部（甲区事項欄）には，乙財団の登記記録から所有権に関する登記を移記し，その移した旨及び移記した登記が乙財団であった部分のみに関する旨並びに申請の受付年月日及び受付番号を記録して，登記官の識別番号を記録（登記用紙に登記官印を押捺）する措置をする（工抵法42条ノ7第4項，工抵規則33条5項）。

3:9:3:2:4 他の登記記録の閉鎖

合併登記をした甲財団以外の乙財団の登記記録（他の登記所から移送を受けた登記記録を含む。）を閉鎖する。すなわち，登記記録の表題部に合併登記をした登記記録（合併後の登記第〇号）に移した旨（閉鎖の事由）及び年月日を記録して，乙財団の表示を抹消する記号を記録するほか，登記官の識別番号を記録（実際の取扱いは，登記用紙に登記官が押印し，さらに乙財団の表示を抹消して，これを財団登記簿から除去し，財団閉鎖登記簿に編綴する。）する（工抵法42条ノ7第3項，不登規則8条，工抵規則33条5項）。

3:9:3:2:5 財団目録

財団の合併登記をしたときは，合併した各財団の財団目録に合併後の財団の目録とした旨，合併登記の申請の受付年月日及び受付番号，合併後の財団の登記番号を記録して，合併前の登記番号を抹消する記号を記録する（工抵規則33条3項）。

3:9:3:2:6 （配置）図面

合併登記をした登記記録に登記されていた財団以外の合併前の財団に関する（配置）図面には，合併後の財団の登記番号を記録し，合併前の登記番号を抹消する記号を記録する（工抵規則33条4項）。

3:9:3:2:7 保存期間

財団目録及び（配置）図面は，財団の登記記録を閉鎖した日から20年間保存する（漁抵規則11条）。

3：10　財団の所有権の移転登記

　財団は、1個の不動産とみなされ（工抵法14条1項）、所有権の目的となるものであるから、売買その他の原因により所有権を移転することができる。

　財団組成物件が登記された船舶を基本組成物件として漁業権を含まない場合は、漁業法の規制を受けることなく自由に売買等をすることは可能である。

　しかし、漁業権を基本として設定された財団については、相続又は会社等の法人の合併若しくは分割による場合を除き、所有権移転の目的とすることができない。ただし、個別漁業権については、滞納処分による公売、抵当権、先取特権の実行による競売の場合又は漁業法80条2項の通知を受けた者が譲渡する場合において、都道府県知事の認可を得たときに限り移転することができる（漁業法79条）。

① 　登録免許税は、売買、一般承継（会社合併等）又は競落による場合等の原因を問わず、いずれの場合でも登録免許税法に漁業財団の所有権の移転登記に関して納付すべき規定がないので無税となる。

② 　財団の所有権の移転登記をした場合、財団の所有権登記名義人と財団に属する登記又は登録の制度のある組成物件の所有権その他の権利の登記又は登録の名義人を異にすることになるので、これらの物件についても速やかにその移転登記又は登録をする必要がある。

3：11　財団の抵当権

3：11：1　財団の抵当権の効力

　財団は、抵当権（根抵当権を含む。以下同じ。）の目的とするため、所有権の保存登記により設定され、不動産とみなされるが（工抵法9条、14条）、抵当権の効力は、次の点を除き不動産の抵当権の効力と差異がない。

① 　個別漁業権が財団に属する場合は、財団の抵当権は、漁場に定着した工作物が財団の組成物件とされていないときでも、その工作物に効力が及ぶ（漁抵法3条1項）。しかし、財団の組成物件でないときは、処分は制限され

ず，抵当権実行の際に存在する工作物を併せ売却し，代価を含む売却代金から優先弁済を受けることができる。
② 船舶が財団に属する場合は，船舶の属具（商法685条，848条2項）が財団の組成物件とされていないときでも，財団の抵当権の効力は，原則として，その属具に及ぶ（漁抵法3条2項）。財団の組成物件とされていない属具については，処分は制限されず，抵当権の実行時に存在する属具を併せて売却し，代価を含む売却代金から優先弁済を受けることができる。
③ ①及び②の規定は，設定行為に別段の定めがあるとき又は民法424条により債権者が債務者の行為を取り消すことができる場合には適用されない（漁抵法3条3項）。

3：11：2　財団の抵当権に関する登記手続

財団を目的とする抵当権又は根抵当権に関する登記は，工場財団を目的とする抵当権又は根抵当権に関する登記と同じであって，その登記手続も同じである。

3：12　財団の民事執行等

財団は，所有権の保存登記により設定され，不動産とみなされるから（工抵法9条，14条1項），財団に対する民事執行法による強制競売及び担保権の実行としての競売並びに国税徴収法又はその例による滞納処分による公売に関しては，全て民事執行法又は国税徴収法等の不動産に関する諸規定による。

また，仮差押え又は仮処分に関しても民事保全法等の不動産に関する保全処分に関する規定による。ただし，財団に関する抵当権（根抵当権を含む。）に関しては，次のとおりの特則が設けられている。
① 個別漁業権について設定された財団を目的として抵当権又は根抵当権を設定するには，漁業権の免許を与えた都道府県知事（漁業法57条1項）の許可・認可を受けなければならないから（漁抵法3条ノ2第1項），設定登記の添付情報として，許可・認可を証する情報を提供する。
② 個別漁業権について財団が設定されている場合において，漁業権の取消

し（漁業法89条，92条，93条）があったときは，取消処分をした行政官庁は，直ちにその旨を財団の抵当権者に通知する（漁抵法4条1項）。

　この場合，抵当権者は，通知を受けた日から6箇月内に抵当権を実行することができ（同条2項，3項），実行したときは，6箇月間又は抵当権の実行の終了に至るまで，抵当権実行の目的の範囲内において漁業権は存続するものとみなす（同条4項）。

③　財団の競売における買受人が買受代金を執行裁判所に納付したときは，漁業権の取消しは，効力を生じなかったものとみなす（漁抵法4条5項）。したがって，財団の買受人は，漁業権を含んだ財団の所有権を完全に取得することができる。

④　②③は，漁業調整等，公益上必要があると認められる場合における個別漁業権の取消しに関しては適用しない（漁抵法4条6項）。

3：13　財団の消滅

3：13：1　工抵法8条3項又は10条の準用による財団の消滅

　漁業財団については，工場財団の消滅に関する規定が準用されているので（漁抵法5条），これらの準用規定により，次のとおり消滅する。

①　財団の所有権の保存登記後6箇月内に抵当権の設定登記を受けないときは，所有権の保存登記は効力を失い財団は消滅する（工抵法10条）。

②　財団の抵当権の登記が全部抹消された後6箇月内に改めて抵当権の設定登記を受けないときは，財団は消滅する（工抵法8条3項）。

③　抵当権の登記がある財団について分割登記がされたとき（工抵法42条ノ2第1項）は，分割後の1個の財団を除くその余の財団については，抵当権は全て消滅するが（同条2項），分割登記により抵当権が消滅した財団は，消滅後（分割登記後）6箇月内に改めて抵当権の設定登記をしないときは，消滅する（同法8条3項）。

3：13：2　工抵法44条ノ2の準用による財団の消滅

　財団について抵当権の登記が全部抹消されたとき又は財団の分割登記によ

り分割後の1個を除くその他の分割後の財団について分割登記により抵当権が消滅したときは，その後6箇月内に改めて抵当権の設定登記をしないとき，財団は消滅するが（工抵法8条3項），財団の所有権の登記名義人は，6箇月の経過を待たずに財団の消滅登記を申請することができる（同法44条ノ2，8条3項後段）。ただし，財団に所有権の登記以外の登記（例えば差押え等の処分制限の登記又は所有権に関する仮登記等）がされているときは，消滅登記を申請することができない。

3：13：3　漁業権の消滅による財団の消滅

　漁業権を基本組成単位とする財団は，漁業権の存続期間（漁業法75条）の満了，漁業権の取消し（同法89条，92条，93条）により消滅する。（注）

　なお，漁場に定着する工作物を設置して漁業権の価値を増大させた漁業権者は，漁業権が消滅したときは，消滅後に工作物の利用によって利益を受ける漁業の免許を受けた者に対し，時価で工作物を買い取るべきことを請求することができる（同法96条）。

（注）　漁業法は，漁業権の存続期間の満了までに改めて免許を得た場合（同法73条2項1号）に従前の財団は継続する又は継続を認めるとする規定は設けていない。

3：13：4　財団の消滅登記の手続

3：13：4：1　意義

　財団が，所有権の保存登記の失効（工抵法10条）又は抵当権の登記全部の抹消後若しくは財団の分割登記による抵当権の消滅後6か月内に新たな抵当権の設定登記をしないことによって消滅した場合（同法8条3項）は，財団の登記記録にその旨を記録する（同法48条1項）。

　財団について抵当権の登記が全部抹消されたとき又は抵当権が財団の分割登記により消滅した場合に，所有者が6か月の経過による財団の消滅を待たないで財団を消滅させようとするときは，財団の消滅登記を申請することができる（同法44条ノ2本文）。ただし，その財団の登記記録に所有権以外の登

記があるときは，この限りでない（同条ただし書）。

3:13:4:2 消滅登記の要件

財団の消滅登記を申請することができる場合は，次のとおりである（2：13：4：2）。

① 抵当権の登記全部が抹消された財団であるか又は財団の分割によって抵当権が全部消滅したものであること
② 所有権の登記以外の登記がされていないこと

3:13:4:3 消滅登記の申請手続

3:13:4:3:1 申請情報の内容

① 登記の目的（工抵規則18条1項，不登令3条5号）

「漁業財団消滅」と記載する。

② 登記原因及びその日付

財団の消滅登記については，登記が財団の消滅の成立要件である（財団がその消滅登記により消滅する。）から，登記原因はないので登記原因及びその日付は記載しない。

③ 申請人の表示（工抵規則18条1項，不登令3条1号）

財団の消滅登記は，財団の所有権の登記名義人（又はその相続人など）の申請によってのみするのであって，それ以外の第三者が債権者代位等により申請することはできない（昭31.6.14民事甲1273号民事局長通達第三㈡）。

④ 添付情報の表示
⑤ 申請年月日
⑥ 登記所の表示
⑦ 代理人の表示
⑧ 登録免許税額

財団の消滅登記の登録免許税は，「登記の抹消」として，1件（財団1個）につき6,000円である（税法別表第一・五㈧）。

⑨ 財団の表示（工抵法21条）

消滅登記を申請しようとする財団を表示する。

3：13：4：3：2　添付情報

財団の消滅登記の申請をする場合は，次に掲げる情報を提供する。

① （申請書の写し）
② 登記原因証明情報（不登法61条）

　　財団消滅の場合は，登記原因を証する書面は初めから存在しないが，財団を消滅させる事由はあるので，事由を記載した報告的な登記原因証明情報（原本）（2：13：4：3：2 **[別記様式]**）を提供する。
③ 会社法人等番号
④ 代理権限証明情報

3：13：4：4　消滅登記の実行手続

① 財団の消滅登記をするときは，登記記録の表題部の登記事項を抹消する記号を記録し，登記記録を閉鎖する（工抵規則35条）。そして，財団目録の表紙及び図面の適当の箇所に「〇年〇月〇日登記記録閉鎖」と記録する（昭31．6．14民事甲1273号民事局長通達第二㈢）。
② 表題部に消滅登記をするときの記録事項については，申請の受付年月日，受付番号，登記の目的として消滅登記である旨を記録する。登記原因は存在しないから，記録は必要なく，登記の年月日の記録も必要ない。
③ 消滅登記により登記記録を閉鎖したときは，工抵法44条の規定による手続をする（工抵法48条2項）。

4 港湾運送事業財団

4：1 財団の設定

　港湾運送事業財団は，港湾運送事業法（以下「港運法」という。）により，抵当権の目的とするために，「港湾運送事業者」（港運法9条1項）が港湾運送事業に関する各種の施設，船舶，土地，建物，地上権，賃借権，地役権及び機械，器具等をもって組成するもので，所有権の保存登記により設定され，不動産とみなされる。

　「港湾運送事業」とは，「港湾運送」（同法2条1項）を行う事業をいい，一般港湾運送事業，港湾荷役事業，はしけ運送事業及びいかだ運送事業の4種類がある（同法3条1号～4号）。

　なお，検数事業，鑑定事業及び検量事業（同法3条5号～7号）に関しては，財団を設定することができない。

　「港湾運送事業者」とは，港湾運送事業を営む者で国土交通大臣の許可を受けた者である（同法4条～6条）。

4：1：1　財団の性質

　財団は，所有権の保存登記により設定され，1個の不動産とみなされるが，所有権及び抵当権以外の権利の目的とすることはできない（港運法26条・工抵法14条）。もっとも，工場財団と同様，一般の先取特権は成立するが，その保存登記をすることはできない。

　また，港湾運送事業は，その許可が必要であるから（港運法4条），財団を賃貸することはできないと解する。

4：1：2　設定者及び設定の範囲

① 財団を設定することができる者は，一般港湾運送事業者等（ただし，港運法3条5号～7号の検数事業等の許可を受けている者を除く。）に限られる（同法23条）。
② 財団は，港湾運送を行う場所である「港湾」においてのみ設けることが

できるが，場所は，港運法施行令2条の別表に掲げられた港湾に限られる。

財団は，2以上の港湾運送を行う場所について1個の財団を設けることができるが，同一の港湾運送を行う場所について2個以上の財団を設けることはできない。

4：2　財団に関する登記

財団は，所有権の保存登記により成立し，1個の不動産とみなされるが，所有権及び抵当権以外の権利の目的とすることはできない（2：2）。

4：2：1　財団登記簿

財団に関する登記をするため，財団登記簿が設けられ，登記記録は，表題部及び権利部（甲区及び乙区）から成り立っている（工抵法19条，20条）。

4：2：2　管轄登記所

財団の所有権の保存登記の管轄登記所は，「上屋，荷役機械その他の荷さばき施設及びその敷地」（港運法24条1号）又は「事務所その他一般港湾運送事業等のため必要な建物及びその敷地」（同条3号）の所在地を管轄する登記所である（工抵法17条）。これらの不動産が存在しないときは，財団を設けることができない（港運法25条）。

不動産が数個で数個の登記所の管轄にまたがる場合等については，2：2：2②参照。

4：3　財団の組成物件

財団の組成物件とすることができるものは，「同一の港湾運送事業者」に属し，かつ，その港湾運送事業に関するものである。次のとおりである（港運法24条各号）。

 a 上屋，荷役機械その他の荷さばき施設及びその敷地
 b はしけ及び引船その他の船舶
 c 事務所その他港湾運送事業等のため必要な建物及びその敷地
 d a又はcの工作物を所有し，又は使用するために他人の不動産の上に

存する地上権，登記した賃借権及びa又はcの土地のために存する地役権
  e　一般港湾運送事業等の経営のため必要な器具及び機械

4：3：1　組成物件の要件

　4：3の物件を財団の組成物件とするためには，登記・登録のある財産（土地，建物，登記することのできる船舶，地上権，不動産賃借権，地役権，登録することができる自動車）については，全て既登記又は既登録であること及び他人の権利又は差押え，仮差押え若しくは仮処分の目的となっていないことが必要である（工抵法12条，13条1項）。なお，賃借権については賃貸人の承諾が必要である（同法11条4号）。

4：3：2　組成物件の処分制限

　財団の組成物件となったものは，これを譲渡し，又は所有権以外の権利の目的とすることはできないし，個々的に差押え若しくは仮差押え又は仮処分の目的とすることはできない（工抵法13条2項本文，2：3：3，2：3：4）。

4：4　財団目録及び工作物の配置図面

① 財団に属する物件を明確にし，物件が財団に所属すること，したがって，処分制限のあることを第三者に対抗するために，財団の所有権の保存登記を申請する際に，財団に属する物件を掲げた財団目録を登記所に提供し（所有権の保存登記がされると，目録は登記簿の一部とみなされ，記録は登記とみなされる。），また，内容に変更の生じた場合は，目録の記録の変更登記をしなければならない。

② 財団に属する上屋，荷役機械及びその他の荷さばき施設（港運法24条1号）である工作物を特定し，明確にするため，これらの配置を記録した図面を財団の所有権の保存登記の申請情報と併せて登記所に提供しなければならない（港抵規則2条1項）。また，その変更があったときは，変更後の図面を提供しなければならない。

4:4:1　財団目録の作成

　財団目録は，工場財団目録に準じて作成されるが，次の点を注意すべきである。

　　a　数個の港湾運送を行う場所につき1個の財団を設定する場合は，財団目録は，港湾運送を行う場所ごとに別つづりとしなければならない。この場合，各港湾運送を行う場所につき，共用する事業所（例えば，本店の事務所等）は，いずれの目録に記録しても差し支えない。

　　b　目録に記録すべき物件は，財団に属させる物件に限る。

　　c　組成物件の記録事項は，工場財団の組成物件の記録事項と同様である。ただし，総トン数20トン未満の船舶については，「船名，船舶の種類，総トン数及び進水の年月日」を記録する。端舟その他の舟で以上の事項を記録することが困難なものは，長さ，幅及び隻数を記録すれば足りる（港抵規則3条）。

4:4:2　工作物の配置図面

　港湾運送を行う場所ごとに港運法24条1号に掲げる工作物で財団に属するものの配置を記録した図面を作成し，申請人が記名するとともに，作成者が署名し，又は記名押印する（港抵規則2条，不登規則74条2項）。

　財団目録の記録の変更登記を申請する場合において，図面の内容に変更が生じたときは，変更後の図面を提供しなければならない。

4：5　財団の所有権の保存登記

4:5:1　財団の設定者

　財団は，港湾運送を行う場所を基本として，「同一の」港湾運送事業者に属する港運法24条各号の物件又は権利をもって組成されるから，財団を設定することができる者は，当該港湾運送事業者である（港運法23条）。

4:5:2　財団の設定範囲

　財団の設定範囲は，港湾運送を行う場所を基本として，1又は2以上の場所について設定され，港運法24条各号の物件又は権利の全部又は一部を

もって組成される。ただし,「上屋,荷役機械その他の荷さばき施設及びその敷地」(港運法24条1号)又は「事務所その他一般港湾運送事業等のため必要な建物及びその敷地」(同条3号)の不動産のいずれもが存在しないときは,財団を設けることができない(同法25条)。

4:5:3 所有権の保存登記の申請手続

財団は,財団登記簿に所有権の保存登記をすることによって設定され,創設される(工抵法9条,2:5:3)。

4:5:3:1 管轄登記所

財団の所有権の保存登記の申請は,財団を組成する「上屋,荷役機械その他の荷さばき施設及びその敷地施設」(港運法24条1号)又は「事務所その他一般港湾運送事業等のため必要な建物及びその敷地」(同条3号)すなわち港湾運送を行う場所の所在地(同法26条・工抵法17条)の法務局若しくは地方法務局又はその支局若しくは出張所にする。

財団を設定しようとする施設が数個の登記所の管轄地にまたがり,又は数個の施設が数個の登記所の管轄地内にある場合は,あらかじめ所有権の保存登記を申請すべき登記所の指定を受けておかなければならない(工抵法17条2項)。

4:5:3:2 申請情報の内容

申請情報の内容については,工抵法21条が準用される。

① 登記の目的(工抵規則18条1項,不登令3条5号)
   登記の目的としては,「所有権保存」と記載する。
② 所有者の表示(工抵規則18条1項・不登令3条1号,2号)
   所有者(申請人)として,港湾運送事業者を表示する。
③ 代理人の表示(不登令3条3号)
④ 添付情報の表示
⑤ 申請年月日(不登規則34条1項7号)
⑥ 登記所の表示(不登規則34条1項8号)
⑦ 登録免許税額(不登規則189条1項)

財団の所有権の保存登記の登録免許税は，財団の数を課税標準として，1個につき3万円である（税法別表第一・五㈠）。
⑧ 設定しようとする財団の表示

登記記録の表題部に記録されるべき財団の表示事項を記載する（港抵規則4条）。この場合に，工抵法17条及び45条中「工場所在地」とあるのは，「港湾運送事業法第24条第1号又ハ第3号ニ掲クル不動産ノ所在地」と読み替える（工抵法21条）。2個以上の施設につき1個の財団を設定する場合には，各施設ごとに記載する。

a 港湾運送を行う場所

港湾運送を行う港湾の沿岸，桟橋その他の現場を記載する（昭26.8.30民事甲1740号民事局長通達）。

b 主たる営業所

港湾運送事業者の主たる営業所の位置を記載する。必ずしも法人の本店又は主たる営業所を表示する必要はない。

c 港湾運送事業の種類

一般港湾運送事業，港湾荷役事業，はしけ運送事業，いかだ運送事業の別を記載する。

4:5:3:3 添付情報

財団の所有権の保存登記の申請情報に添付すべき情報は，次のとおりである（2:5:3:2）。

① （申請書の写し）
② 財団目録

財団の組成物件の表示（港運法24条）を掲げた財団目録を提供する。数個の施設につき財団を設定する場合は，施設ごとに財団目録を別つづりとして作成し，申請人が署名し，又は記名押印する（不登規則74条2項）。

③ 配置図面

港運法24条1号掲記の工作物の配置を記録した図面を作成し，申請人が記名するとともに，作成者が署名し，又は記名押印する（港抵規則2条1

〔工作物配置図面〕

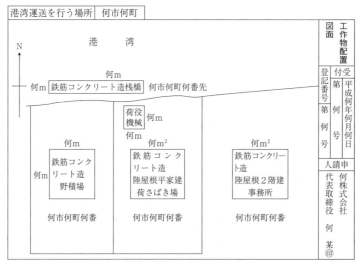

［参考：書式精義1934］

項）。この図面は，施設ごとに作成しなければならない（同条2項）。

④ 会社法人等番号又は登記事項証明書
⑤ 許可証明書

　財団の所有権の保存登記の申請人は，港運法4条による許可を受けた港湾運送事業者に限るから，申請人が許可を受けていることを証する書面を提供する。

⑥ 所有者の住所証明情報（工抵規則21条，不登令7条1項6号，別表28添付情報ニ，29添付情報ハ）
⑦ 代理権限証明情報
⑧ 賃借権を財団に属させる場合の賃貸人の同意証明情報

　物の賃借権を財団に属させる場合（港運法24条4号，工抵法11条4号）は，賃借権の登記においてあらかじめ譲渡を許す旨の特約の登記がある賃借権を除き，賃貸人の承諾証明情報を提供する。

⑨ 管轄登記所指定を証する情報（工抵規則19条，財団準則2条～6条）

4:5:4　所有権の保存登記の実行手続

　財団の所有権の保存登記の申請があった場合の手続及びその登記の実行手続については，特別の定めのあるもののほかは，工抵法及び工抵規則が準用される。したがって，この点に関しては，工場財団及び鉱業財団の所有権の保存登記の申請の却下事由の有無の審査のための手続その他の登記の実行手続と同様である（2:5:4）。

4:5:4:1　所有権の保存登記の時期

　財団の所有権の保存登記については，登記の実行前に工抵法23条及び24条所定の手続をしなければならないから，所有権の保存登記を受付番号の順にすることはできない。

　財団の所有権の保存登記（工抵法9条）をしても登記後6か月内に抵当権の設定登記を受けないときは，効力を失う（同法10条）。

4:5:4:2　財団登記簿への記録（記載）

① 　財団登記簿の表題部に財団を表示するには，「港湾運送を行う場所，主たる営業所及び港湾運送事業の種類」を記録する（港抵規則4条）。
② 　登記記録の権利部の相当区（甲区事項欄）には所有権に関する事項を記録する（工抵法20条3項）。

4:5:4:3　財団目録及び配置図面への記録

　財団の所有権の保存登記を申請する場合は，「財団目録ニ記録スベキ情報」（工抵法22条）及び「工作物の配置を記録した図面」（港抵規則2条）を提供しなければならない。財団目録未指定登記所については2:5:4:8参照。

　財団目録に記録すべき総トン数20トン未満の船舶にあっては，「船名，船舶の種類（帆船又は汽船の別をいう。），総トン数及び進水の年月日」を記録する。ただし，端舟その他の舟であって，前記事項を記録することが困難なものについては，「長さ，幅及び隻数」を記録すれば足りる（同規則3条）。

4:5:4:4　財団に属した旨の登記

① 　登記官が財団の所有権の保存登記をしたときは，財団に属したもののうち，登記があるもので登記所の管轄に属するものについては，職権により

登記記録中権利部（甲区事項欄）に財団に属した旨を記録しなければならない（工抵法34条1項）。
② 財団に属した登記があるもので他の登記所の管轄に属するもの及び登録があるものについては，物件が財団に属した旨を，遅滞なく，その登記所又は所轄官庁に通知しなければならない（工抵法34条2項・23条2項）。
③ 通知を受けた登記所又は所轄官庁は，登記簿又は登録原簿の相当欄に財団に属した旨を記録しなければならない（工抵法34条2項・23条3項，4項）。

4:5:4:5　登記識別情報の通知（登記済証の交付）

　財団の所有権の保存登記を完了したときは，登記官は，申請人に対して，登記識別情報及び登記番号を通知しなければならない（工抵規則38条，不登法21条本文）。ただし，6条指定がされるまでの間は，申請書に添付された申請書の写し（財団目録の写しの合綴されたもの）に申請の受付年月日，受付番号，順位番号及び登記済の旨並びに登記番号を記録し，登記官印を押捺して，これを登記済証として申請人に交付しなければならない（工抵規則附則9条3項）。

4：6　財団目録の記録の変更登記

　財団目録は，財団の組成物件の表示を記録したもので，財団の所有権の保存登記の申請のときに提供され，登記がされたときは，登記記録の一部とみなされ，記録は登記とみなされる。財団の基本組成単位である施設の改廃は，経営上当然行われるところであり，新たな組成物件を財団に追加し，又は財団の組成物件を分離して，財団に属させないこととした場合は，遅滞なく財団目録の記録を変更する必要がある（工抵法38条〜42条，2：6）。

4：6：1　組成物件の変更

　「財団ニ属スルモノニ変更ヲ生シ」たるとき（工抵法39条）とは，財団目録に記録されている個々の組成物件の表示が変更した場合，すなわち，財団の各組成物件について財団目録に記録すべき事項（港抵規則3条，工抵規則7条〜17条）について変更が生じた場合をいう（2：6：1）。

4：6：2　組成物件の追加

「新ニ他ノモノヲ財団ニ属セシメタル」とき（工抵法39条）とは，組成物件とすることができるものを新たに財団に属させる場合をいう（2：6：2）。財団の基本組成単位となっていない基本組成単位（施設）の組成物件を財団に属させる場合（その施設を組成施設とする場合）又は新たに施設を新設し，既存の財団の組成施設として，組成物件を財団に属させる場合も，新たに物件を追加する財団目録の記録の変更登記による。この場合には，財団自体の表題部の変更登記を併せて申請する必要がある。

財団の基本組成単位となっていないＢ基本組成単位に属している物件を追加する場合は，追加する物件で１個の基本組成単位として１個の財団を設定できる範囲の組成物件を追加しなければならない。例えば，Ｂ基本組成単位に属している動産のみを追加することはできず，必ず，Ｂ基本組成単位に属する港湾運送を行う場所に属する不動産等を含んでいる必要がある。

4：6：3　組成物件の分離

財団は，基本組成単位について設定されるから，施設等を組成する必要最小限の物件又は権利が財団に属していなければならない（2：6：3）。すなわち，港湾運送を行う場所に属する港運法24条1号又は3号に掲げる不動産が財団に属している必要がある。したがって，1個の基本組成単位について設定された財団から，必要不可欠な組成物件がなくなるような分離による変更登記はできない。

4：6：4　組成物件の滅失

財団に属している物件，例えば，工作物若しくは機械，器具等が滅失したとき，又は地上権，賃借権若しくは工業所有権等の権利が消滅したときは，財団目録の記録の変更登記を申請しなければならない（工抵法38条，2：6：4）。

財団に属している物件が滅失したことにより，残存する物件のみでは基本組成物件を構成することができないときは，財団は，消滅（同法44条ノ2）に準じて取り扱われる。

4:6:5　財団目録の記録の更正

　工抵法38条から44条までの準用による財団目録の記録の変更登記は，広義の変更登記を意味し，登記の更正を含む。登記簿の一部とみなされた財団目録の記録及び内容に錯誤又は遺漏がある場合に，これを正しい記録，内容に更正するための財団目録の記録の更正登記をすることができる（2:6:5）。

4:6:6　財団目録の記録の変更更正登記の効力

　財団目録の記録物件の表示に変更が生じ，又は滅失若しくは消滅したことによりする変更登記は，既に生じている事実を財団目録に反映させるためのものであって，それ自体第三者対抗要件となるものではない。組成物件の表示を真実に合致させ，又は既に滅失したことにより存在しない物件が財団目録に記録されている不都合を除くためにするものである（2:6:6）。

4:7　財団の表題部の変更更正登記

4:7:1　財団の表題部事項の変更更正登記

　財団の表示として，登記簿（表題部）には，「港湾運送を行う場所，主たる営業所及び港湾運送事業の種類」が記録されるが（港抵規則4条），これらの表示事項に変更を生じたときは，財団の表題部の変更登記を申請し，また，表示事項に登記の当初から錯誤又は遺漏があった場合は，財団の表題部の更正登記を申請しなければならない（工抵規則27条1項，2:7）。

4:7:2　財団の基本物件の追加，分離の場合

　財団の基本物件である港湾運送を行う場所を新たに既存の財団に追加し，又はこれらの基本物件の数個をもって設定組成されている既存の財団からその一部の基本物件を分離（財団目録の記録の変更登記による。）したときは，同時に財団の表題部の変更登記を申請しなければならない（昭45.8.20民三発200号第三課長回答）。既存の各財団の数個の基本物件が消滅し，又は滅失した場合も同様である。

　財団の表示事項に登記の当初から誤り又は遺漏があるときは，財団の表題部の更正登記を申請しなければならない。

4:7:3　財団の表題部の変更更正登記の申請手続
4:7:3:1　申請情報の内容
① 登記の目的（工抵規則18条1項，不登令3条5号）

「港湾運送事業財団の表題部変更（又は更正）」と記載する。

② 登記原因及びその日付（工抵規則18条1項，不登令3条6号）

財団の表題部の変更登記の場合は，表示事項を具体的に記載し，変更の旨と変更の生じた日を記載する。財団の表題部の更正登記については，登記原因として，「錯誤」又は「遺漏」と記載し，日付は記載しない。

財団の表題部の変更登記の申請情報の内容には，登記原因及びその日付として，表示事項を具体的に記載し，変更の旨と変更の生じた日を記載する。

a　財団の基本組成物件である施設とそれに関する組成物件の全部の分離（又は組成物件である要件の喪失）又は滅失による場合は，「〇〇分離（又は滅失）」と記載して，分離された日又は滅失の日を記載する。

b　財団の基本組成物件である施設とそれに関する組成物件の追加による場合は，「〇〇追加」と原因を記載するが，日付は記載しない。追加による目録の記録の変更登記の日の記載は無理である。

③ 申請人の表示（工抵規則18条1項・不登令3条1号，2号）
④ 添付情報の表示（不登規則34条1項6号）
⑤ 申請年月日及び登記所の表示（不登規則34条1項7号，8号）
⑥ 代理人の表示（不登令3条3号）
⑦ 登録免許税額（不登規則189条1項）

財団の表題部の変更更正の登記の登録免許税は，財団の数を課税標準として，1個につき6,000円であるから（税法別表第一・五㈦），この登録免許税額を記載する。

⑧ 財団の表示（港抵規則4条，工抵法21条3項）

変更更正前の財団を表示し（登記番号も記載する。），変更更正後の財団を表示する。

4:7:3:2　添付情報
① （申請書の写し）
② 抵当権者の同意証明情報（工抵法 15 条，38 条 2 項）
③ 会社法人等番号（不登令 7 条 1 項 1 号イ）
④ 代理権限証明情報（不登令 7 条 1 項 2 号）
⑤ 印鑑証明書（不登令 19 条）
⑥ （指定書（工抵規則 19 条））

4:7:4　表題部の変更更正登記の実行

表題部の変更更正登記の記録をするには，変更又は更正に係る登記事項のみを記録する（工抵規則 27 条 1 項）。

財団の表示として，登記記録（表題部）には，「港湾運送を行う場所，主たる営業所及び港湾運送事業の種類」（港抵規則 4 条）が記録されている。

これらの表示事項に変更を生じた場合は，財団の表題部の変更登記をすべきであり，また，表示事項にその登記の当初から錯誤又は遺漏があって真実の表示と不一致の場合は，財団の表題部の更正登記をする。

4:7:5　登記名義人の表示の変更（又は更正）登記

財団の所有権の登記名義人又は抵当権の登記名義人等の表示（氏名又は名称及び住所又は主たる事務所）に変更が生じたとき（住所，本店の移転又は氏名，商号等の変更）は，登記名義人の表示の変更登記を申請する。また，表示に錯誤又は遺漏があるときは，登記名義人の表示の更正登記を申請する。

登記申請手続は，一般の土地又は建物の場合と同様である。ただし，所有権の登記名義人の表示の変更更正登記をしたときは，財団目録の記録の所要の変更手続をしなければならない。

4:8　財団の分割

数個の港湾運送を行う場所を基本として組成された財団は，所有者の申請による分割の登記によって，数個の財団とすることができるが（工抵法 42 条ノ 2，42 条ノ 4～42 条ノ 6），財団の分割の単位は，港湾運送を行う場所であ

り，場所ごとに分割できる。分割後の各財団は，少なくとも1個の港湾運送を行う場所を基本として組成されなければならないから，港湾運送を行う場所に属する港運法24条1号又は3号に掲げる不動産が属していなければならない（2：8）。

4:8:1 財団の分割の要件

① 数個の基本組成単位について設定されている財団であること

分割することができる財団は，数個の基本組成単位（港湾運送を行う場所）で組成された財団である（工抵法42条ノ2）。

② 抵当権者が分割後の特定の1個の財団を除く他の財団について抵当権の消滅に同意すること（2：8：2②）。

③ 担信法による社債の担保として抵当権の設定されている財団を分割する場合，抵当権者は受託会社であるから（担信法35条），抵当権の消滅を承諾するのは，受託会社であるが，分割後の特定の1個の財団を除くその他の財団について抵当権が消滅することは，「担保の変更」（同法41条1項）に当たるから，受託会社が抵当権の消滅を合意するについては，社債権者集会の決議が必要である（同条2項）。

4:8:2 財団の分割登記の申請手続

財団は，分割登記をすることによって分割されるから（工抵法42条ノ4），財団の分割は，その登記が効力発生要件である。

4:8:2:1 申請情報の内容

財団の分割登記を申請する場合の申請情報の内容は，次のとおりである。

① 登記の目的（工抵規則18条1項，不登令3条5号）

「港湾運送事業財団分割」と記載する。財団の分割は，登記をすることによって効力が生ずるから，登記原因は記載しない。

② 申請人の表示（工抵規則18条1項・不登令3条1号，2号）

財団の所有権の登記名義人を表示する。

③ 添付情報の表示（不登規則34条1項6号）

④ 申請年月日及び登記所の表示（不登規則34条1項7号，8号）

申請年月日と管轄登記所を記載する。財団の分割登記の管轄登記所は，分割しようとする甲財団の管轄登記所（財団が現に登記されている登記所）である。分割後の財団のうち，基本組成単位が管轄地内に存在しなくなる場合でも，分割登記の申請は，分割前の甲財団の管轄登記所にする。

⑤ 代理人の表示（不登令3条3号）
⑥ 登録免許税額（不登規則189条1項）

財団の分割登記の登録免許税は，「変更の登記」に該当するものとして，財団（分割前）の数を課税標準として，1個につき6,000円である（税法別表第一・五(七)）。

⑦ 分割前の財団の表示（工抵法21条1項）

分割前の財団を表示する。登記番号も記載する（工抵規則5条1項）。

⑧ 分割後の財団の表示（工抵法42条ノ5前段）

分割後の財団の表示として，分割後の各財団についての表示事項を記載する。分割後の財団が2個以上の基本組成単位をもって組成されるときは，基本組成単位ごとに表示事項を記載する。

なお，分割後の財団のうち抵当権の存続する財団（それは1個である。）については，従前の財団の登記番号を付記する。

⑨ 抵当権の消滅する財団の表示（工抵法42条ノ5後段）

分割前の財団が抵当権の目的となっているとき（その登記がされているとき）は，分割によって抵当権の消滅する財団の表示に抵当権が消滅する旨を付記する。

4:8:2:2　添付情報

財団の分割登記の申請をする場合に提供すべき情報は，次のとおりである（2:8:2:2）。

① （申請書の写し）
② 抵当権者の同意証明情報（工抵法42条ノ2，42条ノ5後段）
③ （社債権者集会の決議を証する情報）
④ （分割後の財団の管轄登記所の指定を証する情報（工抵規則19条））

⑤ 会社法人等番号（不登令7条1項1号イ）
⑥ 代理権限証明情報
⑦ 印鑑証明書

4:8:3　財団の分割登記の実行手続

財団の分割の登記の申請について不登法25条各号の却下事由が存する場合は，即日補正した場合を除き却下される（2:8:3:1）。

4:8:3:1　表題部の登記

① 分割後の財団に新たな登記記録（登記用紙）を設け，表題部に申請受付の年月日及び分割後のそれぞれの財団の表示事項を記録して，記録の末尾に「分割により分割前の財団の登記記録から移した」を記録する（工抵法42条ノ6）。そして，登記番号を「登記第○号」と記録する。

② 抵当権の登記がある財団の分割登記の場合は，新しい登記記録に移す分割後の財団は，全て分割により抵当権が消滅するから，抵当権の消滅する財団の新しい登記記録の表題部に「分割により抵当権が消滅した旨及びその年月日」を記録しなければならない（工抵規則28条2項）。

③ 甲財団の抵当権の登記が全部抹消されたときは，新たに設けた分割後の乙財団の登記記録の表題部に，抵当権の登記の全部が抹消された旨及びその年月日を記録しなければならない（工抵規則28条3項）。

④ 分割前の甲財団の登記記録の表題部に，分割前の財団を組成していた基本組成物件から新しい登記記録に移された分割後の財団を組成する基本組成物件を除いた残余の基本組成物件の財団の表示をして，末尾に分割によって他の基本組成物件（施設）を分割後の乙財団の登記記録（登記第○号と記録する。）に移した旨を記録して，分割前の甲財団の表示を抹消する記号を記録しなければならない（工抵法42条ノ6第3項）。

4:8:3:2　権利部（甲区事項欄）の登記

① 新たに登記記録を設けた分割後の乙財団の表示をした登記記録の権利部（甲区事項欄）には，分割前の甲財団の登記記録の権利部（甲区事項欄）から所有権に関する事項（所有権の保存登記の年月日を含む。）を転写し，

申請の受付年月日及び受付番号を記録し，順位番号欄に番号を記録しなければならない（工抵法42条ノ6第4項）。この場合，登記記録に登記官の識別番号を記録する措置（登記官印の押捺）をする（工抵規則29条4項）。

② 抵当権の目的である甲財団の分割の場合は，新しい登記記録に登記する分割後の乙財団については抵当権は消滅するから，権利部（乙区事項欄）に抵当権に関する登記を転写する必要はない。また，甲財団の抵当権の登記について，乙財団につき抵当権が消滅した旨の付記をする必要はない。

4:8:3:3　財団目録の分離

① 財団の分割登記をするときは，分割前の財団の財団目録（基本組成単位ごとに別つづりとなっている。）のうち分割後の各財団に属する基本組成単位についての財団目録を分離して，それぞれ分割後の財団の財団目録としなければならない（工抵法42条ノ6第2項）。

② この場合，分割後の各財団の財団目録（表紙）に分割前の財団（登記番号により表示する。）が分割により分離した旨，分割登記の申請の受付年月日，受付番号及び分割後の財団の登記番号を記録して，目録に記録されている前登記番号（分割前の財団の登記番号）を抹消する記号を記録しなければならない（工抵規則29条1項）。

③ 分割前の財団の目録から分離して記録した目録を除いた残余の目録（分割前の財団の登記記録に登記され，同一の登記番号を有する分割後の財団の目録）には，その余の分割後の財団（登記番号を表示する。）の目録を分離した旨を記録しなければならない（工抵規則29条3項）。

4:8:3:4　図面の処理

財団目録の分離手続をしたときは，登記官は，分割後の財団を組成する図面に，その財団の登記番号及び分割前の財団の登記番号を抹消する記号を記録しなければならない（工抵規則29条2項）。

4:8:3:5　移送手続

財団の分割登記をした場合に，分割後の乙財団の基本組成単位が，登記所の管轄地内に存在しなくなったときは，登記官は，分割登記をした後，遅滞

なく，乙財団を管轄する登記所に，登記記録及びその附属書類（図面を含む。）又は謄本並びに財団目録を移送する（工抵規則31条，財団準則7条）。

4：9　財団の合併

　財団の合併とは，同一の所有者に属する数個の財団を合併登記によって1個の財団とすることである（工抵法42条ノ3～42条ノ5，42条ノ7，2：9）。

4:9:1　財団の合併の要件

　財団の合併ができるのは，次の三つの要件がすべて充足された場合である（工抵法42条ノ3第1項）。

① 合併しようとする財団が同一の所有者に属すること
② 「合併セントスル財団ノ登記記録ニ所有権及抵当権ノ登記以外ノ登記」がないこと
③ 「合併セントスル数個ノ財団ノ内二個以上ノ財団ニ付既登記ノ抵当権」がないこと

4:9:2　財団の合併登記の申請手続

　財団は，その合併登記によって合併される。すなわち，合併登記が財団の合併の成立要件である。

4:9:2:1　合併登記の管轄登記所

① 同一の登記所の管轄に属する数個の財団を合併する場合は，その登記所が合併登記についても管轄権を有する。
② 合併しようとする数個の財団のうち既登記の抵当権の目的である甲財団がある場合は，甲財団の管轄登記所が合併登記の管轄登記所となる（工抵法17条3項ただし書）。
③ 管轄登記所を異にするが，既登記の抵当権の目的となっていない数個の財団を合併する場合は，合併登記の管轄登記所の指定を受けた登記所が管轄登記所となる（工抵法17条3項本文・2項）。この場合の管轄登記所は，合併しようとする各財団を管轄する登記所のうちから指定される。

4　港湾運送事業財団　**193**

4:9:2:2　申請情報の内容

　財団の合併登記の申請情報の内容は，次のとおりである。

① 　登記の目的（工抵規則18条1項，不登令3条5号）

　　「港湾運送事業財団合併」と記載する。

② 　登記原因及びその日付

　　財団の合併は，合併登記がされたときに効力が生ずるから，登記原因及びその日付は記載しない。

③ 　申請人の表示（工抵規則18条1項・不登令3条1号，2号）

④ 　添付情報の表示（不登規則34条1項6号）

⑤ 　申請年月日及び管轄登記所の表示（不登規則34条1項7号，8号）

⑥ 　代理人の表示（不登令3条3号）

⑦ 　登録免許税額（不登規則189条1項）

　　財団の合併登記の登録免許税は，関係財団（合併前）の数を課税標準として，1個につき6,000円であるから，2個の財団を合併する場合は1万2,000円と記載する（税法別表第一・五(七)）。

⑧ 　財団の表示（港抵規則4条，工抵法21条）

　　a　合併前の財団の表示

　　　合併しようとする各財団を組成する基本組成単位ごとに記載する（工抵法21条3項，工抵規則18条2項）。合併しようとする各財団の登記番号も記載する（工抵規則5条1項）。

　　　表示が申請当時の現況と合致していない場合は，まず財団の表題部の変更更正登記を申請して，変更更正後の表示を記載する。

　　　合併登記を申請する登記所以外の登記所の管轄に属する財団がある場合は，管轄登記所及び登記番号（例えば，○地方法務局○出張所登記第○号）を付記する。

　　　抵当権の目的となっている財団と他の財団を合併する場合は，法定管轄を明らかにするため，抵当権の目的となっている財団についてその旨を付記する（工抵法17条3項ただし書）。

    b　合併後の財団の表示

　　　合併後の財団を基本組成単位ごとに記載する。

4:9:2:3　添付情報
① （申請書の写し）
② （管轄指定を証する情報（工抵規則 19 条））
③ 会社法人等番号（不登令 7 条 1 項 1 号イ）
④ 代理権限証明情報

4:9:3　財団の合併登記の実行手続

4:9:3:1　他の登記所への通知及び他の登記所からの移送手続（2:9:3:1）
① 甲財団について合併登記の申請があった登記所以外の管轄に属する乙財団があるときは，登記官は，乙財団について合併登記の申請があった旨を通知しなければならない（工抵規則 32 条 1 項，財団準則 11 条）。
② 通知を受けた登記所の登記官は，「所有権の登記以外の登記」がされていないときは，遅滞なく，乙財団の登記記録及び附属書類（申請書及び添付書類，図面を含む。）又は謄本並びに財団目録を，通知を発した管轄登記所に移送する（工抵規則 32 条 2 項本文）。ただし，乙財団の登記記録に「所有権の登記以外の登記」がされているときは，移送手続をすることなく，速やかに，その旨を管轄登記所に通知する（同項ただし書，3 項）。
③ 乙財団に抵当権の登記がされているときは，乙財団の管轄登記所（通知を受けた登記所）が合併登記の管轄登記所であるから（工抵規則 32 条 2 項ただし書），他の登記所（通知を発した登記所）にされた合併登記の申請は，不登法 25 条 1 号により却下される。

　　また，その申請を受けた登記所の管轄に属する財団について抵当権の登記がされているときは，同じくその申請は却下されるべきであるし，所有権及び抵当権登記以外の登記がされているときも，合併登記の申請は却下されるべきである。
④ 管轄登記所からの通知を受けた乙財団の表示が財団の登記記録上の表示と異なる場合，財団の同一性が認められる些細な相違であれば，工抵規則

32条2項ただし書の事由がない限り，移送手続をすべきである。そして，移送を受けた管轄登記所において，申請書の補正を命じ，それがされない場合に初めて合併登記の申請を却下すべきであろう。

4:9:3:2　合併登記の実行手続

申請に却下事由（不登法25条）がないときは，合併の登記を実行する（2:9:3:3）。

管轄登記所を異にする数個の財団の合併の場合は，通知及び移送手続が必要なので，合併登記の申請の受付後に申請された他の不動産の登記は，受付番号が後であっても，不登法20条にかかわらず先に登記を実行して差し支えない。しかし，合併しようとする財団についての登記の申請については，合併登記の申請についての処分（却下又は登記実行）の後にすべきことはいうまでもない。

工抵規則32条1項による通知を受けた他の登記所は，財団に関する登記の申請又は嘱託を不登法25条2号により却下すべきである。

4:9:3:2:1　合併登記をする登記記録（登記用紙）

合併登記をすべき登記記録（登記用紙）は，合併しようとする財団のうち既登記の抵当権（抵当権の設定又は設定請求権の仮登記を含む。）の目的となっている甲財団の登記記録である。抵当権の目的となっている財団がないときは，いずれの財団の登記記録にしても差し支えない。しかし，移送を受けた登記記録があるときは，それには合併登記をしないで，管轄登記所の管轄に属する財団の登記記録に合併登記をするのが相当であろう。

4:9:3:2:2　表題部の登記

① 合併登記をすべき甲財団の登記記録の表題部には，申請の受付年月日を記載し，合併後の財団の表示をし，末尾に「合併により合併前の乙（丙）財団の登記記録（登記第〇号又は〇地方法務局〇出張所登記第〇号）から移した」旨を記録して，前の表示（合併前の財団の表示）を抹消する記号を記録する（工抵法42条ノ7第1項）。

② 合併された乙財団（登記記録が閉鎖される財団）の抵当権登記が全部抹

消されたものである場合は，合併後の甲財団の登記記録の表題部に，合併前の乙財団の抵当権登記が全部抹消されたものである旨及びその抹消（最後の抹消）の年月日を記録する（工抵規則33条1項）。

合併しようとする財団全てが所有権の保存登記後に抵当権の設定登記を受けたことがない場合は，権利部（甲区事項欄）に移記される所有権に関する事項（所有権の保存登記の年月日を含む。）により所有権の保存登記の時期が明確になり，6か月の期間の起算点も明確になる。しかし，抵当権の登記がいったんされた後に全部抹消された場合は，移記される所有権に関する登記のみでは，抵当権の登記が全部抹消された時期が分からないから（合併登記においては権利部（乙区事項欄）の移記手続はない。），抵当権の登記が全部抹消された年月日を表題部に記録して，6か月の期間の起算点を登記記録上明確にする必要がある（精義1495）。

③　財団の分割により抵当権が消滅した財団の合併の場合は，既にその財団の登記記録の表題部に分割により抵当権が消滅した旨及びその年月日が記録されており（工抵規則28条2項），この記録が合併登記により移記されるから，特別にその旨の記録をする必要はない。

4:9:3:2:3　権利部（甲区事項欄）の登記

合併登記をする登記記録中権利部（甲区事項欄）には，乙財団の登記記録から所有権に関する登記を移記し，移記した旨及び移記した登記が乙財団であった部分のみに関する旨並びに申請の受付年月日及び受付番号を記録して，登記官の識別番号を記録（登記用紙に登記官印を押捺）する措置をしなければならない（工抵法42条ノ7第4項，工抵規則33条5項）。

4:9:3:2:4　他の登記記録の閉鎖

合併登記をした甲財団以外の乙（丙）財団の登記記録（他の登記所から移送を受けた登記記録を含む。）を閉鎖する。すなわち，その登記記録の表題部に合併登記をした登記記録（合併後の登記第〇号）に移記した旨（閉鎖の事由）及びその年月日を記録して，乙財団の表示を抹消する記号を記録するほか，登記官の識別番号を記録（実際の取扱いは，登記用紙に登記官が押印

し，さらに財団の表示を抹消して，これを工場財団登記簿から除去し，財団閉鎖登記簿に編綴する。）しなければならない（工抵法42条ノ7第3項，不登規則8条，工抵規則33条5項）。

4:9:3:2:5　財団目録

合併した各財団の財団目録に合併後の財団の目録とした旨（工抵法42条ノ7第2項），合併登記の申請の受付年月日及び受付番号，合併後の財団の登記番号を記録して，合併前の登記番号を抹消する記号を記録しなければならない（工抵規則33条3項）。

4:9:3:2:6　配置図面

合併登記をした登記記録に登記されていた財団以外の合併前の財団に関する配置図面には，合併後の財団の登記番号を記録し，合併前の登記番号を抹消する記号を記録しなければならない（工抵規則33条4項）。

4:9:3:2:7　保存期間

財団目録及び配置図面は，財団の登記記録を閉鎖した日から20年間保存しなければならない（港抵規則5条）。

4：10　財団の所有権の移転登記

① 港湾運送事業財団は，工場財団と同様に1個の不動産とみなされ，所有権と抵当権の目的とすることができる。したがって，財団の設定後，売買等により所有権の移転登記をすることができる。その場合は，各組成物件についても権利の移転が生ずる（2：10）。

港湾運送事業の譲渡及び譲受は，国土交通大臣の認可を受けなければその効果を生じない（港運法18条1項）。

② 財団の所有権移転を第三者に対抗するためには，登記をしなければならない。組成物件についても移転の登記又は登録が必要である。登記又は登録は，財団の移転登記の後に移転を証する登記記録により行うことになる。

③ 財団の所有権の移転登記については，登録免許税法に規定がないから納付する必要はない。

4：11　財団の抵当権

4：11：1　財団の抵当権の効力

　財団は，抵当権（根抵当権を含む。）の目的とするため（港運法23条），所有権の保存登記により設定され，不動産とみなされるが（工抵法9条，14条1項），抵当権の効力は，不動産の抵当権の効力と差異がない。

　財団の所有権の保存登記後6か月内に抵当権の設定登記をしなければ，財団は効力を失う（同法10条）。

4：11：2　財団の抵当権に関する登記手続

　財団を目的とする抵当権又は根抵当権に関する登記は，工場財団を目的とする抵当権又は根抵当権に関する登記と同じで，登記手続も同じである（2：11）。

4：12　財団の民事執行等

　財団は，所有権の保存登記により設定され，不動産とみなされるから（工抵法9条，14条1項），財団に対する民事執行法による強制競売及び担保権の実行としての競売並びに国税徴収法又はその例による滞納処分による公売に関しては，全て民事執行法又は国税徴収法等の不動産に関する諸規定による。また，仮差押え又は仮処分に関しても民事保全法等の不動産に関する保全処分の諸規定による（2：12）。

4：13　財団の消滅

　財団については，港抵法26条により工場財団の消滅に関する工抵法8条3項，10条及び44条ノ2が準用され，これらの準用規定により消滅する（2：13）。

　なお，財団は，所有者が一般港湾運送事業者等でない者になったことにより消滅することはない（港運法28条）。

5　観光施設財団

　観光施設財団は，観光施設財団抵当法（以下「観抵法」という。）により観光事業を営むための「観光施設」（観抵法2条の企業財産）をもって設定し，これを抵当権の目的とし，観光施設に関する信用の増進により，観光に関する事業の発達を図り，もって観光旅行者の利便の増進に資することを目的とする制度である（同法1条）。

　財団は，所有権の保存登記により設定され（同法7条），1個の不動産とみなされる（同法8条）。したがって，財団の組成物件は，個々のものとして売却する場合（工抵法46条）を除き，分離して競売することはできない。

　観光施設事業には，道路交通事業のような公益性はなく，一般の工場と異なることはないから，工場財団と同様，組成物件の選択主義を採っている（観抵法4条）。

5：1　財団の設定

　観光施設を観光旅行者の利用に供する事業を営む者（以下「事業者」という。）は，抵当権の目的とするため，1又は2以上の観光施設について，財団を設定することができる（観抵法3条，工抵法8条1項）。財団に属するもの（組成物件）は，同時に他の財団に属することはできない（工抵法8条2項）。

① 　財団は，「所有権及び抵当権以外の権利」の目的とすることはできないが，抵当権者の同意を得て，賃貸することはできる（観抵法9条，工抵法14条2項）。ただし，賃借権の登記はできないので，対抗要件を備えるための登記をすることはできない。また，抵当権設定前に賃借権を設定しても，その後抵当権が設定された場合は，抵当権者の同意を必要とする。同意が得られないときは，賃貸借は，将来に向かってその効力を失う。

　「所有権及び抵当権以外の権利」には，処分の制限は含まれないと解されるので，財団に対して差押え等の申立て又は申請をすることはできる。また，所有権及び抵当権設定の仮登記も含まれないので，財団について，

所有権移転又は所有権移転請求権保全の仮登記及び抵当権設定又は抵当権設定請求権保全の仮登記はできると解する。

② 財団については，民法その他の実体法はもちろん，民事訴訟法，競売法，国税徴収法等の手続法においても，性質に反しない限り，不動産に関する規定が適用され，さらに財団に関する登記の手続についても，特別の規定のない限り不登法令が適用される。

5:1:1 財団の設定者

財団を設定することができる者，すなわち，所有権の保存登記を申請することができる者は，観光施設，すなわち，観光旅行者の利用に供される施設のうち遊園地，動物園，スキー場その他の遊戯，観賞又は運動のための施設であって政令で定めるもの（施設が観光旅行者の利用に供される宿泊に附帯して設けられている場合は，施設及び宿泊施設）（観抵法2条）を観光旅行者の利用に供する事業を営む者であり（同法3条），財団の組成物件（同法4条各号）の所有者その他の権利者である。組成物件の全てを借りていても，事業の経営主体（事業の損益及び責任の帰属主体）であればよい。この点は，工場財団（工抵法8条1項）と異なる。

「事業者は，第4条第1号に掲げる土地又は同条第4号に掲げる土地に関する権利が存しないときは，財団を設定することはできない。」（観抵法6条）から，土地若しくは地上権又は賃貸人の同意のある賃借権を組成物件にしなければならない。もっとも，財団の組成物件については，選択主義を採っているから，それらの全部を組成物件とする必要はない。

5:1:2 観光施設

財団は，観光施設の1又は2以上につき設定される（観抵法3条）。これは，工抵法8条1項前段の「1個又ハ数箇ノ工場ニ付」に相当する。「観光施設」は，①観光旅行者の利用に供される施設であること，②遊園地，動物園，スキー場その他の遊戯，観賞又は運動のための施設であること，③政令（観抵法2条の観光施設を定める政令）で定めたものに該当するものでなければならない。

政令で定める施設は，①遊園地，②動物園，③水族館，④植物園その他の園地，⑤展望施設（索道が設けられているものに限る。），⑥スキー場（索道が設けられているものに限る。），⑦アイススケート場（冷凍設備が設けられているものに限る。），⑧水泳場（水質浄化設備が設けられているものに限る。）の8種類に限られている。ゴルフ場やマリーナなどは認められていない。

これらの施設が観光旅行者の利用に供される「宿泊施設」に附帯して設けられている場合は，施設と宿泊施設を併せたものが1個の観光施設となる（同法2条）。

そして，例えば，「○○ドリームランド」又は「○○遊園地」と称されているものでも，その中に遊園地，動物園，水族館があるものは，全体を1個の観光施設と観念すべきではなく，同政令に掲げる施設ごとに1個の観光施設があると解すべきである。したがって，例示の場合は，3個の観光施設があることになる。

5:1:3 対象外施設

政令で規定する以外の次に掲げる施設は，それぞれの理由で，財団の対象外とされている。

① 宿泊施設単体，すなわち，旅館，ホテル等は，それだけで不動産抵当権の目的となり得るので，単体で財団とすることは認められていない。ただし，それらが単体でない場合，すなわち，観抵法2条各号の括弧書きに規定されているように，宿泊施設が政令で定めた施設（観光施設として認められたもの）に附帯する場合は，財団の組成物件とすることができる。したがって，遊園地，スキー場などの中に設けられた旅館，ホテル，スキー小屋，キャンプ小屋などの宿泊施設は，組成物件とすることができる。

② 興行場法（昭23法律137号）による興行場，すなわち映画館，競輪場，野球場などは，観光旅行者の観賞，遊戯，運動のための観光施設としてみることは適当ではなく，また，これらは，それぞれ民法上の不動産抵当物件として取り扱われるので，本法の対象外とされている。ただし，映画館，

音楽堂が遊園地などの中の構成部分として存在する場合は，特に除外理由がない限り，財団の組成物件に加えることは差し支えない。
③　バス事業，自動車道事業等は，道抵法により，それぞれ道路交通事業財団を設定できるので，観光施設財団の組成物件に加えることは不適当とされる。

5：2　財団に関する登記

財団は，所有権の保存登記により成立し，1個の不動産とみなされるが（観抵法8条），所有権及び抵当権以外の権利の目的とすることはできない（2：2）。

5：2：1　財団登記簿

財団に関する登記をするため，財団登記簿が設けられ，登記記録は，工場財団登記簿と同じく，表題部及び権利部（甲区及び乙区）から成り立っている（工抵規則5条2項，2：2：1）。

5：2：2　管轄登記所

財団の登記，したがって，所有権の保存登記の管轄登記所は，観光施設の所在地を管轄する登記所である（工抵法17条，2：2：2）。

管轄登記所は，観光施設の所在地により定まるから，財団に観光施設以外の地域にある不動産を組成物件として属させた場合においても，観光施設以外の地域の不動産は，管轄登記所を定める場合に考慮することはない。

また，財団の所有権の保存登記がされた後に，他の観光施設を財団に追加する場合（追加による財団目録の記録の変更登記を申請する場合），観光施設が他の登記所の管轄地内にあるときでも，管轄登記所の指定は必要なく，財団の登記がされている登記所に申請すればよい。

5：3　財団の組成物件

財団の組成物件は，観抵法4条に規定され，同条各号掲記の物件以外の物件は，財団に属させることができない。また，同条各号の物件であっても，

現実にこれを組成物件とするためには，種々の要件がある。

観光施設の個々の組成物件に関しては，財団の単一性を害しないよう，また，財団の抵当権者の保護を図るため，個々的な処分は制限されている。

5:3:1 組成物件となり得るもの

財団の組成物件は，観抵法4条各号掲記の①ないし⑥の物件だけであり，それ以外の物件は，財団に属させることができない。

登記・登録制度のある物件は，登記・登録が必要であり，他人の権利又は差押え・仮差押え・仮処分の目的となっていないことも必要である（観抵法5条，11条・工抵法13条）。

また，これらは，いずれも「同一の事業者に属し」，かつ，財団の基本単位である観光施設に属していなければならない。

財団の組成物件となっているものは，同時には，他の財団の組成物件にはなり得ない（工抵法8条2項）。

備品，動物，植物又は展示物については，それぞれの種類及び数を記録し，同種類の他の物と区別するに足りる特徴があるときは，特徴も記録する。軽微な物については，それぞれ概括して記録することができる（観抵規則5条）。

① 土地及び工作物（1号）

　　土地及び工作物は，観光施設の用に供するものに限る。工作物とは，建物その他土地に建設した施設をいう。土地建物については，あらかじめ所有権の保存登記をしておかなければならない。

② 機械，器具及び備品（2号）

　　観光施設の事業のために必要とされる機械，器具及び備品をいう。

③ 動物，植物及び展示物（3号）

　　動物，植物とは，通常の動物，植物であり，展示物とは，絵画，彫刻，銅像等をいう。屋内，屋外のいずれにあっても差し支えない。

④ 地上権及び賃貸人の承諾があるときは物の賃借権（4号）

　　地上権とは，観光施設に属する建物等の工作物その他の施設を所有するために他人の土地に設定された権利をいう。また，「賃貸人の承諾あると

きは物の賃借権」とは，賃貸人が承諾した動産又は不動産のいずれの賃借権を含む（2：3：1④）。転借権でも差し支えない（昭31.12.24民事甲2892号民事局長回答・通達）。

⑤ 船舶，車両及び航空機並びにこれらの附属品（5号）

　船舶は，登記を必要としない総トン数20トン未満の船舶及び端舟その他ろかいのみをもって運航する舟も含まれる。遊覧船などである。

　車両は，道路運送車両法上登録を必要とする自動車はもちろん，登録を必要としない自動車も含む。例えば，遊園地内で，施設の利用者のために供している車両や送迎車等がある。

　航空機については，全て登録を受けなければならない。遊覧飛行機等がこれに該当する。

　「これらの附属品」とは，船舶についてはロープ，救命具等が車両については予備タイヤ，シート，修理工具等が航空機についてはパラシュート等をいう。

⑥ 温泉を利用する権利（6号）

　泉源地の所有権，源泉を利用する権利，源泉の利用権者から分湯を受ける権利等で，慣習により認められた権利も含まれる。ただし，譲渡性のある温泉権でなければならない。

5：3：2　組成物件の要件

　財団の組成物件となり得るものは，前掲（5：3：1）のとおりであるが，これらを現実に財団に属させるためには，次の要件が必要である（観抵法4条）。

① 「同一の事業者に属し」ていること

　前掲の物又は権利は，財団の設定者である事業者が所有し，又はその権利に属していなければ財団に属させることはできない。例えば，事業者が他人所有の機械，器具等を賃借しているときは，賃貸人（所有者）の承諾を得てその賃借権を財団に属させることは可能であるが（工抵法11条4号），賃借物である機械，器具等の「物」を財団に属させることはできない。

② 「観光施設に属する」ものであること

①の物又は権利は，その観光施設に属している必要がある。すなわち，観光施設を観光旅行者の利用に供する事業を営むために，直接，間接に提供していることを要する。

③ 「他人ノ権利ノ目的タルモノ又ハ差押,仮差押若ハ仮処分ノ目的タルモノ」でないこと（工抵法13条1項）

①の物又は権利は，他人の権利又は差押え，仮差押え若しくは仮処分の目的となっているときは，財団に属させることはできない。この点については，工場財団の組成物件と同様である。

④ 登記又は登録の制度のあるものについては，既登記，既登録であること（観抵法5条）

土地，建物，船舶（総トン数20トン未満の船舶及び端舟その他ろかいをもって運転する舟を除く。），道路運送車両法4条の自動車（軽自動車，小型特殊自動車及び二輪の小型自動車を除く。）又は航空法2条1項の航空機で，所有権の登記又は登録のされていないものは，財団の所有権の保存登記を申請する前に登記，登録をしなければならない。

これは，財団を設定するときのみならず，設定後これらのものを財団に追加する場合（追加による財団目録の記録の変更登記をする場合）も同様である。また，法令上明文はないが，地上権，不動産又は登記船舶の賃借権等，登記制度のある組成物件については，それぞれ権利の登記をしている必要がある。

5:3:3 組成物件の処分制限

財団に属すべきものとして財団の所有権の保存登記又は追加による財団目録の記録の変更登記の申請があった組成物件及び財団の組成物件の処分の制限に関しては，工場財団の組成物件に関する工抵法の規定が準用される（工抵法13条2項，29条，31条，33条1項，2:3:3）

なお，組成物件の賃貸借についての抵当権者の同意（同法13条2項ただし書）は，賃貸借の有効要件であって，単なる対抗要件ではない（昭44.7.17

東京高判・判時572-33)。

5:3:4 財団設定の制限

観光施設を観光旅行者の利用に供する事業を営む者は，観光施設に属するこれらのうちの全部又は一部をもって財団を組成することができるが（観抵法4条），事業を営む者は，少なくとも土地又は土地に関する権利（地上権又は賃借権）を組成物件としない限り，財団を設定することはできない（同法6条）。ただし，土地に関する権利は，財団を構成する観光施設に属する土地の全部について有する必要はなく，一部でも差し支えない（岩崎18）。

5:4 財団目録及び観光施設の図面

財団の所有権の保存登記を申請する場合は，財団の組成物件を明確にし，物件が財団に属し，処分の制限があることを第三者に対抗するために，財団の組成物件を表示した財団目録（観抵法10条）及び観光施設の図面（観抵規則3条，工抵規則22条1項各号）を提供し，目録の記録又は図面に変更が生じたときは，財団目録の記録の変更登記を申請し（工抵法38条），図面の変更があるときは，変更後の図面を提供しなければならない（工抵規則34条1項）。工場財団と同様である。

5:4:1 財団目録

財団目録の作成は，工場財団目録（工抵法21条2項，22条，工抵規則7条〜11条，13条，15条〜17条）に準じてされる（2:4:1）。

5:4:1:1 記録方法

数個の観光施設について財団を設定する場合は，各観光施設ごとに別つづりとして作成する（工抵規則15条）。財団を分割する場合を考慮している。

財団目録に記録すべき物件は，財団に属する物件であることはいうまでもない（工抵法22条）。

5:4:1:2 組成物件の記録方法

財団に属する土地・建物については工抵規則7条1項，2項，工作物については同条3項，機械等については同規則8条，登記した船舶については同

規則9条，地上権については同規則10条，物の賃借権については同規則11条，登録自動車については同規則13条の準用により，それぞれ所定の事項を記録する（観抵規則4条）。

その他の組成物件については，次のとおり，権利を特定するに足りる事項を記録しなければならない（同規則5条〜8条）。

① 備品，動物，植物又は展示物（5条）

それぞれの種類及び数を記録し，もし同種類の他の物と区別するに足りる特徴があるときは特徴を記録する（観抵規則5条1項）。特徴を記録するには，物件を特定するに足りる事項を次のとおり掲記する（昭43.12.1民事甲3581号民事局長通達第五）。ただし，軽微なものについては，それぞれ概括して，例えば，「○番地所在の花壇の花一切」「○号檻の鳥類一切」のように記録することができる（同条2項）。

  a 備品については，構造，形状，製作者の氏名又は名称，製作の年月，記号，番号，備付けの場所等
  b 動物については，性，生年月，産地，毛色，名号，耳標又は入墨等動物に施した符号，飼育の場所，畜舎番号等
  c 植物については，植栽又は常置の場所，温室番号，植栽の年月又は樹齢等
  d 展示物については，題名又は主たる内容，材質，形状，製作者又は著作者の氏名若しくは名称，製作又は著作の年月，展示の場所等

② 非登記船舶及び非登録車両（6条）

登記を要しない（登記をすることができない。）船舶である総トン数20トン未満の船舶及び端舟その他ろかいのみをもって運転し，又は主としてろかいをもって運転する舟（商法684条2項，686条2項）及び道路運送車両法による道路運送車両で登録自動車を除いた車両（例えば，軽自動車，小型特殊自動車，二輪の小型自動車，原動機付自転車，馬車，牛車，馬そり，荷車，人力車，三輪自転車，リヤカー等）については，「種類，構造，個数又は延長」を記録し，「製造者の氏名又は名称，製造の年月，記号，番

号その他同種類の他の物と識別することができる情報があるときは，その情報」を記録する（工抵規則8条，13条）。同一性を認識させるに足るべき事項を記録するのである。
③ 航空機（7条）

航空機登録令12条1号から5号までに掲げる事項（航空機の種類及び型式，航空機の製造者，航空機の番号，航空機の定置場，航空機の登録記号を有するときは，登録記号等）を記録する。
④ 温泉を利用する権利（8条）

権利を特定するに足りる次の事項を記録する（観抵規則8条）。

a　温泉のゆう出する土地（温泉のゆう出地点―源泉，湯口―の存在する土地）の所在する市，区，郡，町，村及び字及並びに当該土地の地番

b　権利に付された名称（権利がその地方で慣習的若しくは通俗的に呼ばれている名称，例えば，温泉所有権，源泉権，湯口権，引湯権，温泉受給権，温泉使用権等）

c　温泉源から温泉を採取する者（温泉権を掘さくして温泉をゆう出させ，これを採取して使用，処分する権利を有する者であり，いわゆる源泉権者，湯口権者の氏名及び住所）

d　温度（ゆう出口における温度，その観光施設に引湯された時の温度のいずれであるかを明らかにし特定する。）

e　主たる成分（温泉の含有物質のうち，その温泉の特徴とされる主要なものの物質名及び含有量）

f　利用することができる湯量（毎分何リットルあるいは口径何センチの鉄管による使用）

5:4:2　観光施設の図面

① 財団の所有権の保存登記を申請する場合は，観光施設の図面に次に掲げる事項を記録して提供しなければならない（観抵規則3条・工抵規則22条1項1号，2号，昭43.12.1民事甲3581号民事局長通達第四）。図面に記録するのは，現に組成物件となっているもの（財団目録に記録されているもの）だけで

なく，観光施設に「属する」(工抵規則22条1項1号) 全てのものである。
　　a　観光施設に属する土地及び工作物については，方位，形状及び長さ並びに重要な附属物の配置
　　b　地上権の目的である土地並びに賃借権の目的である土地及び工作物については，方位，形状及び長さ
　　c　重要な備品，動物，植物及び展示物の配置並びに温泉のゆう出地の位置及び引湯の経路
② 　図面を提供する理由は，主要な組成物件の図面化により財団目録を可視化し，観光施設が規則に掲げる施設に該当し，観抵法2条の観光施設であることを明示することである。
③ 　図面は，観光施設ごとに作成し，申請人が記名するとともに，作成者が署名し，又は記名押印する (工抵規則22条4項・不登規則73条，74条2項)。
④ 　財団目録の記録の変更登記を申請する場合に，図面に変更があるときは，変更後の図面を提供する (工抵規則34条)。
⑤ 　申請情報と併せて提供された図面に配置図番号が記録されている場合は，目録にその番号を記録する (財団準則31条)。

5:4:3　保存期間

　財団目録及び配置図面は，財団の登記記録を閉鎖した日から20年間保存しなければならない (観抵規則10条)。

5:5　財団の所有権の保存登記

　財団は，観光施設 (観抵法2条) を基本として，観光旅行者の利用に供する事業を営む「同一の事業者に属し」，かつ，観光施設に属する観抵法4条各号掲記の物件又は権利をもって組成されるものであるから，その設定をすることができる者は事業者である (同法3条)。
　財団は，財団登記簿にその所有権の保存登記をすることによって設定され創設される (工抵法9条)。

5:5:1　所有権の保存登記の申請手続

5:5:1:1　申請情報の内容

　財団の所有権の保存登記の申請情報の内容についても，工抵法21条が準用される。

① 登記の目的

　　登記の目的としては，「所有権保存」と記載する。

② 所有者の表示

　　所有者（申請人）として，観光施設を観光旅行者の利用に供する事業を営む「事業者」（観抵法3条）を表示する。観光施設の「所有者」である必要はない。

③ 代理人の表示

④ 添付情報の表示

⑤ 申請年月日（不登規則34条1項7号）

⑥ 登記所の表示（不登規則34条1項8号）

⑦ 登録免許税額（不登規則189条1項）

　　財団の所有権の保存登記の登録免許税は，財団の数を課税標準として，1個につき3万円である（税法別表第一・五㈠）。

⑧ 設定しようとする財団の表示

　　財団の所有権の保存登記の申請情報の内容として，次のとおり，登記記録の表題部に記録されるべき財団の表示事項を記載する（工抵法21条）。

　　なお，数個の観光施設につき1個の財団を設定する場合には，その観光施設ごとに次の事項を記録する。

　　a　観光施設の名称及び位置（工抵法21条1項1号，財団準則23条1号）

　　　観光施設の名称は，通常呼ばれている名称（通称）を，「○○遊園地」，「○○スキー場」のように記録する（昭43.12.1民事甲3581号民事局長通達第一）。

　　　観光施設を定める政令に掲げる施設が宿泊施設に附帯して設けられている場合は，併せて1個の観光施設となるが（観抵法2条括弧書き），政令

に掲げる施設と宿泊施設とにそれぞれ別の名称が付されているときは，「○○ホテル・○○遊園地」のように，それらの名称を併記する（上記通達第二）。

　数個の観光施設を併せたものについて全体としての名称が付されている場合は，全体的な名称の下に観光施設の種類を付記して（例えば，「○○ドリームランド動物園」のように記録する。），観光施設の名称とするのが相当である。

　観光施設の位置は，観光施設に属する主要な施設の存する所在土地を表示すれば足りる（上記通達第一，財団準則23条2号）。

b　主たる営業所（工抵法21条1項2号，財団準則23条3号）

　主たる営業所は，観光施設の営業に関する主たる営業所を記録するものとし，会社等法人の場合における本店又は主たる事務所を表示する必要はない。

　なお，設定者が個人の場合には，観光施設の営業の事務を主として行っている所を記録するものとし，個人の住所は記録しない（上記通達第一）。

c　営業の種類（工抵法21条1項3号，財団準則23条4号）

　営業の種類とは，観光施設を観光旅行者の利用に供する事業を営む者が，観光施設において営む事業の内容をいう。事業者が会社等法人である場合も，会社等の目的の全部を意味するものではない（上記通達第一）。

　営業の種類は，例えば，「遊園地」，「展望施設」，「ホテル及びスキー場」等のように観光施設の種類を明らかにして記録しなければならない（上記通達第三）。このうち，「ホテル及びスキー場」は，観抵法2条括弧書きの場合，すなわち，同法2条の観光施設を定める政令に掲げる施設（スキー場）が宿泊施設（ホテル）に附帯して設けられている場合の例であるが，この種の観光施設は，それ自体が1個の観光施設の種類となっているから，それを明らかにするため，宿泊施設である旨とそれに附帯した政令に掲げる施設の種類の双方を明示するのが相当である。

なお,「水泳場」を観光施設とする場合に,営業の種類を「ホテル及びゴルフ場」とするのは相当でない（昭47.9.12民三発765号民事局第三課長回答）。

5:5:1:2 添付情報

財団の所有権の保存登記の申請書に添付すべき情報は,次のとおりである（2:5:3:3）。

① （申請書の写し）
② 財団目録

財団の組成物件の表示を掲げた財団目録（観抵法10条）を提供する。数個の観光施設について1個の財団を設定する場合は,観光施設ごとに財団目録を作成し,申請人又はその代表者若しくは代理人が記名押印する（工抵規則25条）。

③ 図面

観光施設の図面には,次の事項を記録しなければならない（観抵規則3条）。図面は,1個の観光施設ごとに作成し（工抵規則22条2項）,申請人が記名するとともに,作成者が署名し又は記名押印する（工抵規則22条；不登規則74条2項）。

　a　工抵規則22条各号に掲げる事項
　b　重要な備品,動物,植物及び展示物の配置
　c　温泉のゆう出地の位置及び引湯の経路
④ 会社法人等番号又は登記事項証明書
⑤ 住所証明情報（工抵規則21条,不登令7条1項6号,別表28添付情報ニ,29添付情報ハ）
⑥ 代理権限証明情報
⑦ 賃借権を組成物件とする場合の賃貸人の承諾証明情報（観抵法4条4号,6条）
⑧ （管轄登記所指定情報（工抵法17条2項））

〔観光施設図面〕

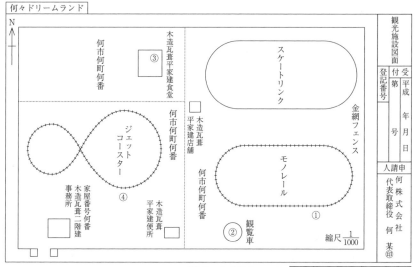

[参考：書式精義2010]

5：5：2　所有権の保存登記の実行手続

　財団の所有権の保存登記の申請があった場合の手続及び登記の実行手続についても，特別の定めのあるもののほかは，工場財団に関する工抵法及び工抵規則が準用される（2：5：4）。

　なお，財団の登記記録中表題部に「営業の種類」（5：5：1：1⑧ｃ）を記録するには，観光施設の名称及び位置，主たる営業所及び「観光施設の種類を明らかにして」しなければならない（観抵規則9条）。

5：6　財団目録の記録の変更登記

　財団の基本組成単位である観光施設は，経営上改廃が行われ，新たな組成物件を財団に追加して属させ，若しくは財団の組成物件を分離して，財団に

属させない場合がある。この場合は，遅滞なく財団目録の記録を変更する必要があるので，財団目録の記録の変更登記の手続をする（工抵法38条〜42条，2：6）。

なお，この場合は，抵当権者全員の同意を必要とする（工抵法38条2項）。

5：6：1　組成物件の変更

「財団ニ属スルモノニ変更ヲ生シ」たとき（工抵法39条1項，40条）とは，財団目録に記録されている個々の組成物件の表示（観抵規則4条〜9条・工抵規則7条〜13条）が変更したときをいう（2：6：1，3：6：1）。

工作物及び機械器具のように，組成物件の表示として，所在場所を記録する必要がある物件の所在場所が変更した場合（例えば，甲観光施設から乙観光施設に変更した場合）は，財団の表題部の変更登記もしなければならない。

5：6：2　組成物件の追加

① 「新ニ他ノモノヲ財団ニ属セシメタル」とき（工抵法39条1項，41条，43条）とは，組成物件とすることができるものを新たに財団に属させるときをいう（2：6：2）。財団の基本組成単位となっていない単位（観光施設）の組成物件を財団に属させる場合（施設を組成施設とする場合）又は観光施設を新設し，施設を既存の財団の組成施設として，組成物件を財団に属させる場合も，新たに物件を追加する財団目録の記録の変更登記による。この場合は，財団の表題部の変更登記を併せて申請する。

② 財団の基本組成単位に属している物件を追加するときは問題ないが，財団の基本組成単位となっていないB基本組成単位に属している物件を追加するときは，追加する物件で1個の基本組成単位として1個の乙財団を設定できる範囲の組成物件を追加しなければならない。例えば，B基本組成単位に属している動産のみを追加することはできないのであって，必ずB基本組成単位に属する不動産等を含んでいる必要がある。

③ したがって，このようなB基本組成単位に属する物件を追加するときは，必然的にB基本組成単位を追加することになり，財団は，それまでのA基本組成単位のほかB基本組成単位についても設定されたものとなるから，

財団の表題部に変更が生じ，変更登記を追加による目録の記録の変更登記の申請と同時に申請する。

5：6：3　組成物件の分離

「財団ニ属シタルモノカ‥‥財団ニ属セサルニ至リタル」とき（工抵法38条，42条，44条1項）は，財団目録の記録の変更登記を申請すべきである（2：6：3）。

① 「財団ニ属シタルモノカ‥‥財団ニ属セサルニ至リタル」ときとは，財団の組成物件として財団に属しているものが，工抵法15条により財団から分離された場合のほか，財団に属している機械器具，動物，植物，展示物等の動産が民法192条の要件を充足したことにより完全に第三者の所有に帰した場合，組成物件である土地について取得時効が完成して第三者の所有に帰した場合，土地収用法により収用されて，観光施設を観光旅行者の利用に供する事業を営む者の所有でなくなった場合のように，組成物件の適格を失ったとき，すなわち第三者の権利の目的となったために財団に属することができなくなった場合を含む。

② 財団は，施設（基本組成単位）について設定されるものであるから，施設を組成する必要最小限の物件又は権利が財団に属していなければならない。すなわち，全ての組成物件を分離することはできない（昭25.4.21民事甲1054号民事局長回答・通達）。また，観光施設に属する観抵法4条1号に掲げる土地又は4号に掲げる地上権又は土地の賃借権が財団に属している必要がある（2：9：3）。

③ 事業者が抵当権者の同意を得て財団に属するものを分離したときは，抵当権は消滅する（工抵法15条）。ここで「分離」とは，財団に属する物件を財団に属さない物とする意思表示（法律行為）をいい，単に物件を観光施設から撤去する事業行為を指すものではない。

5：6：4　組成物件の滅失等

「財団ニ属シタルモノカ滅失シ又ハ財団ニ属セサルニ至リタル」とき（工抵法38条1項，42条，44条）は，財団目録の記録の変更登記を申請すべきであ

る（2:6:4）。

「滅失」は，組成物件の物理的な消滅のほか物の経済的効用が喪失した場合をいう。財団に属している工作物，機械器具，動物，植物，展示物等が滅失したとき及び地上権，賃借権，温泉権などの権利が消滅したときである。

財団に属している物件が滅失したことにより，残存する物件のみでは財団を組成できなくなった場合は，財団の消滅（工抵法44条ノ2）に準じて取り扱われる。この場合は，抵当権者全員の同意証明情報を提供して，滅失又は消滅による財団目録の記録の変更登記の申請をすると同時に，財団を目的とする所有権及び抵当権の登記以外の登記（差押えの登記等）があるときは，登記名義人の同意証明情報を提供して，財団の消滅登記を申請する。

5:6:5　財団目録の変更登記の手続

① 財団目録に掲げられた組成物件について，表示又は物件自体の変更があったときは，財団目録の記録の変更登記を申請しなければならない（工抵法38条～44条）。この申請情報には，抵当権者（全員）の同意を証する情報又はこれに代わる裁判があったことを証する情報を提供しなければならない（同条2項）。また，組成物件が変更したもの又は新たに属したものを目録に記録するための情報（新たな目録）を提供しなければならない（同法39条）。

② 組成物件の変更又は追加による変更登記の申請があったときは，前の目録に変更又は追加の旨，申請の受付の年月日及び受付番号を記録する（工抵法40条，41条）。

③ 組成物件の滅失又は分離による変更登記の申請があったときは，目録に滅失又は分離の旨，申請の受付の年月日及び受付番号を記録し，そのものの表示を抹消する記号を記録する（工抵法42条）。

④ そのほか，組成物件の追加による変更登記の申請があったときは，工抵法23条ないし37条が準用される（工抵法43条）。

⑤ 組成物件の滅失又は分離による変更登記の申請があったときは，所有権の保存登記の申請があった旨及び財団に属した旨の記録の抹消登記等をす

る（工抵法44条，2：6：3：4：3）。

5：7　財団の表題部の変更更正登記

財団登記簿に登記された財団の表題部に変更が生じた場合は，登記記録の表示を変更後の表示に合致させるための登記をしなければならない（工抵規則27条1項，2：7）。

5：7：1　財団の表題部の変更更正登記

財団の表示として，登記簿（表題部）には，「観光施設の名称及び位置，主たる営業所，営業の種類（観光施設の種類）」等（観抵規則2条，9条，工抵法121条1項）を記録するが，これらの表示事項に変更を生じた場合は，財団の表題部の変更登記を申請し，また，表示事項に当初から錯誤又は遺漏があって真実の表示と不一致の場合は，財団の表題部の更正登記を申請する。

5：7：1：1　財団の基本物件の追加，分離の場合

財団を設定組成する基本組成単位である観光施設を新たに既存の財団に追加し，又は観光施設の数個をもって設定組成されている既存の財団から一部の観光施設を分離（財団目録の記録の変更登記による。）した場合は，財団の表示に変更が生ずるから，財団の表題部の変更登記を申請しなければならない。

既存の財団の数個の観光施設が消滅し，又は滅失した場合も財団の表題部の変更登記を申請しなければならない。財団の表示事項に当初から誤り又は遺漏がある場合は，財団の表題部の更正登記を申請しなければならない。

この財団の表題部の変更（又は更正）登記の申請手続は，原則的に工場財団と同じである。

5：7：1：2　財団の表題部の変更更正登記の申請手続

5：7：1：2：1　申請情報の内容

① 登記の目的（工抵規則18条1項，不登令3条5号）

「観光施設財団の表題部変更（又は更正）」と記載する。

② 登記原因及びその日付（工抵規則18条1項，不登令3条6号）

a　財団の表題部の変更の場合は，表示事項を具体的に記載し，変更の旨と変更の生じた日を記載する。
　　b　財団の観光施設とそれに関する組成物件の全部の分離（又は組成物件である要件の喪失）又は滅失による場合は，「○○分離（又は滅失）」と記載して，分離した日又は滅失の日を記載する。
　　c　財団の観光施設とそれに関する組成物件の追加による場合は，「○○追加」と原因を記載する。日付は記載しない（追加による目録の記録の変更登記の日付の記載は無理である。）。
　　d　財団の表題部の更正登記の場合は，登記原因として「錯誤」又は「遺漏」と記載する。日付は記載しない。
③　申請人の表示（工抵規則18条1項・不登令3条1号，2号）
　　申請人として各財団の所有権の登記名義人を表示する。
④　添付情報の表示（不登規則34条1項6号）
⑤　申請年月日及び登記所の表示（不登規則34条1項7号，8号）
⑥　代理人の表示（不登令3条3号）
⑦　登録免許税額（不登規則189条1項）
　　財団の数を課税標準として，1個につき6,000円であるから（税法別表第一・五(七)），この税額を記載する。
⑧　財団の表示
　　変更（又は更正）前の財団を表示し（登記番号も記載する。），次に変更（又は更正）後の財団を表示する。

5:7:1:2:2　添付情報
①　（申請書の写し）
②　会社法人等番号（不登令7条1項1号イ）
③　代理権限証明情報（不登令7条1項2号）
④　（抵当権者の同意証明情報（工抵法15条，38条2項））
⑤　（指定書（工抵規則19条））

5:7:2 表題部の変更更正登記の実行

表題部の変更更正登記は，変更又は更正に係る登記事項のみを記録する（工抵規則27条1項）。

財団の表示として，登記記録（表題部）には，「観光施設の名称及び位置，主たる営業所，営業の種類（観光施設の種類）」等（観抵規則2条，9条，工抵規則21条1項）を記載する。

5:7:3 登記名義人の表示の変更更正の登記

財団の所有権の登記名義人又は抵当権の登記名義人等の表示に変更が生じたときは，登記名義人の表示の変更登記を申請する。また，表示に錯誤又は遺漏があるときは，登記名義人の表示の更正登記を申請する。

登記申請手続は，一般の土地又は建物の場合と同様である。ただし，所有権の登記名義人の表示の変更（又は更正）登記をした場合には，財団登記簿の目録の記録の所要の変更手続をしなければならない。

5:8 財団の分割

数個の観光施設（観抵法2条）で組成された財団は，所有者の申請による分割の登記によって数個の財団とすることができる（工抵法42条ノ2，42条ノ4～42条ノ6）。財団の分割の単位は，観光施設であるから，観光施設を単位として分割しなければならない（同法8条1項前段，2:8）。

5:8:1 財団の分割の要件

① 数個の観光施設について設定されている財団であること

分割することができる財団は，数個の基本組成単位である観光施設で組成された財団であることが必要である（工抵法8条1項前段）。

② 抵当権者が分割後の特定の1個の財団を除く他の財団について抵当権の消滅に承諾すること（工抵法42条ノ2第3項）

甲財団を分割してその一部を乙財団とした場合は，抵当権は乙財団につき消滅する。例えば，財団を分割して甲，乙，丙3個の財団とした場合，新たに登記される乙及び丙の財団については抵当権が消滅し，甲財団のみ

に抵当権が残る。したがって，抵当権の目的となっている甲財団の分割は，抵当権者が，甲財団を除くその他の分割後の財団の全てについて抵当権の消滅することに同意しなければできない。

　抵当権者が数人いる場合は，分割により抵当権の消滅することを各抵当権者が同意する分割後の財団が，全て一致していることを要する。例えば，抵当権者Aは乙財団について，抵当権者Bは丙財団について，それぞれ抵当権の消滅に同意しても，財団の分割はできない。この場合の「抵当権」は，設定登記がされた抵当権のみならず，仮登記された抵当権又は抵当権設定請求権も含まれる。

③　担信法による社債の担保として抵当権の設定されている財団を分割する場合，抵当権者は受託会社であるから（担信法35条），抵当権の消滅を承諾するのは，受託会社であるが，分割後の特定の1個の財団を除くその他の財団について抵当権が消滅することは，「担保の変更」（同法41条1項）に当たるから，受託会社が抵当権の消滅に合意するについては，社債権者集会の決議が必要である（同条2項）。

5:8:2　財団の分割登記の申請手続

　財団は，分割の登記をすることによって分割されるから（工抵法42条ノ4），財団の分割は，登記が効力発生要件である。

5:8:2:1　申請情報の内容

① 　登記の目的（工抵規則18条1項，不登令3条5号）

　「観光施設財団分割」と記載する。財団の分割は，登記をすることによって効力が生ずるから，登記原因は記載しない。

② 　申請人の表示（工抵規則18条1項・不登令3条1号，2号）

　財団の所有権の登記名義人を表示する。

③ 　添付情報の表示（不登規則34条1項6号）

④ 　申請年月日及び登記所の表示（不登規則34条1項7号，8号）

　申請年月日と管轄登記所を記載する。財団の分割登記の管轄登記所は，分割しようとする甲財団の管轄登記所（財団が現に登記されている登記

所）である。分割後の財団のうち，観光施設が管轄地内に存在しなくなる場合でも，分割登記の申請は，分割前の甲財団の管轄登記所にする。

⑤ 代理人の表示（不登令3条3号）
⑥ 登録免許税額（不登規則189条1項）

財団の分割登記の登録免許税は，「変更の登記」に該当するものとして，財団（分割前）の数を課税標準として，1個につき6,000円である（税法別表第一・五(七)）。

⑦ 分割前の財団の表示（工抵法21条1項）

分割前の財団を表示する（注）。登記番号も記載する。

⑧ 分割後の財団の表示（工抵法42条ノ5前段）

分割後の財団の表示として，各分割後の財団についての表示事項を記載する。分割後の財団が2個以上の基本組成単位（観光施設）をもって組成されるときは，基本組成単位ごとに表示事項を記載する。

なお，分割後の財団のうち抵当権の存続する財団（それは常に1個である。）については，従前の財団の登記番号を付記する。

⑨ 抵当権の消滅する財団の表示（工抵法42条ノ5後段）

分割前の財団が抵当権の目的となっているとき（その登記がされているとき）は，分割によって抵当権の消滅する財団を明らかにするが，財団の表示に抵当権が消滅する旨を付記する。

（注） 登記記録に記録されている財団の表示事項が現在の事項と異なっているときは，まず，財団の表題部の変更登記を申請し，登記記録の表示を現在の表示に合致させた上で，その表示を申請情報の内容とする。登記記録上財団が1個の施設について設定されているように記録されているが，それが数個の施設に変更しているか，当初から数個の施設であるにもかかわらず誤って登記されている場合は，財団の表題部の変更更正登記を申請する。

5:8:2:2 添付情報
① (申請書の写し)
② 抵当権者の同意証明情報(工抵法42条ノ2,42条ノ5後段)
③ (社債権者集会の決議を証する情報(担信法32条))
④ (分割後の財団の管轄登記所の指定を証する情報(工抵規則19条))
⑤ 会社法人等番号(不登令7条1項1号イ)
⑥ 代理権限証明情報
⑦ 印鑑証明書

5:8:3 財団の分割登記の実行手続

　財団の分割登記の申請について不登法25条各号の却下事由が存在する場合は,即日補正した場合を除き,申請が却下される(2:8:3:1)。

　財団の分割登記の実行手続については,工抵法42条ノ6及び工抵規則27条ないし31条に規定されている。

5:8:3:1 表題部の登記

① 分割後の財団に新たな登記記録(登記用紙)を設け,表題部に申請の受付年月日及び分割後の財団の表示としてそれぞれの財団の表示事項を記録して,記録の末尾に「分割により分割前の財団の登記記録から移した」旨を記録する(工抵法42条ノ6)。そして,登記番号を「登記第○号」と記録する。

② 抵当権の登記がある財団の分割登記の場合は,新しい登記記録に移す分割後の財団は,全て分割により抵当権が消滅する。すなわち,工抵法42条ノ6の「乙財団」は,同法42条ノ2第2項の「乙財団」を受けて規定されている。そして,この場合は,同法8条3項の適用関係を明らかにするため,抵当権の消滅する財団の新しい登記記録の表題部に「分割により抵当権が消滅した旨及びその年月日」を記録しなければならない(工抵規則28条2項)。

③ 甲財団の抵当権の登記が全部抹消されたときは,新たに設けた分割後の乙財団の登記記録の表題部に,抵当権の登記の全部が抹消された旨及びそ

の年月日を記録しなければならない（工抵規則28条3項）。
④　分割前の甲財団の登記記録の表題部に，分割前の財団を組成していた観光施設から新しい登記記録に移された分割後の財団を組成する施設を除いた残余の施設の財団の表示をして，末尾に分割によって他の施設を分割後の乙財団の登記記録（登記第〇号と記録する。）に移した旨を記録して，分割前の甲財団の表示を抹消する記号を記録しなければならない（工抵法42条ノ6第3項）。

5:8:3:2　権利部（甲区事項欄）の登記
①　新たに登記記録を設けた分割後の乙財団の表示をした登記記録の権利部（甲区事項欄）には，分割前の甲財団の登記記録の権利部（甲区事項欄）から所有権に関する事項（所有権の保存登記の年月日を含む。）を転写し，申請の受付年月日及び受付番号を記録して，順位番号欄に番号を記録しなければならない（工抵法42条ノ6第4項）。この場合，登記記録に登記官の識別番号を記録する措置（登記官印の押捺）をする（工抵規則29条4項）。
②　抵当権の目的である甲財団の分割の場合は，新しい登記記録に登記する分割後の乙財団については抵当権は消滅するから，権利部（乙区事項欄）に抵当権に関する登記を転写する必要はない。また，甲財団の抵当権の登記について，乙財団につき抵当権が消滅した旨の付記をする必要はない。

5:8:3:3　財団目録の分離
①　財団の分割登記をするときは，分割前の財団の財団目録（施設ごとに別つづりとなっている。）のうち分割後の各財団に属する施設についての財団目録を分離して，それぞれ分割後の財団の財団目録とする（工抵法42条ノ6第2項）。
②　この場合の手続としては，分割後の各財団の財団目録（表紙）に分割前の財団（登記番号により表示する。）の分割により分離した旨，分割登記の申請の受付年月日，受付番号及びその分割後の財団の登記番号を記録して，目録に記録されている前登記番号（分割前の財団の登記番号）を抹消する記号を記録する（工抵規則29条1項）。

③ 分割前の財団の目録から分離して記録をした目録を除いた残余の目録（分割前の財団の登記記録に登記され，同一の登記番号を有する分割後の財団の目録）には，その余の分割後の財団（登記番号を表示する。）の目録を分離した旨を記録する（工抵規則 29 条 3 項）。

5：8：3：4　図面の処理

財団目録の分離手続をしたときは，登記官は，分割後の財団を組成する施設の図面に，財団の登記番号及び分割前の財団の登記番号を抹消する記号を記録する（工抵規則 29 条 2 項）。

5：8：3：5　移送手続

財団の分割の登記をした場合に，分割後の乙財団の観光施設が登記所の管轄地内に存在しなくなったときは，登記官は，分割登記をした後，遅滞なく，乙財団を管轄する登記所に登記記録及び附属書類（図面を含む。）又は謄本並びに財団目録を移送する（工抵規則 31 条，財団準則 7 条）。

5：9　財団の合併

財団の合併とは，同一の所有者に属する数個の財団を合併登記によって1個の財団とすることである（工抵法 42 条ノ 3～42 条ノ 5，42 条ノ 7，2：9）。

1 個の財団のみに既登記の抵当権があり，合併の登記がされたときは，抵当権の効力は合併後の財産全部に及ぶ（同法 42 条ノ 3 第 2 項）。この登記は，第三者に対する対抗要件ではなく効力発生要件である。

5：9：1　財団の合併の要件

合併が認められるためには，次の要件を満たす必要がある（工抵法 42 条ノ 3 第 1 項，2：9：1）。

① 財団が同一の事業者に属していること
② 財団の登記記録に所有権及び抵当権の登記以外の登記がないこと
③ 2 個以上の財団について既登記の抵当権がないこと

5:9:2　財団の合併登記の申請手続

5:9:2:1　合併登記の管轄登記所

① 同一の登記所の管轄に属する数個の財団を合併する場合

　合併しようとする数個の財団が全て同一の登記所の管轄に属している場合（管轄指定により管轄権を有する場合であっても差し支えない。），その登記所が合併登記についても管轄権を有する。

② 合併しようとする数個の財団のうち既登記の抵当権の目的である1個の財団がある場合

　既登記の抵当権の目的となっている甲財団（合併の場合は，このような財団は常に1個である。）と抵当権の目的となっていない乙（丙）財団とを合併しようとするときは，合併登記の手続を簡略化するため，甲財団の管轄登記所を合併登記の管轄登記所としている（工抵法17条3項ただし書）。したがって，この場合は，管轄指定の必要はなく甲財団の管轄登記所に合併登記の申請をする。

③ 管轄登記所を異にするが，既登記の抵当権の目的となっていない数個の財団を合併する場合

　既登記の抵当権の目的である財団を含まない，しかも管轄登記所を異にする数個の財団を合併しようとする場合は，合併登記の管轄登記所の指定を受けた登記所が管轄登記所となる（工抵法17条3項本文・2項）。この場合の管轄登記所は，合併しようとする各財団を管轄する登記所のうちから指定する。

　なお，合併しようとする各財団の管轄登記所がいずれも同一の法務局又は地方法務局の管内にある場合は，法務局又は地方法務局の長に申請して管轄指定を受けるべきであり，また，数個所の法務局又は異なる法務局の管内の地方法務局の管内にある場合は，法務大臣に申請して，指定を受ける（管轄指定省令2条・1条）。

5:9:2:2　申請情報の内容

　財団の合併登記の申請情報の内容は，次のとおりである。

① 登記の目的（工抵規則18条1項，不登令3条5号）

「観光施設財団合併」と記載する。

② 登記原因及びその日付

記載しない。

③ 申請人の表示（工抵規則18条1条同項・不登令3条1号，2号）

④ 添付情報の表示（不登規則34条1項6号）

⑤ 申請年月日及び管轄登記所の表示（不登規則34条1項7号，8号）

⑥ 代理人の表示（不登令3条3号）

⑦ 登録免許税額（不登規則189条1項）

財団の合併登記の登録免許税は，関係財団（合併前）の数を課税標準として，1個につき6,000円であるから，2個の財団を合併する場合は1万2,000円と記載する（税法別表第一・五(七)）。

⑧ 財団の表示（工抵法21条，観抵規則9条）

　a　合併前の財団の表示

　　合併しようとする各財団を組成する施設ごとに記載する（工抵法21条3項，工抵規則18条2項）。合併しようとする各財団の登記番号も記載する。

　　合併登記を申請する登記所以外の登記所の管轄に属する財団がある場合は，管轄登記所及び登記番号（例えば，○地方法務局○出張所登記第○号）を付記する。

　　抵当権の目的となっている財団と他の財団を合併する場合は，法定管轄を明らかにするため，抵当権の目的となっている財団につきその旨を付記する（工抵法17条3項ただし書）。

　b　合併後の財団の表示

　　合併後の財団の施設ごとに記載する。

5:9:2:3　添付情報

財団の合併登記の申請情報は，次のとおりである。

① （申請書の写し）

② （管轄指定を証する情報（工抵規則 19 条））
③ 会社法人等番号（不登令7条1項1号イ）
④ 代理権限証明情報

5:9:3 財団の合併登記の実行手続（2:9:3）

5:9:3:1 他の登記所への通知及び他の登記所からの移送手続

5:9:3:1:1 他の登記所への通知

甲財団について合併登記の申請があった登記所以外の他の登記所の管轄に属する乙財団があるときは，登記官は，その登記所に対して，乙財団について合併登記の申請があった旨を通知しなければならない（工抵規則32条1項，財団準則11条）。

5:9:3:1:2 通知を受けた登記所の移送手続等

通知を受けた登記所の登記官は，乙財団の登記記録を審査し，「所有権の登記以外の登記」がされていないときは，遅滞なく，財団の登記記録及び附属書類（申請書及び添付書類，図面を含む。）又は謄本（1個の申請情報でその財団についての申請を含む数個の申請がされている場合は，申請書を送付することはできないから，謄本を作成して送付する。）並びに財団目録を通知を発した管轄登記所に移送する（工抵規則32条2項本文）。ただし，乙財団の登記記録に「所有権の登記以外の登記」がされているときは，このような財団を含む合併登記の申請は却下されるべきであるから，移送手続をすることなく，速やかにその旨を管轄登記所に通知する（同項ただし書，3項）。

5:9:3:2 却下事由の審査

財団の合併登記の申請があった場合は，不登法25条による却下事由の有無を審査しなければならない。

5:9:3:3 合併登記の実行手続

管轄登記所を異にする数個の財団の合併の場合は，通知及び移送手続が必要なので，合併登記の申請の受付後に申請された他の不動産の登記は，受付番号が後であっても，不登法20条にかかわらず先に登記を実行して差し支えない。しかし，合併しようとする財団についての登記の申請については，

合併登記の申請についての処分（却下又は登記実行）の後にすべきことはいうまでもない。

　工抵規則32条1項による通知を受けた他の登記所は，財団に関する登記の申請又は嘱託を不登法25条2号により却下する。

5:9:3:3:1　合併登記をする登記記録（登記用紙）

　合併登記をすべき登記記録（登記用紙）は，合併しようとする財団のうち既登記の抵当権の目的となっている甲財団の登記記録である。抵当権の目的となっている財団がないときは，いずれの財団の登記記録にしても差し支えない。しかし，移送を受けた登記記録があるときは，それには合併登記をしないで，管轄登記所の管轄に属する財団の登記記録に合併登記をするのが相当である。

5:9:3:3:2　表題部の登記

① 　合併登記をすべき甲財団の登記記録の表題部には，申請の受付年月日を記載し，合併後の財団の表示をし，末尾に「合併により合併前の乙（丙）財団の登記記録（登記第〇号又は〇地方法務局〇出張所登記第〇号）から移した」旨を記録して，前の表示（合併前の財団の表示）を抹消する記号を記録する（工抵法42条ノ7第1項）。

② 　合併された財団（登記記録が閉鎖される財団）の抵当権登記が全部抹消されたものである場合は，合併後の甲財団の登記記録の表題部に，合併前の財団の抵当権登記が全部抹消されたものである旨及びその抹消（最後の抹消）の年月日を記録する（工抵規則33条1項）。

③ 　財団の分割により抵当権の消滅した財団の合併の場合は，既に財団の登記記録の表題部に分割により抵当権の消滅した旨及びその年月日が記録されており（工抵規則28条2項），この記録が合併登記により移記されるから特別にその旨の記録をする必要はない。

5:9:3:3:3　権利部（甲区事項欄）の登記

　合併登記をする登記記録中権利部（甲区事項欄）には，他の財団の登記記録から所有権に関する登記を移記し，移した旨及び移記した登記がその財団

であった部分のみに関する旨並びに申請の受付年月日及び受付番号を記録して，登記官の識別番号を記録（登記用紙に登記官印を押捺）する措置をしなければならない（工抵法42条ノ7第4項，工抵規則33条5項）。

5:9:3:3:4 他の登記記録の閉鎖

合併登記をした甲財団以外の乙（丙）財団の登記記録（他の登記所から移送を受けた登記記録を含む。）を閉鎖する。すなわち，登記記録の表題部に合併登記をした登記記録（合併後の登記第〇号）に移した旨（閉鎖の事由）及びその年月日を記録して，乙（丙）財団の表示を抹消する記号を記録するほか，登記官の識別番号を記録（実際の取扱いは，登記用紙に登記官が押印し，さらに財団の表示を抹消して，これを財団登記簿から除去し，財団閉鎖登記簿に編綴する。）しなければならない（工抵法42条ノ7第3項，4項，不登規則8条，工抵規則33条5項）。

5:9:3:3:5 財団目録

財団の合併登記をしたときは，合併した各財団の財団目録に合併後の財団の目録とした旨（工抵法42条ノ7第2項），合併登記の申請の受付年月日及び受付番号，合併後の財団の登記番号を記録して，合併前の登記番号を抹消する記号を記録しなければならない（工抵規則33条3項）。

5:9:3:3:6 図面

合併登記をした登記記録に登記されていた財団以外の合併前の財団に関する図面には，合併後の財団の登記番号を記録し，合併前の登記番号を抹消する記号を記録しなければならない（工抵規則33条4項）。

5:9:3:3:7 保存期間

財団目録及び図面は，財団の登記記録を閉鎖した日から20年間保存しなければならない（観抵規則10条）。

5：10 財団の所有権の移転登記

① 財団は，工場財団と同様に1個の不動産とみなされ，所有権と抵当権の目的とすることができる。したがって，財団の設定後，売買等により所有

権の移転登記をすることができる（2：10）。

財団の所有権の移転登記については，登録免許税法に規定がないから納付する必要はない。

② 組成物件についても移転の登記又は登録が必要である。登記又は登録は，財団の移転登記の後に，移転を証する登記記録によりする。登録免許税は課される。

5：11 財団の抵当権

5：11：1 財団の抵当権の効力

財団は，抵当権（根抵当権を含む。）の目的とするため，所有権の保存登記により設定され，不動産とみなされるが（観抵法8条），抵当権の効力は不動産の抵当権の効力と差異がない。

5：11：2 財団の抵当権に関する登記手続

財団を目的とする抵当権又は根抵当権に関する登記は，財団の所有権の保存登記後6箇月以内に申請しなければならない（工抵法10条）。工場財団を目的とする抵当権又は根抵当権に関する登記と同じで，登記手続も同じである（2：10）。

なお，登録免許税額は，債権額に1,000分の2.5を乗じた額である（税法別表第一・五㈡）。

5：12 財団の民事執行等

財団は，その所有権の保存登記により設定され，不動産とみなされるから（工抵法9条，14条1項），財団に対する民事執行法による強制競売及び担保権の実行としての競売並びに国税徴収法又はその例による滞納処分による公売に関しては，全て民事執行法又は国税徴収法等の不動産に関する諸規定により，仮差押え又は仮処分に関しても民事保全法等の不動産に関する保全処分の諸規定による（同法45条～47条）。

5：13　財団の消滅

財団の消滅については，観抵法11条により工場財団の消滅に関する工抵法8条3項，10条及び44条ノ2が準用されているので，これらの準用規定により消滅する（2：12）。

5：13：1　工抵法8条3項又は10条の準用による財団の消滅登記

① 財団の所有権の保存登記後6箇月内に抵当権設定の登記を受けないときは，所有権の保存登記は効力を失い財団は消滅する（工抵法10条）。

② 財団の抵当権の登記が全部抹消された後6箇月内に改めて抵当権設定の登記を受けないときは，財団は消滅する（工抵法8条3項）。

③ 抵当権の登記がされている財団について分割登記がされたとき（工抵法42条ノ2第1項）は，分割後の1個の財団を除くその余の財団については，抵当権は全て消滅するが（同条2項），分割登記により抵当権の消滅した財団は，消滅後（分割登記後）6箇月内に改めて抵当権設定の登記を受けないときは消滅する（同法8条3項）。

5：13：2　工抵法44条ノ2の準用による財団の消滅登記

財団の抵当権登記が全部抹消されたとき又は財団の分割登記により分割後の1個を除くその他の分割後の財団について抵当権が消滅したときは，その後6箇月内に改めて抵当権設定の登記をしないと，財団は消滅するが（工抵法8条3項），財団の所有権の登記名義人は，6箇月の経過を待たずに財団の消滅登記を申請して，財団を消滅させることができる（同法44条ノ2，8条3項）。ただし，財団に所有権の登記以外の登記（差押え等の処分制限の登記又は所有権に関する仮登記等）がされているときは，消滅登記を申請することができない。

5：13：3　財団の消滅登記手続

5：13：3：1　意義

財団が，所有権の保存登記の失効（工抵法10条）又は抵当権の登記の全部の抹消後若しくは財団の分割登記による抵当権の消滅後6か月内に新たな抵

当権の設定登記をしないことによって消滅した場合（同法8条3項）は，財団の登記記録にその旨を記録しなければならない（同法48条1項）。

財団について抵当権の登記が全部抹消されたとき又は抵当権が財団の分割登記により消滅したときに，所有者が6か月の経過による財団の消滅を待たないで，財団を消滅させようとする場合は，財団の消滅登記を申請することができる（同法44条ノ2本文）。ただし，財団の登記記録に所有権以外の登記があるときは，この限りでない（同条ただし書）。

5:13:3:2　消滅登記の要件

財団の消滅登記を申請することができる場合は，次のとおりである。

① 抵当権の登記の全部が抹消された財団であるか又は財団の分割によって抵当権が全部消滅した財団であること

　財団の所有権の保存登記をした後，抵当権の登記がされていないだけの財団については，6か月の期間満了前には消滅の登記を申請することができない。（注）

② 所有権の登記以外の登記がされていないこと

　所有権の登記以外の登記とは，所有権の移転又は移転請求権の仮登記，差押え，仮差押え，仮処分等の処分制限の登記，抵当権に関する登記，抵当権の設定又は設定請求権の仮登記をいう。

> （注）　財団の所有権の保存登記の申請日について，工抵法23条1項は「申請ノ受付ノ年月日」としているが，同法24条所定の公告期間経過後にする保存登記の実行日については，規定がない。実務では，保存登記をする際に，権利部（甲区欄）の末尾に，登記の実行日を記録しているから，この日が起算日となるといえる。

5:13:3:3　消滅登記の申請手続

5:13:3:3:1　申請情報の内容

財団の消滅登記の申請情報の内容は，次のとおりである。

① 登記の目的（工抵規則18条1項，不登令3条5号）

「観光施設財団消滅」と記載する。

② 登記原因及びその日付

財団の消滅登記については，その登記が財団の消滅の成立要件である（財団が消滅登記により消滅する。）から，登記原因はないので，登記原因及び日付は記載しない。

③ 申請人の表示（工抵規則18条1項，不登令3条1号）

財団の消滅登記は，財団の所有権の登記名義人（又はその相続人など）の申請によってのみするのであって，それ以外の第三者が債権者代位等により申請することはできない。

④ 添付情報の表示
⑤ 申請年月日
⑥ 登記所の表示
⑦ 代理人の表示
⑧ 登録免許税額

財団の消滅登記の登録免許税は，「登記の抹消」として，1件（財団1個）につき6,000円である（税法別表第一・五(八)）。

⑨ 財団の表示（工抵法21条）

消滅登記を申請しようとする財団を表示する。

5:13:3:3:2　添付情報

財団の消滅登記の申請をする場合は，次に掲げる情報を提供しなければならない。

① （申請書の写し）
② 登記原因証明情報（不登法61条）

財団消滅の場合は，登記原因を証する書面は初めから存在しないが，財団を消滅させる事由はあるので，その事由を記載した報告的な登記原因証明情報（原本）を提供する。

③ 会社法人等番号

④　代理権限証明情報

5:13:3:4　消滅登記の実行手続

① 財団の消滅登記をするときは，登記記録の表題部の登記事項を抹消する記号を記録し，登記記録を閉鎖しなければならない（工抵規則35条）。

　　この場合は，財団目録の用紙及び図面の適宜の箇所に「〇年〇月〇日登記記録閉鎖」と記録する（昭31.6.14民事甲1273号民事局長回答・通達第二㈢）。

② 表題部に消滅登記をする場合の記録事項については，明文の規定がないが，申請の受付年月日，受付番号，登記の目的として消滅登記である旨を記録すべきであろう。登記原因は存在しないから，その記録は必要ないし，登記の年月日の記録も必要ない。

③ 消滅登記により登記記録を閉鎖した場合は，工抵法44条の規定による手続をする（工抵法48条2項）。

6 道路交通事業財団

　道路交通事業財団は，道路交通事業抵当法（以下「道抵法」という。）により，企業経営の維持及び拡充に必要な資金の調達の円滑化を図るため，事業の用に供する土地，工作物，自動車その他の物件から成る企業設備をもって財団を設定し，それを一体として抵当権の目的とするものである。

6：1　財団の設定

　「事業者は，抵当権の目的とするため，1又は2以上の事業単位につき」財団を設定することができる（道抵法3条）。財団は，財団登記簿にその所有権の保存登記をすることによって設定される（同法6条1項）。

6：1：1　事業単位

　財団は，少なくとも1事業単位について設定される必要があり，事業単位の一部について設定することはできない。ただし，「同一の事業者に属」する数個の事業単位について1個の財団を設定することはできる。

　財団を設定する「事業単位」は，工場財団における「工場」に相当するものである（道抵法2条）。

① 「事業単位」とは，一般旅客自動車運送事業（道路運送法3条1項），一般貨物自動車運送事業（貨物自動車運送事業法2条2項），自動車道事業（道路運送法2条5項），自動車ターミナル事業（一般自動車ターミナルを無償で供用するものを除く。自動車ターミナル法2条8項）又は第2種貨物利用運送事業（貨物利用運送事業法2条8項）であって，業務が独立して運営され，かつ，適当な事業規模を有するものとして，国土交通大臣が認定したものをいう（道抵法2条）。

　　規模が小さく又は特定の者との運送契約を前提とする事業で，事業そのものの任意譲渡性，したがって，担保化が困難である事業については除かれている。

② 認定を必要とする理由は，事業は，全て国土交通大臣の許可又は免許に

よるものであって，公益上，行政上の監督に服するが，事業の細分化を防ぎ，財団が競落された場合にも競落人が直ちに財団の組成物件で事業を継続することができるようにする必要がある。事業の一部についての財団の設定を認めると事業が細分化し，公益上好ましくない結果を生ずる。また，財団の設定にかかる事業に関する物件は，原則として，当然に財団に属することになるので（道抵法6条2項，3項），財団とその組成物件となるものとの関係を明確にする必要があるからである。（注）
③ 事業単位は，必ずしも1種類の事業について認定されるものではなく，例えば，2種類の事業を同一の設備をもって兼営している場合は，1個の「事業単位」として認定される。

（注）　この認定は，国土交通大臣がするが，同大臣の一般貨物自動車運送事業及び第2種貨物利用運送事業についての認定権限は，地方運輸局長に委任されており（道抵法施行令1条），その認定基準は，道抵法施行規則2条に規定されている。

6:1:2　財団の設定者

財団は，「同一の事業者」に属し，かつ，「事業単位」に関するものをもって組成する（道抵法4条）。したがって，設定者は，免許を受けて事業を経営している者である（同法2条）。会社であると個人であると，あるいは公法人であるとを問わない。「事業者」以外の者，例えば，事業単位に属している設備を全て所有している者でも，自ら免許を受けて経営していなければ財団を設定することはできない。

6:1:3　設定の要件

自動車運送事業及び第2種貨物利用運送事業については土地又は建物及び事業用自動車が，自動車道事業及び自動車ターミナル事業については一般自動車道又は一般自動車ターミナルの敷地が，それぞれ存在しないときは，財団を設定することができない（道抵法5条）。
① すなわち，事業者所有の事業単位に関する土地，建物及び自動車は，財

団の所有権の保存登記をしたときは，当然に組成物件として財団に属するが，自動車運送事業及び第2種貨物利用運送事業にかかる事業単位について財団を設定するときは，財団に属すべき土地又は建物及び事業用自動車（自動車運送事業又は通運事業の用に供する自動車）が存在することが必要である。

② 自動車道事業及び自動車ターミナル事業にかかる事業単位について財団を設定するときは，一般自動車道又は一般自動車ターミナルの敷地を必要とする。このような物件が存在しないときは，財団を設定することができない。

③ このような要件を必要とする理由は，財団の登記の管轄登記所を定めるためには不動産が必要であり，また，不動産や事業用自動車のない事業単位は，通常，極めて小規模のものであって，財団の設定を認める必要がないからである。

6:1:4 財団の性質

① 財団は，所有権の保存登記により設定され，1個の不動産とみなされるが（道抵法6条，8条），所有権及び抵当権以外の権利の目的とすることはできない（同法9条）。そして，この財団に関しては，原則として工場財団に関する規定が準用される（同法19条）。ただし，工場財団は，抵当権者の同意があれば賃貸できるが（工抵法14条2項ただし書），財団については，所有権及び抵当権以外の権利の目的とすることができないとしており（道抵法9条），賃貸借は認められていない。

　これは，自動車運送事業（道路運送法36条），自動車道事業（同法72条・36条），貨物利用運送事業（貨物利用運送事業法13条，34条）が，それぞれ事業の賃貸を禁止（名義の利用等の禁止）しているからである。

② 自動車ターミナル法には，自動車ターミナル事業の賃貸を禁止する規定はないが，道抵法9条では財団は，所有権及び抵当権以外の権利の目的とすることができないとしているので，同事業の賃貸は認められないことになる。

③　工場財団その他の財団は，所有者が各法律の定める財団の組成物件となり得るもののうちから選択して財団の組成物件とするいわゆる選択主義を採っている。これに対して，この財団は，道抵法4条に掲げる組成物件で財団の事業単位に関するものは，当然に財団の組成物件となるいわゆる当然帰属主義（道抵法6条2項，3項，6:3:3:3)を採っている。

　すなわち，財団は，その所有権の保存登記がされたときは，事業単位に関する道抵法4条各号掲記の組成物件又は権利で，所有権の保存登記を受けた事業者に属するもの（ただし，他人の権利の目的であるもの又は差押え，仮差押え若しくは仮処分の目的であるものを除く。）は，当然に財団の組成物件となる。したがって，所有権の保存登記の申請の際に提供された財団目録に記録されていない物件でも財団の組成物件となる。

④　このことは，財団の所有権の保存登記がされた後においても同様で，所有権の保存登記後に新たにその事業単位に関する組成物件でその事業者に属するものが生じたときは，物件は，当然に財団の組成物件となる。

6:2　財団に関する登記

　財団は，所有権の保存登記により成立し，1個の不動産とみなされるが，所有権及び抵当権以外の権利の目的とすることはできない。

　財団の表示に関する登記としては，財団目録の記録の変更登記及び登記名義人の表示の変更登記がある。

6:2:1　財団登記簿

　財団に関する登記をするため，登記所に財団登記簿が設けらる（工抵法18条）。登記記録は，工場財団登記簿と同じであり，表題部及び権利部（甲区及び乙区）からなる（工抵規則5条2項，2:2:1)。

6:2:2　管轄登記所

　財団の所有権の保存登記の管轄登記所については，工抵法17条が準用され（道抵法19条），財団の所有権の保存登記は，「事業財団に属する不動産の所在地」を管轄する登記所に申請する（2:2:2)。

6：3　財団の組成物件

6：3：1　組成物件の範囲

　財団の組成物件となり得るものは，道抵法4条各号に列挙されているものに限り，それ以外のものは組成物件となり得ない。

① 土地及び工作物（1号）

　　土地は，自動車の発着場，駐車場その他自動車の運行のために必要な沿線の土地，荷物積卸場，荷さばき場，自動車道又は一般自動車ターミナルの敷地はもちろん，事業用の工作物の敷地等をいう。

　　工作物は，建物のほか，地上に築造された工作物一切をいう。事務所，車庫，停留所，貨物庫，給油所，附属工場，事務員駐在所，通信又は信号に必要な工作物等である。

② 自動車及びその附属品（2号）

　　自動車は，道路運送車両法により登録する自動車のみならず，軽自動車，小型特殊自動車，2輪の小型自動車等の登録を受けない自動車も含まれる。

　　附属品は，予備タイヤ，シート，修理工具等をいう。

③ 地上権，賃借権，地役権（3号）

　　地上権，賃借権及び①の土地（要役地）のための地役権は，いずれも組成物件となる。賃借権については，不動産はもちろん，動産も含まれるが，組成物件となるためには，必ず賃貸人の承諾を必要とする。

④ 機械及び器具（4号）

　　機械，器具は，②の自動車及びその附属品並びに⑤の軽車両，はしけ，牛馬その他の運搬具を除いたものをいう。自動車修理工場の機械，器具及び運搬用の登記できる船舶がその主なものである。

⑤ 軽車両，はしけ，牛馬その他の運搬具（5号）

　　軽車両とは，自動車以外の小型の車両をいう。はしけとは，登記できない船舶をいうが，自動車及び登記できる船舶以外の運搬用の器具は，全て「運搬具」として組成物件とすることができる。

6:3:2　組成物件の要件

組成物件を財団に属させるためには，次の要件が必要である（道抵法4条）。

① 財団の設定者である事業者に属していること

他人の所有物件（例えば，事業者が賃借している物件）は，組成物件となり得ない。

② 財団の設定される事業単位に関するものであること

事業単位に関するものとは，事業単位にかかる事業の用に直接，間接に供せられているものをいう。例えば，従業員の寄宿舎，予備としての自動車，自家用の自動車修理工場の施設等も事業単位に関するものに含まれる。

③ 他人の権利又は差押え，仮差押え若しくは仮処分の目的となっていないこと（工抵法13条1項）

他人の権利又は差押え，仮差押え若しくは仮処分の目的となっている物件は，財団の組成物件とすることはできない。この要件は，工場財団の場合と同様であるが，他人の権利又は差押え等の目的となっていても，不動産，登録自動車等の登記又は登録制度のあるものが，登記又は登録がされていないときは，組成物件として財団に属することができる。

財団について抵当権の設定登記がされるまでに，権利者又は差押債権者等が他人の権利又は差押え等の目的となっていることを理由として，財団の所有者に請求して，物件を財団から分離しない限り，抵当権者に対抗できないことから，有効に財団に属することになる。

登記又は登録制度がない動産については，公告期間（同法24条）内に権利の申出がないときは，それらの権利は存在しないものとみなされ，また，差押え等も効力を失うから（同法25条），有効に財団に属することになる。

④ 土地及び建物は所有権の登記，登録し得る自動車は所有権の登録がされていること（道抵法7条）

土地又は建物については，財団の設定者である事業者のために所有権の登記がされている必要があり，また，登録できる自動車（軽自動車，小型

特殊自動車及び2輪の小型自動車以外のもの）については，事業者の所有名義に登録されている必要がある。その趣旨は，所有権の登記がない土地又は建物で事業者の所有するものは，財団の組成物件とならないということではない。

　財団は，後述（6：3：3：3）のように，当然帰属主義を採っていることから，このような土地又は建物も財団に属するが，事業者の所有権の登記又は登録がされていないときは，財団目録に記録できない。記録するためには，事業者の所有権の登記又は登録を受けなければならない。したがって，このような土地又は建物について財団目録に記録される前に第三者の権利又は処分制限の登記又は登録がされたときは，財団に属していることを主張することができず，財団に属さないことになる。

⑤　地上権，不動産賃借権及び地役権は，既登記であること（工抵法29条，33条1項）

　地上権，不動産の賃借権及び地役権は，財団目録に記録するためには，既登記である必要がある。財団に属すべきものは，登記又は登録のあるものについては工抵法23条の記載，登記又は登録のない動産については同法24条1項の公告をした後は，これを譲渡し，又は所有権以外の権利の目的とすることはできない。

　また，財団の所有権の保存登記がされれば，登記又は登録のあるものについては，工抵法34条の記録により財団に属した旨を公示して，個々的な処分の禁止されている物件であることを明らかにしている。

　未登記の地上権等を財団目録に記録することを認めた場合は，いずれの公示方法も採り得ず，取引の安全を害するばかりでなく，抵当権者の権利を害し，法律関係を複雑にすることになる。したがって，未登記の地上権等も当然帰属主義を採っているので財団に属するが，財団目録に記録することはできないから，このような権利について第三者の権利又は処分制限の登記がされたときは，その権利等を否定できず，財団に属さなくなるものと解すべきである（精義2077）。

6:3:3　組成物件の処分制限

　財団の組成物件に関する法律関係の複雑化を防ぎ，抵当権者を保護するために，財団の組成物件となったもの及び組成物件となるべきものについては，処分が制限される（工抵法13条2項，29条～33条，2:3:3）。

6:3:3:1　財団に属したものの処分制限

① 財団に属したものは，個々的にこれを譲渡し，又は所有権以外の権利，差押え，仮差押え若しくは仮処分の目的とすることはできない（工抵法13条2項）。これに反してされた処分行為は，全て無効である。しかし，財団の組成物件たるべきもの（道抵法4条所定のもの）は，要件を有する限り，財団の所有権の保存登記がされたとき及びその後においても財団目録に記録されると否とにかかわらず，当然財団に属する（同法6条2項，3項）。

② 登記又は登録のあるものについては，「財団ニ属シタル旨」が記録されるのは（工抵法34条），財団目録に記録された既登記又は既登録のものに限られるので，財団に属していても財団目録に記録されない登記又は登録のあるものは，「財団ニ属シタル旨」の記録がされない結果，財団に属したものであることを第三者に対抗できないと解される。したがって，このような物件については，譲渡その他の処分の無効を第三者に対抗できない結果，処分は有効となり，財団の組成物件となってしまう。

③ 登記又は登録のない動産についても，譲渡その他の処分は無効となるが，動産としての性質上，第三取得者において民法192条の要件を満たす場合は，善意取得により完全に権利を取得することになると解する。

6:3:3:2　所有権の保存登記前の処分制限

① 財団の所有権の保存登記の申請後その登記がされるまでの間の物件についても，処分は制限されている。すなわち，登記又は登録のあるものについては，登記簿又は登録原簿に財団に属すべきものとして，所有権の保存登記の申請があった旨等を記録又は記載をし（工抵法23条1項），所有権の保存登記による記録がされた後は，これを譲渡し又は所有権以外の権利の目的とすることはできない（同法29条）。これに反した処分行為は，無効

であり，移転登記等の申請があっても却下すべきである。
② 財団目録に記録されないものについては，工抵法23条の記録がされない結果，違反してされた処分が有効になってしまう。さらに，同条の記録がされたものについては，差押え，仮差押え若しくは仮処分の登記若しくは登録又は先取特権の保存の登記をすることができるが，所有権の保存登記が却下されない間及びその登記が効力を失わない間（保存登記後6箇月内に抵当権設定の登記を受けないときは所有権の保存登記の効力を失う。）は，売却許可決定又は公売決定はすることができないし，財団について抵当権設定の登記がされると，差押え，仮差押え若しくは仮処分又は先取特権の保存登記は，効力を失う（工抵法30条，31条）。
③ 登記又は登録のない一般の動産については，公告（工抵法24条）があった後は，譲渡し，若しくは所有権以外の権利の目的とすることができず（同法33条1項），又は公告後に差押え（競売の申立て）があっても，財団の所有権の保存登記の申請が却下されない間及びその登記の効力が失われない間は売却することができず（同条2項），さらに，公告後にされた差押え，仮差押え又は仮処分は，財団につき抵当権の設定登記がされたときは，効力を失う（同条3項）。

しかし，第三取得者が民法192条の要件を満たすときは，譲渡又は所有権以外の権利の目的とする処分行為の結果は，完全に有効となるものと解すべきであろう。

6:3:3:3 当然帰属主義

① 財団の所有権の保存登記をしたときは，財団の組成物件となり得るものは，当然にその財団に属し，また，財団の所有権の保存登記後，新たにその財団の設定されている事業単位に属するに至ったものも，何らの行為を要せずに財団に属する（道抵法6条2項本文，3項前段）。いわゆる当然帰属主義である。
② この点は，工場財団等と異なるところであり，鉄道財団と同一である。すなわち，工場財団等には，選択主義が採用されているので，工抵法11

条により，工場の所有者は，同条各号掲記の工場財団の組成物件となり得るもののうちから，自由に全部又は一部を選択し，選択した物件によって工場財団を組成する。また，工場財団が設定された後，新たに工場に属するに至った工抵法2条各号掲記の物件でも，当然に工場財団に属するのではなく，工場の所有者が物件を工場財団に属させる工場財団目録の記録の変更登記（工抵法38条）をすることによって初めて工場財団に属する。

③　これに対して，道路交通事業財団は，鉄道財団と同じく（鉄抵法11条1項，2項）(注)，事業単位で財団を設定したとき，すなわち，所有権の保存登記をしたときは，事業単位に属する道抵法4条各号掲記の物件は，当然に財団に属するし（道抵法6条2項），また，財団の設定後事業単位に属した同条各号掲記の物件も何らの行為をすることなく，財団に属する。財団に属させるかどうかの選択の自由は，事業者にはないのである。

　(注)　鉄抵法11条　鉄道財団設定ノ認可アリタルトキハ其ノ鉄道ニ関スルモノニシテ第3条ニ掲ケタルモノハ当然鉄道財団ニ属ス其ノ鉄道財団設定後新ニ鉄道財団ノ所有者ニ属シタルモノ亦同シ
　　　　2　前項ニ掲ケタルモノニ関シ第4条第3項ノ権利アルトキハ不動産ニ関スルモノノ登記又ハ自動車ノ抵当権ノ登録ハ其ノ効力ヲ失ヒ動産ニ関スルモノ（自動車ノ抵当権ヲ除ク）ハ存セサルモノト看做シ差押，仮差押又ハ仮処分ハ其ノ効力ヲ失フ但シ鉄道財団設定ノ認可カ効力ヲ失ヒタルトキハ此ノ限ニ在ラス

④　当然帰属主義が採用されている理由は，財団を設定できる事業単位にかかる事業は，国土交通大臣の免許を得て営業する公共的色彩の強い事業であり，公共の利益に多大の関係を有するからである。もしも，工場財団のように選択主義を採って，抵当権の実行により財団が競落された場合は，財団に属していたもののみをもっては直ちに事業を継続して経営できず，公共の利益に反するおそれがある。

　そのため，当然帰属主義を採用して，売却又は公売の場合においても，

後述（6：12④）する免許権の当然承継と相まって，直ちに事業を継続できるようにしているのである。
⑤　さらに，事業そのものは，個々の財産の単なる集積ではなく，有機的な結合を基礎とし有形無形の要素から構成されている。したがって，これを物的施設の所有権及びその利用権の面からみれば，これらを一体的に把握して，初めて担保価値を発揮できるのである。当然帰属主義を採用することは，選択主義を採用する工場財団よりは，企業担保により近いものといえよう。
⑥　事業単位については，事業に関する免許権（財産権ではないとされているが）が極めて大きな価値を有し，財団の売却，公売の場合には免許権は当然買受人に承継されるものとされている（道抵法18条1項本文）。このような免許権の当然承継を認めるためには，当然帰属主義を採用せざるを得ないのである。

6:3:3:4　当然帰属主義適用の問題点

①　当然帰属主義の適用に当たって問題となる第1の点は，共用物件についてである。すなわち，各別に財団を設定しようとする又は設定されている2以上の事業単位に関して共用されている物件は，どの財団に属するのかということである。

　例えば，同一事業者の二つのバス事業がそれぞれAとBの2事業単位と認定され，路線の終点が同一地点である場合，終点における待合所や駐車場等の施設は，通常，共用とされているから，いずれか一方のみの事業単位に関するものとはいい難い。

　Aの事業単位について甲財団が設定された場合，共用施設は，当然甲財団に属し，後にBの事業単位について乙財団が設定されても，共用施設は，甲財団に属しているものとして，問題は生じない。

②　共用施設を有する2事業単位について同時に甲乙財団が設定された場合（このようなケースは極めてまれであろうが）又は各別に甲乙財団が設定された後に同じ終点である同一地点に共用施設が設備された場合は，いず

れの財団に属するか。

　事業単位の範囲が拡大する以上，当初接触点のなかった2事業単位が営業範囲を接するに至ることは当然起こり得るし，また，当初1事業単位であったものが2以上の事業単位に発展変更することもあり得る。

　したがって，共用物件は，財団目録に先に記録された方の財団に属すると解すべきであろう。共用物件は，いずれの財団にも属し得るが他の財団に属するものは，更に別の財団に属し得ないから，財団目録に先に記録された財団に属したことになり，その結果，他の財団には属し得なくなるのである。

③　道抵法7条1項により，事業単位に属する土地若しくは建物（地上権，不動産賃借権を含む。）又は登録し得る自動車は，その事業単位の財団の所有権の保存登記を申請する前に所有権の登記又は登録を受けなければならないが（道抵法7条1項，6：3：2④），この場合に財団の所有権の保存登記がされたときは，所有権の登記又は登録を受けていない土地若しくは建物（地上権等を含む。）又は登録し得る自動車は，当然にその財団に属して組成物件となるかどうか。

　また，財団の所有権の保存登記後に新たに財団の事業単位に属した土地若しくは建物又は登録し得る自動車については，財団目録にこれらの物件を記録する財団目録の記録の変更登記を申請する前に，所有権の登記又は登録を受けなければならないが（同条2項），所有権の登記又は登録を受けなくても，これらの物件は，財団に当然属するかどうか。

　登記し得る土地，建物，地上権，不動産賃借権あるいは登録し得る自動車，登記し得る船舶が，財団目録に記録されるには，財団の所有者（事業者）に属する所有権その他の権利の登記又は登録がされている必要がある。しかし，その登記又は登録のされていることは，財団の組成物件となるための要件ではない。したがって，登記又は登録がされていなくても，実体上，財団に属するものと解すべきであるから，財団を目的とする抵当権の登記がされるときは，抵当権者は，物件が財団に属していることを第三者

に対抗することができず，物件が第三者の権利又は差押え等の目的となったときは，財団に属し得なくなると解すべきである。

④ 事業単位に関するものとして財団に属している物件がその事業単位に関しないものとなったときは，当然財団に属さないものになるかについては，工場財団において工場の用に供するものとして財団に属した物件が後に工場の用に供されなくなっても，抵当権者の同意を得て分離しない限り，財団に属さないものとはならないのと同様に解すべきであろう。

6:3:3:5 当然帰属主義の例外

財団の所有権の保存登記がされた場合，道抵法4条各号掲記の物件であっても，「他人の権利の目的であるもの又は差押，仮差押若しくは仮処分の目的であるもの」は，財団には属さず，また，財団の設定後その事業単位に属することになった物件であっても，他人の権利の目的であるもの又は差押え等の目的であるものは，財団に属さない（道抵法6条2項ただし書，3項後段）。

① 道抵法6条3項後段について注意すべきことは，財団の設定後その事業単位に属した同法4条の組成物件について，「他人の権利の目的であるもの又は差押，仮差押若しくは仮処分の目的であるもの」（道抵法6条2項ただし書）があるかどうかということである。

　事業者が既に他人の権利（例えば，抵当権）の目的となっている物件を売買等により取得し，事業単位に関するものとした場合，物件は，財団に属さないことはいうまでもない（同法6条3項後段）。しかし，同法4条各号に掲げるもので，同一の事業者に属したものが財団の設定されている事業単位に関するものとなった場合は，当然その財団に属し（同法6条3項前段），「所有権以外ノ権利，差押，仮差押若ハ仮処分ノ目的ト為スコトヲ得」ない（工抵法13条2項本文）から，財団の設定後に，道抵法4条の物件となったものについては，「他人の権利の目的であるもの又は差押，仮差押若しくは仮処分の目的であるもの」は，全く存在する余地はなく，全てその財団に属することになるように考えられる。

② しかし，財団の設定後に，同法4条の物件となったものは，同項前段に

より，当然その財団に属するが，物件が財団に属していること，したがって，処分制限のあることを第三者に対抗するためには，物件が財団目録に記録されていることを必要とする。ところが，財団に属すると同時に物件が目録に記録される（新たに財団に属したことによる目録の記録の変更登記がされる。）とは限らないから，目録への記録がされない間に物件が差押え，仮差押え又は仮処分の目的となることはあり得るし，また，抵当権等の所有権以外の権利の目的となることもあり得る。しかも，このような処分がされても，財団目録に記録されていないときは，財団に属していることによる処分制限を対抗し得ない結果，処分の無効を主張することはできず，処分は有効となる。

③　したがって，その物件は，「他人の権利の目的であるもの又は差押，仮差押若しくは仮処分の目的であるもの」となって，いったん財団に属しても，結果として属さないことになる。このような場合，同法6条3項後段の適用が考えられるのである。もちろん，事業者が抵当権の設定されている不動産又は自動車を購入して，事業単位の用に供した場合のように，事業単位に属するに至った当初から他人の権利の目的となっているため，同条3項後段の適用の結果，事業財団に属しない場合はあり得る。

6：4　財団目録

　財団の所有権の保存登記を申請する場合は，財団の組成物件を明確にし，物件が財団に属することを第三者に対抗するために，財団に属する物件を掲げた財団目録を提供し，所有権の保存登記がされたときは，目録は登記簿の一部とみなされ，記載・記録は登記とみなされる。その後，目録の記録の内容に変更の生じたとき（又は記録に誤りがあるとき）は，変更登記（又は更正登記）をする（2：4：1）。

6：4：1　財団目録の作成方法

　財団目録の記録方法は，工場財団目録に準ずるが（工4：3：1：2），次の点に注意する。

① 事業単位ごとに作成

　財団目録は，数個の事業単位について1個の財団を設定する場合は，目録は，事業単位ごとに別つづりとする（工抵規則15条）。

② 記録すべき組成物件

　財団目録に記録すべき組成物件は，当然帰属主義を採用しているから，事業単位に関する組成物件となり得るもの（道抵法4条各号）で，その事業者に属し，かつ，他人の権利又は差押え，仮差押え若しくは仮処分の目的となっていないもの全部である。数個の事業単位に共用されている物件については，いずれかの事業単位に関する目録に記録して差し支えない。

③ 組成物件の記録方法

　組成物件についての目録の記録事項は，工場財団の組成物件と同様である（工抵規則7条〜13条）。

　なお，牛又は馬については，その雄雌の別，生年月，用途及び特徴を記録する（道抵規則4条）。

6：4：2　財団目録の効力

　財団について所有権の保存登記を申請する場合に財団目録が提供されたときは（工抵法22条），目録は，登記簿の一部とみなされ，記録は，登記とみなされる（工抵規則附則6条4項前段，旧工抵手続25条）。

　なお，土地又は建物が財団に属する場合は，「付加して一体となっている物」も当然その財団に属する（民法370条）。このような物は，目録に記録されていなくても，当然財団に属し，したがって，抵当権の効力の及ぶことを第三者に対抗し得るのである。

6：4：3　財団目録の保存期間

　財団目録は，財団の登記記録を閉鎖した日から20年間保存しなければならない（道抵規則6条）。

6：5　財団の所有権の保存登記

　財団は，財団登記簿に所有権の保存登記をすることによって設定される

（道抵法6条）。

　財団の所有権の保存登記の手続は，工場財団の場合と異ならない（工抵法23条〜28条，2：5）。

6：5：1　財団の設定者

　財団を設定することができる者は，同一の者に属する事業単位に関する組成物件をもって組成する（道抵法4条）ことができる事業者である（同法3条）。

6：5：2　財団設定の制限

　自動車運送事業及び第2種貨物利用運送事業にあっては道抵法4条1号に掲げる不動産（土地及び工作物）及び事業用自動車が，自動車道事業及び自動車ターミナル事業にあっては一般自動車道又は一般自転車ターミナルの敷地が，それぞれ存在しないときは，財団を設定することができない（道抵法5条）。

6：5：3　財団の所有権の保存登記の申請手続

　財団は，財団登記簿に所有権の保存登記をすることによって設定される（道抵法3条，工抵法9条）。すなわち，登記がされるまでは，法律上財団は存在しない。そして，それは1個の不動産とみなされる（工抵法14条1項）。

6：5：3：1　管轄登記所

　財団の所有権の保存登記の管轄登記所は，原則として，財団に属する不動産の所在地を管轄する登記所である。

① 　不動産が数個の登記所の管轄区域にまたがり，又は数個の登記所の管轄区域内にある場合は，法務大臣（数個の法務局の管轄区域内の登記所にまたがり，又は散在する場合）又は法務局，地方法務局の長（同一の法務局の管内又は管轄区域内若しくは同一の地方法務局管内の登記所にまたがり又は散在する場合）において，申請により指定した登記所が管轄登記所となる（工抵法17条，管轄指定省令2条・1条）。

② 　財団は，当然帰属主義を採っており，事業単位に関する不動産はその財団に属するが，属すべき不動産は，財団目録（道抵法13条）に掲げられているから，これにより管轄の有無を審査する。

工場財団の場合は，財団に属させる不動産は，当事者の自由に選択できる選択主義を採っているので，当事者が財団の組成物件とする不動産によって当然又は管轄指定により管轄登記所が定まる。しかし，道路交通事業財団の場合は，当然に財団に属すべき不動産を過失により財団目録に記載・記録しないか又は管轄指定申請の際に脱漏したまま管轄登記所が指定された場合，その登記が有効かどうかが問題となる。

　財団目録に掲げられている不動産の管轄登記所は，財団の管轄登記所となり得る登記所であり，その登記所を含めて管轄が指定されているから，仮に財団目録に記載・記録されていない不動産が当然帰属主義により財団に属し，その不動産が他の登記所（管轄指定の際その登記所を管轄登記所となり得るものとしなかったもの）の管轄に属するとしても，管轄登記所又は管轄指定の登記所においてされた登記を無効とするほど重要な事由ではないから，管轄権はあるものと解し，登記を有効とすべきである（精義2065）。

6:5:3:2　申請情報の内容

　財団の所有権の保存登記の申請情報の内容についても，工抵法21条が準用される。

① 　登記の目的（工抵規則18条1項，不登令3条5号）

　　登記の目的としては，「所有権保存」と記載する。

② 　所有者の表示（工抵規則18条1項・不登令3条1号，2号）

　　所有者（申請人）として，財団の設定者，すなわち，申請にかかる事業単位の事業者を表示する。

③ 　代理人の表示（不登令3条3号）

④ 　添付情報の表示

⑤ 　申請年月日（不登規則34条1項7号）

⑥ 　登記所の表示（不登規則34条1項8号）

⑦ 　登録免許税額（不登規則189条1項）

　　財団の所有権の保存登記の登録免許税は，財団の数を課税標準として，

1個につき3万円である（税法別表第一・五㈠）。

⑧　設定しようとする財団の表示

　財団の所有権の保存登記の申請情報の内容として，次のとおり，登記記録の表題部に記録されるべき財団の表示事項を記載する（道抵法12条1項各号，道抵規則3条）。2以上の事業単位で財団を設定する場合は，各事業単位ごとに記載する。なお，6:5:2参照。

a　事業単位に係る事業についての一般旅客自動車運送事業（道路運送法3条1号イからハまでの事業），一般貨物自動車運送事業（貨物自動車運送事業法2条1項），自動車道事業（道路運送法47条），バスターミナル若しくはトラックターミナル事業（自動車ターミナル法3条）又は第2種貨物利用運送事業（貨物自動車運送事業法37条）の別（1号）

b　路線区域を定める一般乗合旅客自動車運送事業又は自動車道事業の事業単位にあっては，路線（2号，4号）。運行系統については，起点及び終点，主たる経過地並びに延長（道抵規則3条2項）

c　営業区域を定める一般乗合旅客自動車運送事業の事業単位にあっては，営業区域（2号）

d　一般貨物自動車運送事業（eの特別積合せ貨物運送のものを除く。）の事業単位にあっては，営業区域（3号）

e　特別積合せ貨物運送（貨物自動車運送事業法2条6項）をする一般貨物自動車運送事業の事業単位にあっては，運行系統（5号）。起点及び終点，主たる経過地並びに延長（道抵規則3条1項）。

f　自動車ターミナル事業の事業単位にあっては，一般自動車のターミナルの名称及び位置（6号）

g　第2種貨物利用運送事業（貨物自動車運送事業法2条8項）の事業単位にあっては，利用運送に係る運送機関の種類及び貨物の集配の拠点（7号）

6:5:3:3　添付情報

①　（申請書の写し）

②　事業単位の認定を証する情報（道抵規則2条2項）

申請にかかる事業単位につき国土交通大臣の認定を受けたことを証する情報として，事業単位認定書又は事業単位認定証明書を提供する。
③　財団目録（道抵法13条）
④　会社法人等番号又は登記事項証明書
⑤　住所証明情報
⑥　代理権限証明情報
⑦　管轄登記所指定書（工抵規則19条，財団準則2条～6条）

6：5：4　所有権の保存登記の実行手続

① 財団の所有権の保存登記の申請があった場合の手続及びその登記の実行手続については，工場財団の場合と異ならない（2：5：4）。ただし，道抵法5条による不動産及び事業用自動車若しくは一般自動車道又は一般自動車ターミナルの敷地である土地が全く存在しない（すなわち，財団目録にこれらの物件の記録のない）場合は，不登法25条2号により，また，道抵法2条の国土交通大臣の認定を証する情報の提供がない場合はもちろん，提供があっても事業単位の記載事項が申請情報の内容と異なるときは，それぞれ申請は却下される。

② 事業用自動車の有無は，財団目録の記録事項中登録番号によって判断する。すなわち，自動車の登録官庁の取扱いは，事業用自動車については登録番号の付し方を一定しているので，これにより識別できる。

③ 一般自動車道又は一般自動車ターミナルの敷地の有無の審査については，法令上その方法がないので，財団目録にその敷地である旨を記録すべきものとし，記録により認定するほかない。

④ 財団の登記記録中表題部に財団の表示をするには，道抵法12条各号掲記の事項（申請情報に記載されている事項）を記録する。

6：6　財団目録の記録の変更登記

財団を組成する事業単位による事業の進行に伴って，新たにその事業単位に関する財団の組成物件となり得るものが設備され，また，財団の組成物件

の改廃も行われ，事業単位にかかる財団の組成物件に変更が生ずる。

　財団目録は，財団の内容である組成物件を明らかにし，それが財団に属することを第三者に対抗するためのものであるから，「財団目録ニ掲ケタル事項ニ変更ヲ生シタルトキ」は，財団目録の記録の変更登記を申請しなければならない（工抵法38条1項）。現に登記とみなされている財団目録の記録そのものに変更が生じた場合（例えば，土地の表示が変わった場合）のみならず，財団目録の内容自体に変更が生ずる場合（例えば，機械器具を新たにその財団に属させるために財団目録に記録する必要がある場合）なども含まれる（2：6）。

6：6：1　変更登記をすべき場合

① 記録物件の表示に変更を生じたとき

　目録に掲げる物件については，道抵法4条のほか，道抵規則1条により準用される工抵規則7条から13条までの表示事項を目録に記録しなければならないが，これらの記録事項に変更が生じたときは，目録の記録の変更登記を申請しなければならない（工抵法38条1項）。

② 新たに事業単位に関する組成物件が生じたとき又は新たな事業単位を追加するとき

　財団を組成する事業単位に新たに財団の組成物件となり得るものが属するに至ったときは，当然その財団に属するから（道抵法6条3項），組成物件を目録に記録するために，目録の記録の変更登記を申請しなければならない（工抵法39条1項）。

　また，既存の財団に新たに他の事業単位を追加するときは，事業単位に関する目録を提出して，目録の記録の変更登記を申請し，同時に財団の表題部の変更登記を申請することになる。

③ 財団から分離したとき

　財団の所有者は，抵当権者（全員）の同意を得て，財団に属する物件を財団から分離することができるから（工抵法15条），分離をしたときは（同法42条），抵当権は，分離物件について消滅する。この場合の組成物件の

財団からの分離は，目録の記録の変更登記が成立要件と解すべきである。したがって，組成物件を分離しようとするときは，抵当権者の同意を得て，目録の記録の変更登記を申請しなければならない（同法38条1項）。

なお，分離した物件が依然として事業単位に属している（道抵法6条3項所定の物件）ときに，再び財団に属させるためには，所属の成立要件として目録の記録の変更登記を申請する必要がある。

④　記録物件が滅失したとき

財団目録に記録された物件が滅失し，又は権利が消滅したときは，目録の記録の変更登記を申請すべきである（工抵法42条）。「滅失」は，物理的滅失のみを指すのではなくて，機械が機械としての効用を失った場合，あるいは機械に大改造を加えて，同一性を喪失したような場合を含む。

⑤　財団に属さなくなったとき

財団目録に記録した物件については，処分が制限されているので，原則として，第三者の権利の目的となることはない。しかし，記録物件であっても登記又は登録の制度のない動産については，第三者が善意取得（民法192条）すること，すなわち，財団に属していることを過失なくして知らないで権利（所有権，質権等）を取得し，取得が有効とされることはあり得る。このような第三者の権利の目的となった物件については，道抵法6条2項ただし書の類推解釈により，当然その財団に属さなくなると解すべきであるから，物件の目録の記録を削除するために，目録の記録の変更登記を申請すべきである（工抵法38条，42条）。

⑥　目録の記録（登記）の更正登記をすべきとき

財団目録に記録した物件の表示が錯誤又は遺漏により誤っているとき，第三者の所有であるとき又は他人の権利の目的となっているとき等により，財団に属し得ない物件が記録されているとき又は滅失していないのに滅失による目録の記録の変更登記がされたときは，目録の記録の更正登記を申請すべきである。

6:6:2　変更登記の性質

　財団目録は，登記記録の表題部の一部であり，記録は登記とみなされ，財団に属する物件を明らかにし，記録物件が財団に属していることを第三者に対抗するためのものである。したがって，目録の記録の変更登記も財団の組成物件を明確にするためのものであり，新たに事業単位に組成物件となり得るものが属し，又は新たに他の事業単位の追加により組成物件となり得るものが属した場合の目録の記録の変更登記は，物件が財団に属することを第三者に対抗するためのものであり，また，分離の場合の変更登記は，物件が財団に属さなくなることの成立要件である。

6:6:3　財団目録の記録の変更更正の登記の申請手続

6:6:3:1　申請情報の内容

　財団目録に掲げた物件の表示の変更更正による財団目録の記録の変更更正登記の申請情報の内容は，次のとおりである。

① 登記の目的（工抵規則18条1項，不登令3条5号）

　「道路交通事業財団目録の記録変更（又は更正）」と記載するほか，次の事項を記載しなければならない（事業単位の変更の場合を除く。）。

　a　表示の変更更正登記のときは，物件についての変更更正前の表示事項と変更更正後の表示事項

　b　新たに物件が属したとき又は新たに他の事業単位を追加するときは，新たに属した物件

　c　組成物件を分離したとき又は組成物件が属さなくなったときは，分離された物件又は属さなくなった物件

　d　組成物件が滅失し，又は属する権利が消滅したときは，滅失した物件又は消滅した権利

　e　属すべきでない物件を目録に記録したときは，その物件

② 登記原因及び日付（工抵規則18条1項，不登令3条6号）

　a　記載物件の表示に変更が生じたときは，変更の生じた事由と日付

　b　新たに物件が財団に属したときは，登記原因は「事業単位への所属」，

日付は，事業単位に属した日で新たに事業単位を追加する。組成物件を目録に記録するとき又は分離した物件を再び財団に属させるときは，登記原因は「事業単位追加」又は「追加」で，日付は記載しない。

c　財団の組成物件を抵当権者の同意を得て分離したときは，登記原因は「分離」で，日付は抵当権者全員の同意を得た日

d　財団に属している物件が第三者の権利の目的となったこと等により財団に属さなくなったときは，登記原因は「第三者の権利取得」等で，日付は権利取得の日

e　財団の組成物件が滅失し，又は属する権利が消滅したときは，登記原因は「滅失」又は「消滅」で，日付は滅失又は消滅の日

f　事業単位の変更のとき，すなわち，1個の事業単位が2個以上の事業単位となり又は数個の事業単位が1個の事業単位となったときは，財団目録を事業単位ごとに作成した上，財団目録の記録の変更登記をするから，登記の登記原因は「事業単位の変更」で，日付は変更の生じた日である。組成物件が他の事業単位に属するものとなったときも同様である。

g　登記の更正の場合は，登記原因は「錯誤」又は「遺漏」で日付は記載しない。

③　申請人の表示（工抵規則18条1項，不登令3条1号，2号）

④　申請年月日及び登記所の表示（不登規則34条1項7号，8号）

⑤　代理人の表示（工抵規則18条1項，不登令3条3号）

⑥　登録免許税額（不登規則189条1項）

　　表示の変更更正による目録の記録の変更更正登記の登録免許税は，税法別表第一・五(七)により，財団の数を課税標準として，1個につき6,000円である。表示の変更更正登記をすべき物件が数個であっても，同一申請情報で申請する限り6,000円で足りる。

⑦　財団の表示（道抵法12条）

　　財団の登記番号も記載する。

6:6:3:2　添付情報

表示の変更更正による財団目録の記録の変更更正登記の申請情報と併せて提供すべき情報は，次のとおりである。

① （申請書の写し）
② 変更目録（工抵法39条）

　変更目録は，財団の事業単位ごとに作成する。すなわち，属する事業単位を異にする物件について同時に変更更正登記を申請する場合は，変更目録を事業単位ごとに作成しなければならない。同一の事業単位に属する物件を変更するものと更正すべきものがある場合でも，変更目録として同一の目録に記録して差し支えない。

③ 抵当権者の同意証明情報（印鑑証明書付）（工抵法38条2項）
④ 会社法人等番号（不登令7条1項1号イ）
⑤ 代理権限証明情報（不登令7条1項2号）
⑥ 事業単位の認定を証する情報（道抵規則2条2項，3項）及び追加・変更目録

　財団に新たに組成単位としての事業単位を追加する場合は，財団目録の記録の変更登記と同時に，財団の表題部の変更登記（新たに追加された事業単位にかかる表示事項を表題部に記録する登記）を申請する。

　事業単位の変更，すなわち，従前1個の事業単位であったものが2個以上の事業単位になり，又は従前の数個の事業単位が1個の事業単位になったときは，目録を2個以上の別つづりとした目録に変更し，又は数個の目録を併せて1個の目録に変更する必要があるので，目録の記録の変更登記の申請と同時に，財団の表題部の変更登記の申請をしなければならない。この場合，財団の表題部の変更登記の申請情報には，追加する事業単位又は変更後の事業単位の認定を証する情報（6:1:1）を提供しなければならない。

6:6:4　目録の変更更正登記の実行手続

　財団目録の記録の変更更正登記の申請があったときは，登記官は，却下事

由の有無を審査し，却下事由がないときは，次の手続をする（工抵法39条～42条）。

① 目録に掲げられた物件の表示事項に変更が生じた（又はその表示に誤りがある）ことにより変更更正登記をするときは，

　　a　目録中物件の表示の側に物件について変更が生じた旨（又は錯誤若しくは遺漏がある旨），申請の受付年月日及び受付番号を記録する（工抵法40条）。

　　b　提供された変更目録には，申請の受付年月日及び受付番号を記録し（工抵規則17条），これを前の目録につづり込み，登記官がそのつづり目に契印する（平成16年に削除された工抵法39条2項の趣旨）。

② 新たに組成物件が属したときは，提供された追加目録には，申請の受付年月日及び受付番号を記録して，これを前の目録につづり込み，登記官がつづり目に契印する。

　新たに事業単位を追加したときは，追加目録は追加した事業単位のものであるから，目録には申請の受付年月日及び受付番号のほか，財団の登記番号を記録する（工抵規則17条）。

　なお，追加による目録の記録の変更登記をしたときは，追加物件の登記簿又は登録原簿にその物件が財団に属した旨の記録・記載をしなければならない（工抵法43条・34条）。

③ 目録に記録されている物件が財団に属さなくなり，又は物件が滅失若しくは消滅したときは，目録中分離又は滅失若しくは消滅した物件の表示の側に物件が属さなくなり，又は滅失若しくは消滅した旨，申請の受付年月日及び受付番号を記録して，物件の表示を抹消する記号を記録する（工抵法42条）。

④ 既存の財団に事業単位の組成物件を追加する変更登記としては，追加目録に申請の受付年月日，受付番号及び登記番号及び工抵法23条及び34条の記録を抹消する旨を記録して，登記官印を押捺し，記録を抹消する（工抵法44条1項）。

なお，準用される工抵法43条による手続もしなければならない。
⑤　財団目録の記録の更正登記の手続は，次のとおりである。
　a　表示の更正のときは，表示の変更登記の手続に準じてする。
　b　錯誤による滅失又は分離による登記を更正するときは，新たにその物件を追加したときの手続に準じてする。
　c　財団に属していない物件が目録に記載されているのを更正するときは，分離による目録の記録の変更登記に準じてする。

6：6：5　財団目録の記録の変更更正登記の効力
①　表示変更による変更登記

目録の記録物件の表示に変更が生じたときの変更登記については，対抗力の問題は生じない。変更の事実があれば，変更登記の有無にかかわらず，変更を主張することができる。しかし，財団の組成物件を明確にするために，物件の表示が現況と合致していることが望ましく，また，紛争を生じないように，財団の所有者に表示の変更登記の申請を義務づけているのである。表示の更正登記も同様である。

②　滅失による変更登記

目録の記録物件が滅失又は消滅したときも，対抗力の問題は生じない。しかし，財団に属する物件を明確にするために，滅失又は消滅による変更登記の申請を財団の所有者に義務づけている。

③　分離による変更登記

目録の記録物件が抵当権者全員の同意を得て分離されたとき又は第三者の権利の目的となったときは，物件は財団に属さなくなる。この場合の変更登記は，分離によるときは分離の成立要件と解すべきであるが，当然属さなくなったときは，物件が財団に属していないことを明らかにするための変更登記となる。

④　追加による変更登記

新たに組成物件となり得るものが財団に属したときにされる変更登記は，物件が財団に属したことを第三者に対抗するための要件である。しかし，

事業単位を追加し，組成物件を財団に属させる目録の記録の変更登記は，物件が財団に属したことの成立要件であり，同時にその登記により，物件の所属を第三者に対抗できることになる。

6:7　財団の表題部の変更更正登記

財団登記簿の表題部には，道抵法12条各号に掲げる事項が記録されているが（道抵規則5条），これらの表示事項に変更を生じたときは，財団の表題部の変更登記を申請すべきであり，表示事項に登記の当初から錯誤又は遺漏があったときは，財団の表題部の更正登記を申請すべきである。

新規の事業単位に属する物件を既設の財団に追加した場合の財団の表題部の変更登記の申請が同時にされない目録記録の変更登記の申請は，受理すべきでない（昭45.8.20民三発200号民事局第三課長回答）。**(注)**

> **(注)**　不動産登記法の施行に伴う関係法律の整備等に関する法律（平16法律124号）により，工場に属する土地又は建物に備え付けた機械，器具等の目録及び工場財団目録に記録すべき事項は，登記事項とされた（工抵法21条1項4号）。

6:7:1　事業単位の変更

財団の設定の基本組成単位である事業単位について変更が生じたとき，すなわち，a　事業単位の表示事項が変更したとき，b　新たに事業単位を追加したとき，c　既存の財団の1個の事業単位が数個となり，又は数個の事業単位が1個となったとき，d　事業単位が分離されたときは，財団の表題部の変更登記を申請しなければならない。

また，財団の表示事項にその登記の当初から錯誤又は遺漏があったときは，財団の表題部の更正登記を申請しなければならない。

6:7:2　財団の表題部の変更更正登記の申請手続

財団の表題部の変更更正登記の申請手続は，原則的に工場財団のそれと同じである（2:7:3）。

6:7:2:1　申請情報の内容
① 登記の目的（工抵規則18条1項，不登令3条5号）
　　「道路交通事業財団の表題部変更（又は更正）」と記載する。
② 登記原因及びその日付（工抵規則18条1項，不登令3条6号）
　　事業単位の基本物件とそれに関する組成物件の全部の分離（又は要件の喪失）又は基本物件の滅失の場合は，「○○分離（又は滅失）」と記載して，分離又は滅失の日を記載する。
　　事業単位の基本物件とそれに関する組成物件の追加の場合は，「○○追加」と記載し，日付は記載しない（昭45.8.20民三発200号民事局第三課長回答）。
　　表示更正の場合は，登記原因を「錯誤」又は「遺漏」と記載し，日付は記載しない。
③ 申請人の表示（工抵規則18条1項・不登令3条1号，2号）
④ 添付情報の表示（不登規則34条1項6号）
⑤ 申請年月日及び登記所の表示（不登規則34条1項7号，8号）
⑥ 代理人の表示（不登令3条3号）
⑦ 登録免許税額（不登規則189条1項）
　　財団の表題部の変更更正の登記の登録免許税は，財団の数を課税標準として，1個につき6,000円であるから（税法別表第一・五(七)），この額を記載する。
⑧ 財団の表示（道抵規則5条，道抵法12条1項各号）
　　変更更正前の財団を表示し（登記番号も記載する。），変更更正後の財団を表示する。

6:7:2:2　添付情報
① （申請書の写し）
② 抵当権者の同意証明情報（工抵法15条，38条2項）
③ 会社法人等番号（不登令7条1項1号イ）
④ 代理権限証明情報（不登令7条1項2号）

⑤　印鑑証明書（不登令19条）
⑥　（指定書（工抵規則19条））
⑦　免許を証する情報

　　路線の延長短縮，事業区域の拡大縮小又は取扱駅の減少追加による財団の表示事項の変更をするときは，国土交通大臣又は地方運輸局長の変更に関する免許を証する情報を提供し，事業単位の数に変更の生ずる財団の表示変更のときは，事業単位の認定を受けたことを証する情報（道抵規則2条2項）を提供する（昭27．8．18民事甲76号民事局長通達）。

6：7：3　表題部の変更更正登記の実行

　表題部の変更更正登記の記録をするには，変更又は更正に係る登記事項のみを記録する（工抵規則27条1項，2：7：4）。

6：7：4　登記名義人の表示の変更更正登記

　財団の所有権又は抵当権の登記名義人等の表示に変更が生じたときは，登記名義人の表示の変更登記を申請し，表示に錯誤又は遺漏があるときは，登記名義人の表示の更正登記を申請する。手続は，一般の土地又は建物の場合と同様である。ただし，所有権の登記名義人の表示の変更更正登記をしたときは，財団登記簿の目録の記録の変更更正手続をしなければならない。

6：8　財団の分割

　数個の事業単位について設定された財団は，所有権の登記名義人の申請による分割の登記をすることによって，数個の財団とすることができる（工抵法42条ノ2，42条ノ4～42条ノ6）。財団は，事業単位ごとに分割できる。ただし，分割後の各財団には，少なくとも1個の事業単位が属していなければならない。

6：8：1　財団の分割の要件

①　数個の事業単位について設定されている財団であること

　　分割することのできる財団は，数個の事業単位をもって組成された財団であることが必要である（工抵法8条1項前段）。

② 抵当権者が分割後の特定の1個の財団を除く他の財団について抵当権の消滅を承諾すること（2：8：1）

6：8：2　財団の分割登記の申請手続

財団は，分割登記をすることによって分割されるから（工抵法42条ノ4），財団の分割は，その登記が効力発生要件である。

6：8：2：1　申請情報の内容

財団の分割登記を申請する場合の申請情報の内容は，次のとおりである。

① 登記の目的（工抵規則18条1項，不登令3条5号）

「道路交通事業財団分割」と記載する。財団の分割は，その登記をすることによって効力が生ずるから登記原因は記載しない。

② 申請人の表示（工抵規則18条1項・不登令3条1号，2号）

財団の所有権の登記名義人を表示する。

③ 添付情報の表示（不登規則34条1項6号）

④ 申請年月日及び登記所の表示（不登規則34条1項7号，8号）

申請年月日と管轄登記所を記載する。財団の分割登記の管轄登記所は，分割しようとする甲財団の管轄登記所（その財団が現に登記されている登記所）である。分割後の財団のうち，事業単位が管轄地内に存在しなくなる場合でも，分割登記の申請は分割前の甲財団の管轄登記所にする。

⑤ 代理人の表示（不登令3条3号）

⑥ 登録免許税額（不登規則189条1項）

財団の分割登記の登録免許税は，「変更の登記」に該当するものとして，財団（分割前）の数を課税標準として，1個につき6,000円である（税法別表第一・五(七)）。

⑦ 分割前の財団の表示（工抵法21条1項）

分割前の財団を表示する。登記番号も記載する。

⑧ 分割後の財団の表示（工抵法42条ノ5前段）

分割後の財団の表示として，各分割後の財団の表示事項を記載する。分割後の財団が2個以上の事業単位をもって組成されるときは，事業単位ご

とに表示事項を記載する。

　分割後の財団のうち抵当権の存続する財団（それは常に1個である。）については，従前の財団の登記番号を付記する。
⑨　抵当権の消滅する財団の表示（工抵法42条ノ5後段）
　分割前の財団が抵当権の目的となっているとき（登記がされているとき）は，分割によって抵当権の消滅する財団を明らかにするが，財団の表示に抵当権が消滅する旨を付記する。

6:8:2:2　添付情報

財団の分割登記の申請をする場合に提供すべき情報は，次のとおりである。
①　（申請書の写し）
②　抵当権者の同意証明情報（工抵法42条ノ2，42条ノ5後段）
③　（社債権者集会の決議を証する情報（担信法32条1号））
④　分割後の財団の管轄登記所の指定を証する情報
　財団を分割した場合に，分割後の財団で事業単位に関する不動産が全て分割登記の管轄登記所の管轄地内に存在しなくなるときは，財団本来の（すなわち工抵法17条により定まる）管轄登記所に分割後の財団の登記記録等を移送しなければならない（工抵規則31条）。
⑤　会社法人等番号（不登令7条1項1号イ）
⑥　代理権限証明情報
⑦　印鑑証明書

6:8:3　財団の分割登記の実行手続

6:8:3:1　却下事由の有無の審査

　財団の分割登記の申請について不登法25条各号の却下事由が存在する場合は，相当の期間内に補正した場合を除き却下される（2:8:3）。

6:8:3:2　分割登記の実行

　財団の分割登記の実行手続については，工抵法42条ノ6及び工抵規則27条及び28条による（2:8:3:2）。

6:8:3:2:1　表題部の登記
① 分割後の財団に新たな登記記録（登記用紙）を設け，表題部に申請受付の年月日及び分割後のそれぞれの財団の表示事項を記録して，記録の末尾に「分割により分割前の財団の登記記録から移した」旨を記録する（工抵法42条ノ6）。そして，登記番号を「登記第○号」と記録する。
② 抵当権の登記がある財団の分割登記の場合は，新しい登記記録に移す分割後の財団は，全て分割により抵当権が消滅する。すなわち，工抵法42条ノ6の「乙財団」は，同法42条ノ2第2項の「乙財団」を受けて規定している。そして，同法8条3項の適用関係を明らかにするため，抵当権の消滅する財団の新しい登記記録の表題部に「分割により抵当権が消滅した旨及びその年月日」を記録しなければならない（工抵規則28条2項）。
③ 甲財団の抵当権の登記が全部抹消されたときは，新たに設けた分割後の乙財団の登記記録の表題部に，「抵当権の登記の全部が抹消された旨及びその年月日」を記録しなければならない（工抵規則28条3項）。
④ 分割前の甲財団の登記記録の表題部に，分割前の財団を組成していた事業単位から新しい登記記録に移された分割後の財団を組成する事業単位を除いた残余の事業単位の財団の表示をして，末尾に分割によって他の事業単位を分割後の乙財団の登記記録（登記第○号と記録する。）に移した旨を記録して，分割前の甲財団の表示を抹消する記号を記録しなければならない（工抵法42条ノ6第3項）。

6:8:3:2:2　権利部（甲区事項欄）の登記
① 新たに登記記録を設けて分割後の財団の表示のされた登記記録の権利部（甲区事項欄）には，分割前の財団の登記記録の権利部（甲区事項欄）から所有権に関する事項（所有権の保存登記の年月日を含む。）を転写し，申請の受付年月日及び受付番号を記録し，順位番号欄に番号を記録しなければならない（工抵法42条ノ6第4項）。この場合，登記記録に登記官の識別番号を記録する措置（登記官印の押捺）をする（工抵規則29条4項）。
② 抵当権の目的である甲財団の分割の場合は，新しい登記記録に登記する

分割後の乙財団については抵当権は消滅するから，権利部（乙区事項欄）に抵当権に関する登記を転写する必要はない。また，甲財団の抵当権の登記について，乙財団につき抵当権が消滅した旨の付記をする必要はない。

6:8:3:2:3　財団目録の分離

財団の分割登記をするときは，分割前の財団の財団目録（事業単位ごとに別つづりとなっている。）のうち分割後の各財団に属する事業単位についての財団目録を分離して，それぞれ分割後の財団の財団目録としなければならない（工抵法42条ノ6第2項）。この場合の手続は，次のとおりである。

① 分割後の各財団の財団目録（表紙）に分割前の財団（登記番号により表示する。）の分割により分離した旨，分割登記の申請の受付年月日，受付番号及び分割後の財団の登記番号を記録して，目録に記録されている前登記番号（分割前の財団の登記番号）を抹消する記号を記録する（工抵規則29条1項）。

② 分割前の財団の目録から分離して記録をした目録を除いた残余の目録（分割前の財団の登記記録に登記され，同一の登記番号を有する分割後の財団の目録）には，その余の分割後の財団（登記番号を表示する。）の目録を分離した旨を記録する（工抵規則29条3項）。

6:8:3:2:4　移送手続

財団の分割登記をした場合に，分割後の乙財団の事業単位について，登記所の管轄地内には財団を組成する事業単位に関する不動産が全く存在しないときは，登記所は分割登記をした後，遅滞なく乙財団を管轄する登記所に，登記記録及び附属書類（図面を含む。）又は謄本並びに財団目録を移送する（工抵規則31条，財団準則7条）。

6：9　財団の合併

財団の合併とは，同一の所有者に属する数個の財団をその所有者の申請による合併の登記によって1個の財団とすることである（工抵法42条ノ3～42条ノ5，42条ノ7，2：9）。

6:9:1　財団の合併の要件

財団の合併ができるのは，次の3要件全てが充足された場合である（2:9:1）。

① 合併しようとする財団が同一の所有者に属すること
② 合併しようとする財団のいずれの登記記録にも所有権及び抵当権の登記以外の登記のないこと

「合併セントスル財団ノ登記用紙ニ所有権及抵当権ノ登記以外ノ登記アルトキ」は合併ができない（工抵法42条ノ3第1項ただし書）。

③ 合併しようとする数個の財団のうち2個以上の財団に抵当権（根抵当権を含む。）の登記がないこと

「合併セントスル数個ノ財団ノ内2個以上ノ財団ニ付既登記ノ抵当権アルトキ」は合併ができない（工抵法42条ノ3）。

本来，共同担保の形で数個の財団に同一の債権を担保するための抵当権の設定登記がされていて，しかも抵当権は，各財団についてそれのみである場合は，そのような財団の合併を認めても，権利関係が複雑になる弊害もないし，また，手続上の便宜から1個の財団とする実益もないではないが認められていない。

しかし，あらかじめ抵当権者の了解を得て，1個の財団を除くその他の財団について抵当権の登記を抹消して，既登記の抵当権の目的となっている財団に合併登記をすれば，合併後の財団の全部に抵当権の効力が及ぶから，抵当権者の権利を害することなく合併が可能になる。

6:9:2　財団の合併登記の申請手続

合併登記が財団の合併の成立要件である（2:9:2）。

6:9:2:1　合併登記の管轄登記所

① 同一の登記所の管轄に属する数個の財団を合併する場合

合併しようとする数個の財団が全て同一の登記所の管轄に属している場合（管轄指定により管轄権を有する場合であっても差し支えない。），その登記所が合併登記についても管轄権を有する。

② 合併しようとする数個の財団のうち既登記の抵当権の目的である1個の財団がある場合

既登記の抵当権の目的となっている甲財団（合併の場合は，このような財団は常に1個である。）と抵当権の目的となっていない乙（丙）財団とを合併しようとするときは，甲財団の管轄登記所が合併登記の管轄登記所である（工抵法17条3項ただし書）。したがって，この場合は，管轄指定の必要はなく，甲財団の管轄登記所に合併登記の申請をする。

③ 管轄登記所を異にするが，既登記の抵当権の目的となっていない数個の財団を合併する場合

既登記の抵当権の目的である財団を含まない，しかも管轄登記所を異にする数個の財団を合併しようとする場合は，指定を受けた登記所が管轄登記所となる（工抵法17条3項本文・2項）。

6:9:2:2 申請情報の内容

財団の合併登記の申請情報の内容は，次のとおりである。

① 登記の目的（工抵規則18条1項，不登令3条5号）

「道路交通事業財団合併」と記載する。

② 登記原因及びその日付

財団の合併は，合併登記がされたときに効力が生ずるから，登記原因及び日付は記載しない。

③ 申請人の表示（工抵規則18条1項・不登令3条1号，2号）

財団の所有権の登記名義人（合併しようとする数個の財団につき同一人である。）を表示する。

④ 添付情報の表示（不登規則34条1項6号）

⑤ 申請年月日及び管轄登記所の表示（不登規則34条1項7号，8号）

⑥ 代理人の表示（不登令3条3号）

⑦ 登録免許税額（不登規則189条1項）

財団の合併登記の登録免許税は，関係財団（合併前）の数を課税標準として，1個につき6,000円であるから，2個の財団を合併する場合は1万

2,000円と記載する（税法別表第一・五(七)）。
⑧ 財団の表示（道抵規則5条，道抵法12条）
　a 合併前の財団の表示
　　合併しようとする各財団を表示する。財団を組成する事業単位ごとに記載する。合併しようとする各財団の登記番号も記載する。
　　表示が申請当時の現況と合致していない場合は，まず財団の表題部の変更更正登記を申請して，変更更正後の表示を記載する。
　　合併登記を申請する登記所以外の登記所の管轄に属する財団がある場合は，管轄登記所及び登記番号（例えば，○地方法務局○出張所登記第○号）を付記する。
　　抵当権の目的となっている財団と他の財団を合併する場合は，法定管轄を明らかにするため，抵当権の目的となっている財団につきその旨を付記する（工抵法17条3項ただし書）。
　b 合併後の財団の表示
　　合併後の財団を表示する。合併後の財団の事業単位ごとに記載する。

6:9:2:3 添付情報
財団の合併登記の申請情報は，次のとおりである。
① （申請書の写し）
② （管轄指定を証する情報）
③ 会社法人等番号（不登令7条1項1号イ）
④ 代理権限証明情報

6:9:3 財団の合併登記の実行手続
6:9:3:1 他の登記所への通知及び他の登記所からの移送手続
6:9:3:1:1 他の登記所への通知
甲財団について合併登記の申請があった登記所以外の他の登記所の管轄に属する乙財団があるときは，登記官は，その登記所に乙財団について合併登記の申請があった旨を通知しなければならない（工抵規則32条1項，財団準則11条）。

6:9:3:1:2 通知を受けた登記所の移送手続等

通知を受けた登記所の登記官は，乙財団の登記記録を審査し，「所有権の登記以外の登記」がされていないときは，遅滞なく，財団の登記記録及び附属書類（申請書及び添付書類，図面を含む。）又は謄本（1個の申請書で財団についての申請を含む数個の申請がされている場合は，申請書を送付することはできないから，謄本を作成して送付する。）並びに財団目録を通知を発した管轄登記所に移送する（工抵規則32条2項本文）。ただし，乙財団の登記記録に「所有権の登記以外の登記」がされているときは，このような財団を含む合併登記の申請は，却下されるべきであるから，移送手続をすることなく速やかに，その旨を管轄登記所に通知する（同条2項ただし書，3項）。なお，2：9：3：1：2②③参照。

6:9:3:2 却下事由の審査

財団の合併の登記の申請があった場合には，不登法25条による却下事由の有無を審査しなければならない。

6:9:3:3 合併登記の実行手続

管轄登記所を異にする数個の財団の合併の場合は，通知及び移送手続が必要なので，合併登記の申請の受付後に申請された他の不動産の登記は，受付番号が後であっても，不登法20条にかかわらず先に登記を実行して差し支えない。しかし，合併しようとする財団についての登記の申請については，合併登記の申請についての処分（却下又は登記実行）の後にすべきことはいうまでもない。

工抵規則32条1項による通知を受けた他の登記所は，財団に関する登記の申請又は嘱託を不登法25条2号により却下する。

6:9:3:3:1 合併登記をする登記記録（登記用紙）

合併登記をすべき登記記録（登記用紙）は，合併しようとする財団のうち既登記の抵当権の目的となっている甲財団の登記記録である。抵当権の目的となっている財団がないときは，いずれの財団の登記記録にしても差し支えない。しかし，移送を受けた登記記録があるときは，それには合併登記をし

ないで，管轄に属する財団の登記記録に合併登記をするのが相当である。

6:9:3:3:2　表題部の登記

① 合併登記をすべき甲財団の登記記録の表題部には，申請の受付年月日を記載し，合併後の財団の表示をし，末尾に「合併により合併前の乙（丙）財団の登記記録（登記第○号又は○地方法務局○出張所登記第○号）から移した」旨を記録して，前の表示（合併前の財団の表示）を抹消する記号を記録する（工抵法42条ノ7第1項）。

② 合併された財団（登記記録が閉鎖される財団）の抵当権登記が全部抹消されたものである場合は，合併後の甲財団の登記記録の表題部に，合併前の財団が抵当権登記の全部が抹消されたものである旨及びその抹消（最後の抹消）の年月日を記録する（工抵規則33条1項）。(注)

③ 財団の分割により抵当権が消滅した財団の合併の場合は，既に財団の登記記録の表題部に分割により抵当権の消滅した旨及びその年月日が記録されており（工抵規則28条2項），記録が合併登記により移記されるから，特別にその旨の記録をする必要はない。

　(注)　この記録をする理由については，2:8:3:3:2②参照。

6:9:3:3:3　権利部（甲区事項欄）の登記

合併登記をする登記記録中権利部（甲区事項欄）には，他の財団の登記記録から所有権に関する登記を移記し，移記した旨及び移記した登記がその財団であった部分のみに関する旨並びに申請の受付年月日及び受付番号を記録して，登記官の識別番号を記録（登記用紙に登記官印を押捺）する措置をしなければならない（工抵法42条ノ7第4項，工抵規則33条5項）。

6:9:3:3:4　他の登記記録の閉鎖

合併登記をした甲財団の登記記録以外の合併しようとする乙（丙）財団の登記記録（他の登記所から移送を受けた登記記録を含む。）を閉鎖する。すなわち，登記記録の表題部に合併登記をした登記記録（合併後の登記第○

号）に移した旨（閉鎖の事由）及び年月日を記録して，乙財団の表示を抹消する記号を記録するほか，登記官の識別番号を記録（実際の取扱いは，登記用紙に登記官が押印し，さらに財団の表示を抹消して，これを財団登記簿から除去し，財団閉鎖登記簿に編綴する。）しなければならない（工抵法42条ノ7第3項，不登規則8条，工抵規則33条5項）。

6:9:3:3:5　財団目録

財団の合併登記をしたときは，合併した各財団の財団目録に合併後の財団の目録とした旨（工抵法42条ノ7第2項），合併登記の申請の受付年月日及び受付番号，合併後の財団の登記番号を記録して，合併前の登記番号を抹消する記号を記録しなければならない（工抵規則33条3項）。

6:9:3:3:6　登記記録閉鎖の旨の通知

財団の合併登記により合併された財団の登記記録を閉鎖した場合は，国土交通大臣にその旨の通知をしなければならない（道抵法11条2号）。

6：10　財団の所有権の移転登記

① 財団は，工場財団と同様に1個の不動産とみなされ（工抵法14条1項），所有権と抵当権の目的とすることができる。したがって，財団の設定後，売買等により所有権の移転登記をすることができる。この場合は，各組成物件についても権利の移転が生ずる。
② 財団の所有権移転を第三者に対抗するためには登記をしなければならない。組成物件についても移転の登記又は登録が必要である。登記又は登録は，財団の移転登記の後に移転を証する登記記録により行うことになる。
③ 財団の所有権の移転登記については，登録免許税法に規定がないから，納付する必要はない。ただし，財団に属する登記又は登録のある組成物件の所有権の移転登記等については，登録免許税が課される。

6：11　財団の抵当権

① 事業者は，抵当権の目的とするため，1又は2以上の事業単位について，

財団を設定することができる（道抵法3条）。

　財団を目的として抵当権の設定登記の申請をすることができるのは，財団の保存登記後6箇月以内であり，また，抵当権の登記が全部抹消された後又は抵当権が財団の分割により消滅した後6箇月内に抵当権の登記をしなければならない（工抵法10条，8条3項）。

　登記所は，財団について第一順位の抵当権の設定登記をしたときは，直ちにその旨を国土交通大臣に通知しなければならない（道抵法11条1号）。

　財団を目的とする抵当権（根抵当権を含む。）は，不動産を目的とする抵当権と何ら異ならないので，設定の登記等の抵当権に関する登記手続も，不動産の抵当権に関する登記手続と同様である。

② 　免許若しくは許可の取消し又は免許の失効並びに許可の失効があったときの抵当権に関する手続は，次項（6：12）のとおりである。

6：12　財団の民事執行等

財団についての民事執行法による強制競売又は担保権の実行としての競売及び民事保全法による仮差押え又は仮処分並びに国税徴収法及びその例による滞納処分の手続は，次の特則のほかは不動産についての手続と同様である。

① 　財団の差押え，仮差押え又は仮処分は，財団に属する不動産の所在地の地方裁判所の管轄とするが（道抵法16条1項），管轄が競合するときは，直近上級の裁判所は，申立てにより管轄地方裁判所を定める（民訴法10条2項）。

② 　国土交通大臣は，免許若しくは許可の取消し又は事業単位に属する路線の全部について免許の失効があったときは直ちに，許可の失効（自動車ターミナル事業にあっては，事業単位に属する一般自動車ターミナルの全部についての許可の失効）があったときは，その事実を知ったとき直ちに，その旨を財団の抵当権者に通知しなければならない（道抵法14条1項）。

　抵当権者は，通知を受けた日から6箇月以内に抵当権の実行の手続をすることができる。そして，6箇月の期間が終了し，又は抵当権の実行が終

了する日までは，免許又は許可は存続するものとみなされる（同条2項〜4項）。

　競売の買受人が代金を納付したときは，免許又は許可の取消し又は失効（期間を限定しての免許の期間満了による失効を除く。）は，なかったものとみなされる（同条5項）。

③　財団に対する抵当権の実行のための競売又は強制競売の開始決定があった時以後において，財団に関する免許又は許可の取消し又は失効があったときは，免許又は許可は，買受人が代金を納付するまでは，競売又は強制競売の目的の範囲内において存続するものとみなす（道抵法15条1項）。

　買受人が代金を納付したときは，免許又は許可の取消し又は失効（期間を限定した免許の期間満了による失効を除く。）は，なかったものとみなされる（同条2項）。

④　買受人が代金を納付したときは，裁判所書記官は，直ちにその旨を国土交通大臣に通知し（道抵法17条），買受人は，代金納付のときに財団の所有権を取得し，事業単位に係る免許又は許可に基づく権利義務を承継する（同法18条1項本文）。

6：13　財団の消滅

　財団の所有権の保存登記は，登記後6箇月内に抵当権設定の登記を受けないときは効力を失い（工抵法10条），また，抵当権の登記の全部抹消後若しくは財団の分割により分割後の財団の抵当権の消滅した後，6箇月内に新たに抵当権の設定登記を受けないとき又は財団の消滅登記（2：13：4）をしたときは，財団は消滅する（同法8条3項）。

　登記所は，財団の消滅登記をしたときは，直ちにその旨を国土交通大臣に通知しなければならない（道抵法11条2号）。

7 自動車交通事業財団

7 : 1 沿革

　現行の道路交通事業財団は，道抵法に基づき，主として自動車を用いて乗客・貨物の運送を行う事業（以下「自動車交通事業」という。）に着目して，事業に属する組織的財産を一体のものとして財団を組成し，これに抵当権を設定して，金融を得ることを目的とする制度である（6　道路交通事業財団参照）。この制度が整備されたのは，昭和27年で，自動車交通事業に属する財産を財団化する制度は，昭和6年に制定された自動車交通事業法（昭8.10.1施行，以下「自交法」という。）に基づく自動車交通事業財団である。

　これは，同法に定める自動車運輸事業（一般の交通の用に供するため，路線を定め，定期に自動車を運行して旅客又は物品を運送する事業をいう。自交法1条）又は自動車道事業（一般自動車道を開設し，有償又は無償で，これを専ら自動車の一般交通のために供する事業をいう。同法17条）を営む株式会社が事業に属する財産をもって財団を組成し，これを抵当権の目的とすることができるとしたものである（同法38条1項）。

　自交法は，戦後に制定された道路運送法（昭22法律191号）により廃止されたが，廃止の当時存在していた財団については，同法施行の経過措置として存続が認められ，次いで，昭和26年に現行の道路運送法（昭26法律183号）が制定され，同時に制定された道路運送法施行法（昭26法律184号）によって従前の道路運送法も廃止された。

　しかし，その当時存在していた財団については，なお効力を有するものとされた（道路運送法施行法12条）。この措置により，現在でも廃止された自交法の規定に基づく財団は存在できることになる。ただし，この財団に属する財産を現行の道抵法に基づく道路交通事業財団の組成物件とすることはできないとされている（昭27.8.18民事甲76号民事局長通達）。

　なお，財団の登記事務は，商業登記を取り扱う登記所において取り扱うと

されていた（旧自動車交通事業財団抵当登記取扱手続（昭8司法省令33号）2条）。

7：2　財団の組成物件

　財団は，自動車運輸事業又は自動車道事業に属する財産によって組成される財団であって，抵当権の目的とするために設定された。この財団の組成物件の主要なものは，次のとおりである（自交法39条各号）。

① 　自動車道の敷地及びその上に存する工作物（1号）
② 　発着場，駐車場そのほかの自動車運行のために必要な沿線土地及びその上に存する工作物（2号）
③ 　自動車庫等の事業のために必要な建物及びその敷地（3号）
④ 　通信又は信号に要する工作物及び敷地（4号）
⑤ 　①から④に属する器具機械
⑥ 　①から④の工作物を所有し又は使用するため，他人の不動産の上に存する地上権及び第三者に対抗することができる賃借権並びに①から④に掲げる土地のために存する地役権（5号）
⑦ 　自動車運輸事業のため登録を受けた自動車及びその附属品（6号）
⑧ 　事業経営のために必要な貯蔵物品及び器具機械（7号）

7：3　財団の設定

　財団は，財団登記簿に所有権の保存登記をしたときに成立し，前項（7：2）に掲げる物件又は権利は，当然に同財団に属するとされている。また，財団の設定後に新たにその財団の所有者に属した物件又は権利についても同様である（自交法43条）。

【主要条文索引】（太字の見出しは重要事項）

●民法
192条 …………………………………… 2:3:4:2

●不動産登記法
25条 ………… 2:5:4:1 / 2:5:4:4 / 2:8:3:1 / 3:5:4:1
59条1項 …………………………………… 2:5:4:7
61条 ………… 2:13:4:3:2 / 3:13:4:3:2 / 5:13:3:3:2

●不動産登記令
3条
　——5号 ……………………… 2:6:1:2:1 / 6:6:3:1
　——6号 ……………………… 2:6:1:2:1 / 6:6:3:1

●不動産登記規則
8条 ……… 2:9:3:3:4 / 3:9:3:2:4 / 4:9:3:2:4 / 6:9:3:3:4
32条 ………………………… 2:6:3:4:4 / 3:6:3:4:4
73条，74条2項 ……………………………… 2:4:2
74条2項 ……………………………………… 4:4:2
146条 ……………………………………… 2:5:4:7
147条 ……………………………………… 2:5:4:7
附則15条2項 ……………………………… 2:5:3:3

●不動産登記事務取扱手続準則
8条 ………………………………………… 2:6:3:4:4

●不動産の管轄登記所等の指定に関する省令
2条 …………………………………………… 2:9:2:1
2条・1条 …………………………………… 6:5:3:1

●工場抵当法
5条
　——2項 ……………………………………… 2:3:4:2
8条

——1項 ……………… **2:5:2** / 2:8:1 / 5:1 / 5:8:1
——2項 ……………………………………… 2:3:2
——3項 ……………… 3:13:1 / 5:13:1 / 6:11 / 6:13
9条 ………… 2:5 / 2:5:3 / 2:5:4:7 / 3:5:3 / 3:5:4:7 / 5:5
10条 … 2:13:1 / 3:13:1 / 4:5:4:1 / 4:11:1 / 5:11:2 / 6:11 / 6:13
11条 ……………………………………… 1:4:1:1
——4号 ………………………… 4:3:1 / 4:5:3:3
12条 ………………………………………… 4:3:1
12条，13条1項 …………………………… 3:3:4
13条
——1項 ……… 2:3:2 / **2:3:4:3** / 4:3:1 / 5:3:2 / 6:3:2
——2項 … 2:1:2 / 2:3:3:1 / **2:3:4:1** / **2:3:4:3** / 2:3:4:5 /
　　　　　3:3:5 / 3:3:5:2 / 4:3:2 / 5:3:3 / 6:3:3:1
13条ノ2 …………………………………… 2:3:2
14条 ………………………………… 2:1:2 / 4:1:1
——1項 ……… 2:5:3 / 2:10 / 3:5:3 / 3:10 / 6:5:3 / 6:10
——2項 ……………………………………… 5:1
15条 ……………………… 2:6:2:2:3 / 3:6:5:2:2
——1項 ……………………… 2:6:3:3:1 / 3:6:3:3:1
15条，38条2項 ……… 2:6:1:2:2 / 2:6:3:3:2 / 2:6:5:2:2
17条 … 2:2:2 / 2:6:3:3:2 / 2:7:3:2 / 2:9:2:1 / 3:3:2 / 3:5:3:1 /
　　　　4:5:3:1 / 5:2:2 / 6:5:3:1
——1項，2項 ……………………………… 2:5:3:1
——2項 …………………………… 2:5:3:3 / 3:9:2:1
——3項 ……………… 3:9:2:1 / 4:9:2:1 / 5:9:2:1 / 6:9:2:1
——3項ただし書 ……… 2:9:2:2 / 5:9:2:2 / 6:9:2:2
19条 ……………………………………… 2:2:1 / 4:2:1
20条 ……………………………………… 2:2:1 / 4:2:1
——2項 …………………………………… 3:5:4:7
——3項 ………………………………… 3:5:4:7 / 4:5:4:2
21条 … 2:5:3:2 / 2:9:2:2 / 3:5:3:2 / 3:5:4:7 / 3:9:2:2 / 4:5:3:2 /
　　　　5:5:1:1 / 5:9:2:2
——2項 …………………………………… 2:4:1:1 / 2:6
22条

280　主要条文索引

……2:4:1:1 / 2:5:3:3 / 2:5:4:8 / 3:4 / 3:5:3:3 / 4:5:4:3 / 6:4:2
23条 ……………………**2:3:3:3** / 2:5:4:6 / 2:6:2:3:2
　――1項 ……………………**2:5:4:2** / 3:5:4:2
　――2項 ………………………… 2:5:4:5 / 3:5:4:2
　――3項 ………………………… 2:5:4:5 / 3:5:4:2
　――4項 ……………………………………… 3:5:4:2
24条 ……………2:3:4:2 / 2:5:4:3 / 2:5:4:6 / 3:5:4:3
　――2項 ………………………… 2:5:4:5 / 3:5:4:5
26条 ……………………………………………… 2:5:4:3
26条ノ2 ………………………………………… 2:5:4:3
27条 ……………………………**2:5:4:4** / 3:5:4:4
　――1号 ……………………………………… 3:5:4:2
28条
　――1項 ……………………………………… 2:5:4:5
29条 …… 2:3:3:3 / 2:3:4:6 / 3:3:5:1 / 3:3:5:3 / 6:3:3:2
29条, 33条1項 ……………… 2:3:2 / 2:3:3:2 / 6:3:2
30条, 31条 ……………………………………… 6:3:3:2
33条 ………………………… 2:3:4:2 / 3:3:5:1 / 6:3:3:2
34条 ………………………………………**2:3:4:2**
　――1項 …………………… 2:5:4:9 / 3:5:4:9 / 4:5:4:4
　――2項 ……………………………………… 2:5:4:9
　――3項, 4項 ……………………………… 2:5:4:9
38条 …………………………………… 3:6:4:1 / 4:6:4
　――1項 …… 2:6:3:1 / 3:6 / 3:6:3:1 / 5:6:3 / 5:6:4 / 6:6:1
　――2項 …………………… 3:6:1:2:2 / 3:6:5:2:2 / 5:6
38条, 42条 …………………………………… 2:6:4:1
38条～42条 ………………………………………… 2:6
38条～44条 …………………………………… 5:6:5
39条 …… 2:6:1:2:2 / **2:6:2:1** / 2:6:2:2:3 / 3:6:1:2:2 / 3:6:2:1 /
　　　　3:6:2:2:3 / 4:6:1 / 6:6:3:2 / 6:6:4
　――1項 …………………… 2:6:1:1 / 5:6:1 / 5:6:2 / 6:6:1
39条～42条 ………………………………… 2:6:1:3
40条 ……………………………………… 3:6:1:3 / 5:6:1
41条 …………………………… 2:6:2:3:5 / 3:6:2:3 / 5:6:2
42条 ……… 2:6:3:1 / 2:6:3:4:2 / 2:6:4:5 / 3:6:3:1 / 3:6:3:4:1 /
　　　　5:6:3 / 5:6:4 / 6:6:1 / 6:6:4
42条ノ2 …………………………… **2:8** / 3:8 / 5:8
　――2項 ……………………………………… 2:8:1

　――3項 ……………………… 2:8:1 / 3:8:1 / 5:8:1
42条ノ2, 42条ノ5 ………………………… 2:8:2:2
42条ノ3 ………………………………**2:9** / 6:9:1
　――1項 ……………………… 2:9:1 / 4:9:1 / 5:9:1
　――1項ただし書 ……………………………… 2:7:1
42条ノ4 ……… 2:8:2 / 3:8:2 / 4:8:2 / 5:8:2 / 6:8:2
42条ノ5 …… 2:8:2:1 / 3:8:2:1 / 4:8:2:1 / 5:8:2:1 / 6:8:2:1
42条ノ6 …… **2:8:3:2** / 3:8:3 / 4:8:3:1 / **5:8:3** / 6:8:3:2:1
　――2項 ……………… 4:8:3:3 / 5:8:3:3 / 6:8:3:2:3
　――4項 ……………… 4:8:3:2 / 5:8:3:2 / 6:8:3:2:2
42条ノ7
　――1項
　……… 2:9:3:3:2 / 3:9:3:2:2 / 4:9:3:2:2 / 5:9:3:3:2 / 6:9:3:3:2
　――2項 ……… 2:9:3:3:5 / 4:9:3:2:5 / 6:9:3:3:5
　――3項
　……… 2:9:3:3:4 / 3:9:3:2:4 / 4:9:3:2:4 / 5:9:3:3:4 / 6:9:3:3:4
　――4項 … 2:9:3:3:3 / 3:9:3:2:3 / 4:9:3:2:3 / 5:9:3:3:3 /
　　　　5:9:3:3:4 / 6:9:3:3:3
43条 ………………………………… 2:6:1:2:1 / 5:6:2
43条・23条 …………………………………… 2:6:2:3:2
43条・26条 …………………………………… 2:6:2:3:3
43条・28条 …………………………………… 2:6:2:3:4
43条・34条 …………………………… 2:6:2:3:5 / 3:6:2:3
43条・37条 …………………………… 2:6:2:3:6 / 3:6:2:4
44条 …………………………………………… 5:6:3
　――1項 …………… 2:3:4:1 / 2:6:3:4:3 / 3:6:3:4:3 / 6:6:4
　――2項, 4項 ……………………………… 2:6:3:4:3
　――3項 ……………………………………… 2:6:3:4:3
44条ノ2
　……… 2:13:2 / 3:6:4:2 / 3:13:2 / 3:13:4:1 / 5:13:2 / 5:13:3:1
45条～47条 …………………………………… 2:12
48条 …………………………… 2:13:4:1 / 3:13:4:1 / 5:13:3:1
　――2項 ………………………………… 3:13:4:4 / 5:13:3:4

●工場抵当登記規則

5条 ……………………………………………………… 3:3:1
　――1項 ……………………… 2:2:1 / 2:5:4:7 / 3:5:4:7
　――2項 ……………………………… 2:2:1 / 5:2:1

主要条文索引 **281**

6条
　——4項 …………………………………… 2:4:1:3
7条～14条 ……………………………… 2:5:3:3
15条 ……………………………… 2:4:1:2／3:4／6:4:1
17条 ……………………………………… 3:6:2:3
18条
　——1項 ……………………………… 2:6:1:2:1／6:6:3:1
　——2項 ……………………………… 2:5:3:2／3:5:3:2
19条 ……… 2:6:3:3:2／2:7:3:2／2:8:2:2／2:9:2:3／3:7:1:2
22条 ……………………………………… 5:4:2
　——2項 ……………………………… 2:6:2:2:3／3:6:2:2:3
25条 ……………………………… 2:5:3:3／3:4／3:5:3:3
27条
　——1項
　………… 2:7／2:7:4／3:7／3:7:2／4:7:1／4:7:4／5:7／5:7:2
28条 ……………………………………… 6:8:3:2:1
　——2項 ……………………… 2:8:3:2:1／4:8:3:1／5:8:3:1
　——3項 ……………………………………… 4:8:3:1
29条
　——1項 ……… 2:8:3:2:3／4:8:3:3／5:8:3:3／6:8:3:2:3
　——2項 ……… 2:8:3:2:4／3:8:3:5／4:8:3:4／5:8:3:4
　——3項 ……… 2:8:3:2:3／4:8:3:3／5:8:3:3／6:8:3:2:3
　——4項 ……… 2:8:3:2:2／3:8:3:3／4:8:3:2／6:8:3:2:2
31条 ……… 2:8:2:2／2:8:3:2:5／3:8:3:6／4:8:3:5／5:8:3:5／
　　　　　　　　　　　　　　　　　　6:8:2:2／6:8:3:2:4
32条
　——1項
　………… 2:9:3:1:1／3:9:3:1／4:9:3:1／5:9:3:1:1／6:9:3:1:1
　——2項 …… 2:9:3:1:2／3:9:3:1／5:9:3:1:2／6:9:3:1:2
　——3項 …… 2:9:3:1:2／3:9:3:1／5:9:3:1:2／6:9:3:1:2
33条
　——1項
　……… 2:9:3:3:2／3:9:3:2:2／4:9:3:2:2／5:9:3:3:2／6:9:3:3:2
　——3項
　……… 2:9:3:3:5／3:9:3:2:5／4:9:3:2:5／5:9:3:3:5／6:9:3:3:5
　——4項 …… 2:9:3:3:6／3:9:3:2:6／4:9:3:2:6／5:9:3:3:6
　——5項 … 2:9:3:3:3／2:9:3:3:4／3:9:3:2:3／3:9:3:2:4／
　　　　　　　4:9:3:2:3／4:9:3:2:4／5:9:3:3:3／6:9:3:3:3／6:9:3:3:4

34条 ………… 2:6:1:2:2／2:6:2:2:3／3:6:1:3／3:6:2:3／5:4:2
　——1項 ……………………………… 2:6:1:3／2:6:3:3:2
35条 ……………………………… 2:13:4:4／3:13:4:4／5:13:3:4
38条 …………………………… 2:5:4:10／3:5:4:10／4:5:4:5
附則6条 ……………………………………… 2:5:4:8／2:6
　——4項 ……………………………………… 2:4:1:1／6:4:2
附則9条
　——3項 …………………… 2:5:4:10／3:5:4:10／4:5:4:5

●工場抵当登記取扱手続（旧）
2条 ……………………………………………… 2:2:1
3条ノ4 ………………………………………… 2:2:1
3条ノ5 ………………………………………… 2:2:1
25条 …………………………………………… 2:4:1:3／6:4:2

●財団登記事務取扱手続準則
2条
　——3項 ……………………………………… 2:2:2／2:5:3:1
7条 ……… 2:8:3:2:5／3:8:3:6／4:8:3:5／5:8:3:5／6:8:3:2:4
8条
　——1項附録第5号 ………… 2:5:4:3／2:6:2:3:3
11条 ………… 2:9:3:1:1／3:9:3:1／4:9:3:1／5:9:3:1:1
13条
　——附録第9号 …………………………… 2:5:4:2
　——附録第17号 ……………… 2:5:3:3／3:5:3:3
14条附録第10号 ……………………………… 2:5:4:2
22条 ……………………………………………… 2:6:3:4:3
23条 ………………………………………………… 5:5:1:1
24条 ……………………………………… 2:5:4:6／3:5:4:6
　——1項，2項 ………………………… 2:5:4:7／3:5:4:7
29条 ……………………………………………… 2:4:1:2
31条 ………………………………………………… 5:4:2

●鉱業法
3条
　——1項 ……………………………………… 2:1:1:1
　——2項 ……………………………………… 2:1:1:1
4条 ……………………………………………… 2:1:1:3

5 条 …………………… 2:1:1:2 / 2:1:1:3 / 2:1:1:4
6 条 ……………………………………… 2:1:2
9 条 …………………………… 2:1:2 / 2:3:1
11 条 ……………………………………… 2:1:1:4
12 条 ……………………………………… 2:1:1:4
13 条 ………………… 2:1:1:4 / 2:1:2 / 2:11:1
17 条 ……………………………………… 2:1:2
43 条 ……………………………………… 2:5:1
45 条 ……………………………………… 2:7:2:4
46 条，47 条 ……………………………… 2:7:2:4
48 条 ……………………………………… 2:7:2:4
50 条 ……………………………………… 2:7:1
51 条 ……………………………………… 2:7:1
60 条 …………………………… 2:1:2 / 2:10
71 条 ……………………………………… 2:1:2
72 条 ……………………………………… 2:1:2
76 条 ……………………………………… 2:1:2
80 条 ……………………………………… 2:1:2

◉鉱業抵当法
2 条 ………… 1:4:1:2 / **2:3** / **2:3:2** / 2:5:1 / 2:5:2 / 2:9:1
2 条ノ 2 ………………………………… 2:3:2
──1 項 ………………………………… 2:1:2
──2 項 ……………………… 2:1:2 / 2:3:3:1
3 条 …………………………………………… 2
4 条 …………………………… 2:3:2 / 2:12:1
5 条 ……………………………………… 2:12:2
6 条 ……………………………………… 2:12:3
7 条 ……………………………………… 2:12:3
8 条 ……………………………………… 2:12:3
9 条 ……………………………………… 2:12:3
10 条 …………………………………… 2:12:3

◉鉱業抵当登記規則
2 条 ………………… 2:5:3:2 / 2:5:4:7 / 2:9:2:2
3 条 ……………………………………… 2:4:1:2
3 条，4 条 ……………………………… 2:5:3:3
4 条 ……………………………………… 2:4:1:2

5 条 ………………………… 2:4:2 / 2:5:3:3 / 2:5:4:8
6 条 …………………………… 2:4:3 / 2:9:3:3:7

◉鉱業登録令
6 条 2 項 ……………………………… 2:1:1:2
30 条 …………………………………… 2:6:1:1
32 条 ……………………………………… 2:3:2
41 条 …………………………………… 2:6:1:1

◉漁業法
8 条 3 項 ………………………………… 3:1:1
36 条 1 項 ………………………………… 3:1:1
38 条 …………………………………… 3:1:1
39 条 …………………………………… 3:1:1
46 条 …………………………………… 3:1:1
48 条 …………………………………… 3:1:1
57 条 1 項 ………………………………… 3:1:1
58 条 …………………………………… 3:1:1
60 条 ………………………………… **3:1:2:1**
──7 項 ………………………………… 3:1:2:3
62 条 …………………………………… 3:1:2:2
68 条 …………………………………… 3:1:2:3
69 条 …………………………………… 3:1:2:3
73 条 …………………………………… 3:1:2:3
75 条 …………………………………… 3:1:2:4
──1 項 ………………………………… 3:1:2:1
76 条 …………………………… 3:1:2:4 / 3:7:2
77 条 1 項 ……………………………… 3:1:2:4
78 条 …………………………………… 3:1:2:4
79 条 ……………………………………… 3:10
──1 項 ………………………………… 3:1:2:4
82 条 ……………………………… 3:1:2:4 / 3:2
84 条 …………………………………… 3:1:2:4
96 条 …………………………………… 3:13:3
97 条 …………………………………… 3:1:2:3
117 条 1 項 ……………………………… 3:1:2:5

主要条文索引　**283**

● 漁業財団抵当法
1条 ································3:2
2条 ·····················1:4:1:3 / **3:3:3**
　── 1項 ···························3:9:1
　── 2項 ····················3:3:4 / 3:5:3:3
　── 4項 ···························3:5:1
　── 各項 ···························3:5:1
3条
　── 1項 ····················3:3:3 / 3:11:1
　── 2項 ···························3:3:3
3条ノ2 ···············3:3:3 / 3:5:1 / 3:12
4条 ································3:12
5条 ·······························3:3:3

● 漁業財団抵当登記規則
2条 ······························3:9:2:2
　── 1項各号 ·····················3:5:3:2
3条～9条 ··························3:4
10条 ·······················3:4 / 3:5:3:3
11条 ···························3:9:3:2:7

● 港湾運送事業法
3条 ································4:1
4条 ·····················4:1:1 / 4:5:3:3
9条1項 ·····························4:1
18条1項 ····························4:10
23条 ··············4:1:2 / 4:5:1 / 4:11:1
24条 ·········1:4:1:4 / 4:2:2 / 4:5:2 / 4:5:3:3
　── 4号 ························4:5:3:3
　── 各号 ···························4:3
25条 ·····················4:2:2 / 4:5:2
28条 ·······························4:13

● 港湾運送事業法施行令
2条 ································4:1:2

● 港湾運送事業抵当登記規則
2条 ·····················4:4:2 / 4:5:4:3

　── 1項 ····························4:4
3条 ·····················4:4:1 / 4:5:4:3
4条 ··············4:5:3:2 / 4:5:4:2 / 4:7:4
5条 ·····························4:9:3:2:7

● 運河法
14条 ······························1:4:2:3

● 観光施設財団抵当法
1条 ·································5
2条 ······························5:1:2
3条 ·············5:1 / 5:1:1 / 5:1:2 / 5:5
4条 ···············1:4:1:5 / **5:3** / **5:3:2**
5条 ·······························5:3:2
6条 ·····················5:1:1 / 5:3:4
8条 ·································5:2
9条 ·································5:1
10条 ································5:4

● 観光施設財団抵当法登記規則
3条 ·····················5:4:2 / 5:5:1:2
4条 ······························5:4:1:2
5条 ·······························5:3:1
5条～8条 ························5:4:1:2
9条 ·····················5:5:2 / 5:9:2:2
10条 ····················5:4:3 / 5:9:3:3:7

● 道路運送法施行法
12条 ······························1:4:3:2

● 道路交通事業抵当法
2条 ································6:1:1
3条 ·····················6:5:1 / 6:11
4条 ·············1:4:3:1 / **6:1:2** / **6:3:2** / 6:4:1
　── 各号 ·······················**6:3:1**
5条 ·····················**6:1:3** / 6:5:2
6条 ·····················6:1:4 / 6:5
　── 1項 ···························6:1

――2項 …………………… 6:3:3:3 / 6:3:3:5 / 6:6:1
――2項，3項 ………… 6:1:1 / 6:1:4 / 6:3:3:1
――3項 …………………………… 6:3:3:3 / 6:3:3:5
7条 ……………………………………………………… 6:3:2
　――1項 ……………………………………………… 6:3:3:4
　――2項 ……………………………………………… 6:3:3:4
8条 ………………………………………………… 1:4:3:1 / 6:1:4
9条 …………………………………………………………… 6:1:4
11条
　――1号 ………………………………………………… 6:11
　――2号 ……………………………………… 6:9:3:3:6 / 6:13
12条 ……………………………………………… 6:5:4 / 6:9:2:2
　――1項 ……………………………………………… 6:5:3:2
14条 ………………………………………………………… 6:12
15条 ………………………………………………………… 6:12
16条1項 …………………………………………………… 6:12
17条 ………………………………………………………… 6:12
18条1項 ……………………………………………… 6:3:3:3 / 6:12

●道路交通事業抵当規則
2条
　――2項 ……………………………………… 6:5:3:3 / 6:7:2:2
　――2項，3項 …………………………………… 6:6:3:2
3条 ………………………………………………………… 6:5:3:2
5条 ……………………………………………… 6:7 / 6:9:2:2
6条 ………………………………………………………… 6:4:3

●自動車交通事業法
38条1項 …………………………………………………… 7:1
39条各号 …………………………………………………… 7:2

43条 ………………………………………………………… 7:2

●鉄道抵当法
2条3項 …………………………………………………… 1:4:2
3条 ………………………………………………………… 1:4:2:1
4条1項 …………………………………………………… 1:4:2:1
11条1項，2項 ………………………………………… 6:3:3:3

●地方鉄道法
4条 ………………………………………………………… 1:4:2:2

●軌道ノ抵当ニ関スル法律
2条 ………………………………………………………… 1:4:2:2

●農業用動産抵当登記規則
31条 ……………………………………………………… 2:4:1:2

●担保付社債信託法
32条1号 ………………………………………………… 2:8:2:2
35条 ……………………………………………… 2:8:1 / 5:8:1
41条
　――1項 ……………………………………………… 2:8:1
　――2項 ……………………………………………… 2:8:1

●商法
685条 …………………………………………………… 3:3:3

●商業登記法
7条 ……………………………………………………… 2:5:3:3

【判例索引】

昭35．7．16 東京高決定・東高民時報 11-7-213 …………………………………… 2:11:1

昭36．9．15 最二小判・民集 15-8-2172 …………………………………… 2:6:3:3:2

昭37．6．22 最二小破棄自判・民集 16-7-1389 …………………………………… 2:5:1

昭44．7．17 東京高判・判時 572-33 …………………………………… 2:3:4:4／5:3:3

【先例索引】

明38.10.19 民刑局長電報回答 ……… 2:3:1／2:5:2

大元．11.25 民事 665 号民事局長回答 …… 2:3:1

昭17．3．31 民事甲 196 号民事局長回答 …………………………………… 2:5:1

昭24．9．30 民事甲 2237 号民事局長通達 …………………………………… 2:2:2／2:5:3:1

昭25．4．21 民事甲 1054 号民事局長通達 …………………………………… 2:6:3:2／5:6:3

昭26．5．17 民事甲 1005 号民事局長通達 …………………………………… 2:2:2／2:5:3:1／2:6:2:2:1／3:6:2:2:1

昭26．8．30 民事甲 1740 号民事局長通達 …………………………………… 4:5:3:2

昭27．8．18 民事甲 76 号民事局長通達 …………………………………… 6:7:2:2／7:1

昭27.12．7 民事甲 2327 号民事局長回答 …………………………………… 2:2

昭31．6．14 民事甲 1273 号民事局長通達第二(二) ……… 2:13:4:4／3:13:4:4／5:13:3:4

昭31．6．14 民事甲 1273 号民事局長通達第三(二) ……… 2:13:4:3:1／3:13:4:3:1

昭31.12.24 民事甲 2892 号民事局長通達 …………………………………… 5:3:1

昭33．7．12 民事甲 1426 号各法務局長及び地方法務局長宛通達第二 …………… 2:5:3:3

昭34.11.18 民事甲 2564 号民事局長回答 …………………………………… 3:5:1

昭38．4．1 民事甲 937 号民事局長回答 …………………………………… 2:3／2:5:1

昭43.12．1 民事甲 3571 号民事局長通達第五 …………………………………… 5:4:1:2

昭43.12．1 民事甲 3581 号民事局長通達第一 …………………………………… 5:5:1:1

昭43.12．1 民事甲 3581 号民事局長通達第二 …………………………………… 5:5:1:1

昭43.12．1 民事甲 3581 号民事局長通達第三 …………………………………… 5:5:1:1

昭43.12．1 民事甲 3581 号民事局長通達第四 …………………………………… 5:4:2

昭44．6．5 民事甲 1215 号民事局長回答 …………………………………… 2:6:3:2

昭45．8．20 民三発 200 号第三課長回答 …………………………………… 2:7:3:1／4:7:2／6:7／6:7:2:1

昭47．9．12 民三発 765 号第三課長回答 …………………………………… 5:5:1:1

【事項索引】(太字の見出しは重要事項)

[あ]

新たな鉱区 …………………………… 2:6:2:2:2
一般港湾運送事業者等 ………………… 4:1:2

[か]

海区漁場計画 …………………………… 3:1:2:2
外国人又は外国法人 …………………… 2:1:2
会社法人等番号 ………………………… 2:5:3:3
管轄指定を証する情報
 …………… 2:6:3:3:2 / 2:7:3:2 / 2:9:2:3 / 3:7:1:2
管轄登記所指定情報 ………… 2:5:3:3 / 3:5:3:3
管轄登記所の指定を証する情報 …… 2:8:2:2
観光施設 ………………………… **5:1** / **5:1:2**
観光施設の図面 ……………… 5:4:2 / 5:5:1:2
監督官庁の認定・認可 ………………… 1:3:1
基本組成単位(施設) …………………… 3:5:2
共同漁業権 …………………………… **3:1:2:1**
共同鉱業権者 …………………………… 2:5:1
共用施設 ……………………………… 6:3:3:4
許可証明書 …………………………… 4:5:3:3
漁業権の消滅 ………………………… 3:13:3
漁業権の性質 ………………………… 3:1:2:4
漁場の図面 ……………………………… 3:4
区画漁業権 …………………………… **3:1:2:1**
鉱業 …………………………………… 2:1:1:3
鉱業権 ………………… **2:1:1** / **2:1:1:4** / **2:3:1** / 2:3:3:1
鉱業権の移転登録 ……………………… 2:10
鉱区 ……………………………… **2:1:1:2** / 2:5:2
鉱区図 ………………………………… 2:1:1:2
鉱区追加 …………………………… 2:6:2:3:5
鉱区の合併 …………………………… 2:7:2:2
鉱区の所在地 …………………………… 2:2:2
鉱区の増減 …………………………… 2:7:2:4
鉱区の分割 …………………………… 2:7:2:1

鉱区の変更 …………………………… 2:6:1:1
工作物の配置図面 ………… 2:4:2 / 3:4 / 4:4:2
鉱物 …………………………………… **2:1:1:1**
港湾運送事業 …………………………… 4:1
港湾運送事業者 ………………………… 4:1
港湾運送事業の譲渡及び譲受 ………… 4:10
港湾運送を行う場所 …………………… 4:8
個別漁業権 …………………… 3:1:2:4 / **3:3:3**

[さ]

採掘 …………………………………… 2:1:1:3
採掘権 …………………… 2:1:1:4 / **2:3:1** / 2:5:2 / 2:6:3:2
採掘権者 ……………………………… **2:5:1**
採掘権取消し ………………………… 2:12:1
採掘権の設定 ………………………… 2:6:1:1
採掘権の取消し ……………………… 2:13:3
採掘権の分合 ………………………… 2:7:2:3
採掘権の分離 ………………………… 2:13:3
採掘権放棄 …………………………… 2:12:2
財団の合併 ………… **2:9** / **3:9** / **4:9** / **5:9** / **6:9**
財団の消滅 ……………… 2:6:4:2 / 5:6:4 / **5:13**
財団の消滅事由 ………………………… 2:13
財団の消滅登記 ……………… 2:6:4:6 / 3:6:4:2
財団の対象外施設 ……………………… 5:1:3
財団の分割 ………… **2:8** / **3:8** / **4:8** / **5:8** / **6:8**
財団目録未指定登記所 ……… 2:4:1:1 / 2:5:4:8
試掘 …………………………………… 2:1:1:3
試掘権 ……………………… 2:1:1:4 / **2:3:1**
試掘権の抹消 ………………………… 2:6:1:1
事業者 ………………………………… 5:5:1:1
事業単位 …………… **6:1:1** / **6:3:3:3** / **6:3:3:4**
事業単位の認定を証する情報 …… 6:5:3:3 / 6:6:3:2
事業単位の変更 ……………………… 6:7:1
社債権者集会の決議を証する情報 …… 2:8:2:2

事項索引　**287**

住所証明情報 …………………………… 2:5:3:3	当然帰属主義の例外 …………………… 6:3:3:5
譲渡 …………………………………………… 2:3:3:3	
処分制限 …………………………………… **2:3:4:1**	［な］
所有権及抵当権ノ登記 ………………… 2:9:1	入漁権 ……………………………………… 3:1:2:3
申請書の写し ……………………………… 2:5:3:3	任意選択主義 …………………………… 1:4:1
選択主義 ………………………… **1:4** / 6:1:4 / 6:3:3:3	
租鉱権 ……………………………………… 2:1:2	［は］
組成物件の滅失 ………………………… **2:6:4**	配置図面 ……………………… 2:5:3:3 / 2:6:2:2:3
	物的編成主義 …………………………… 2:2:1
［た］	閉鎖登記簿 ……………………………… 2:2:1
団体漁業権 ……………………… 3:1:2:3 / 3:3:3	変更後の配置図面 …………………… 2:6:3:3:2
賃貸人の同意証明情報 …… 2:5:3:3 / 3:5:3:3 / 4:5:3:3	変更目録 ……………… 2:6:1:2:2 / 3:6:1:2:2 / 6:6:3:2
定置漁業権 ……………………………… **3:1:2:1**	
抵当権者の同意 ………………………… 2:3:4:4	［ま］
抵当権者の同意証明情報 …… 2:6:1:2:2 / 2:6:2:2:3 / 2:6:3:3:2 / 2:6:4:3:2 / 2:6:5:2:2 / 2:8:2:2 / 3:6:1:2:2 / 3:6:2:2:3 / 3:6:3:3:2 / 3:6:5:2:2	未設立法人の買受参加 ……………… 2:12:3
	免許漁業原簿 …………………………… 3:1:2:5
	免許を証する情報 ……………………… 6:7:2:2
登記原因証明情報 …………… 2:13:4:3:2 / 5:13:3:3:2	
登記識別情報 …………………………… 2:5:4:10	［や］
当然帰属主義 ……………… **1:4** / 1:4:2 / **6:1:4** / **6:3:3:3**	弱き財団（軟性財団） ………………… 1:4:1

各種財団に関する登記
鉱業財団，漁業財団，港湾運送事業財団，観光施設財団，
道路交通事業財団

平成31年3月29日 初版発行

著　者　五 十 嵐　　徹

発行者　和　田　　裕

発行所　日 本 加 除 出 版 株 式 会 社

本　　社　郵便番号171-8516
　　　　　東京都豊島区南長崎3丁目16番6号
　　　　　ＴＥＬ（03）3953-5757（代表）
　　　　　　　　（03）3952-5759（編集）
　　　　　ＦＡＸ（03）3953-5772
　　　　　ＵＲＬ　www.kajo.co.jp

営業部　郵便番号171-8516
　　　　　東京都豊島区南長崎3丁目16番6号
　　　　　ＴＥＬ（03）3953-5642
　　　　　ＦＡＸ（03）3953-2061

組版・印刷　㈱亨有堂印刷所　／　製本　牧製本印刷㈱

落丁本・乱丁本は本社でお取替えいたします。
★定価はカバー等に表示してあります。
©T. IGARASHI 2019
Printed in Japan
ISBN978-4-8178-4545-0

JCOPY 〈出版者著作権管理機構 委託出版物〉

本書を無断で複写複製（電子化を含む）することは，著作権法上の例外を除き，禁じられています。複写される場合は，そのつど事前に出版者著作権管理機構（JCOPY）の許諾を得てください。
また本書を代行業者等の第三者に依頼してスキャンやデジタル化することは，たとえ個人や家庭内での利用であっても一切認められておりません。

〈JCOPY〉　ＨＰ：https://www.jcopy.or.jp，e-mail：info@jcopy.or.jp
　　　　　電話：03-5244-5088, FAX：03-5244-5089

工場抵当及び工場財団に関する登記

五十嵐徹 著
2016年11月刊 A5判 400頁 本体3,700円+税 978-4-8178-4350-0

- 工場抵当・工場財団の基礎知識から目録作成、設立・変更等の登記手続までの一連の流れを解説。疑問を抱きやすい点をQ&Aでフォロー。
- 主要条文、関係法令、先例・判例を細かに引用しているので根拠をすぐに確認できる。登記申請に必要な様式記載例も収録。

商品番号：40651
略　号：工登

第5版 マンション登記法
登記・規約・公正証書

五十嵐徹 著
2018年3月刊 A5判 564頁 本体4,500円+税 978-4-8178-4463-7

- 表題登記から滅失登記までの手続をわかりやすく解説。
- 「建築物の耐震改修の促進に関する法律」、「被災区分所有建物の再建等に関する特別措置法」、「都市再開発法」、「マンションの建替えの円滑化等に関する法律」の各法改正を網羅した改訂版。

商品番号：40236
略　号：マン登

土地区画整理の登記手続

五十嵐徹 著
2014年4月刊 A5判 272頁 本体2,500円+税 978-4-8178-4154-4

- 土地区画整理事業における登記手続に特化した解説書。
- 事業の流れに沿って、図表や記載例、Q&Aを用いながら、関係する登記実務をわかりやすく解説。
- 主要条文や関係法令を細かに引用しているので、根拠をすぐに確認できる。

商品番号：40547
略　号：土地区

まちづくり登記法
都市計画事業に関係する登記手続

五十嵐徹 著
2012年11月刊 A5判 256頁 本体2,400円+税 978-4-8178-4033-2

- 土地区画整理法に関する事業計画や、都市再開発に関する登記手続をまとめた希少な一冊。
- 都再法、密集法についての登記書式を収録。

商品番号：40487
略　号：まち登

日本加除出版

〒171-8516　東京都豊島区南長崎3丁目16番6号
TEL (03) 3953-5642　FAX (03) 3953-2061（営業部）
www.kajo.co.jp